国之交如何民相亲

新时代中国公共外交之道

王义桅◎著

Beyond Public Diplomacy:
Chinese Wisdom on People to People Exchange

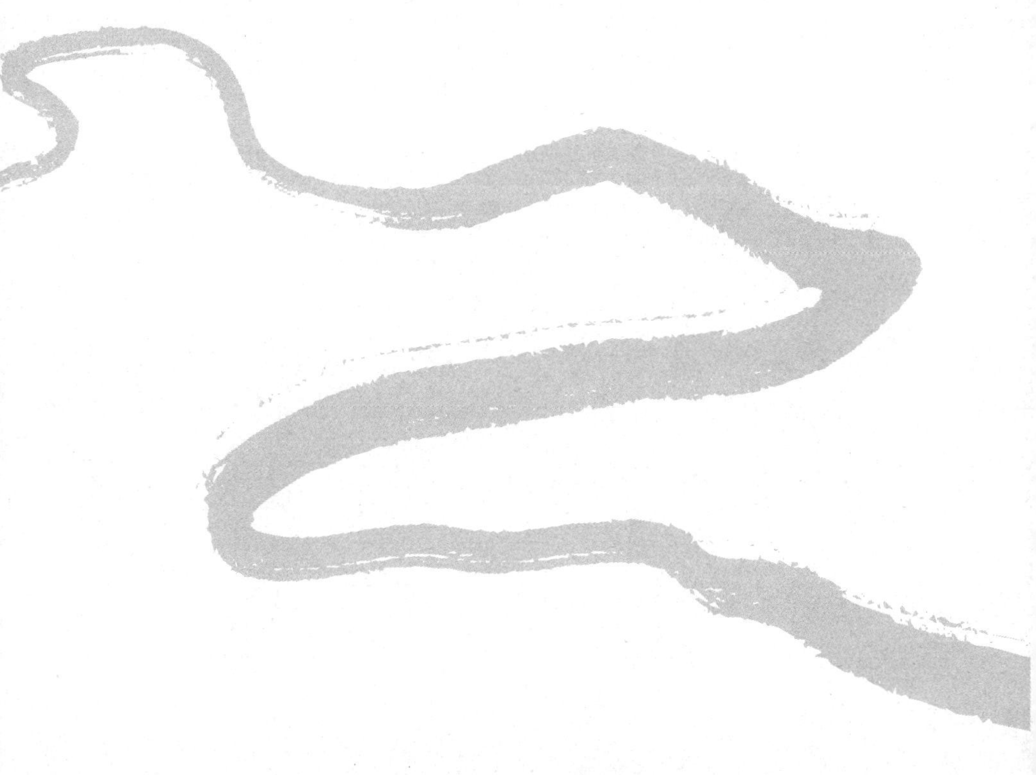

中国人民大学出版社
·北京·

以势交者，势倾则绝；以利交者，利穷则散；以权交者，权失则弃；以情交者，情断则伤；唯以心相交，方能成其久远。[①]

——王通《文中子·礼乐》

① 前两句出自《文中子》，后三句乃后人演绎，不过已十分流行了。

推荐序一

公共外交的本质在于民心相通

2003年春，外交部政策研究室（现政策司）与新闻司组织“公众外交系列讲座”，义桅担任主讲人。这是他作为中国公共外交研究开拓者的一个写照。如今，他将20年公共外交研究积累的成果出版，取名《国之交如何民相亲》，提出“公共外交的本质在于民心相通”的命题，可谓恰逢其时。

新时代，强调民心相通乃公共外交的本质。现在我们的公共外交的概念早已不是美国人提出的概念，也不是原来我们的民间外交所能涵盖的。新时代公共外交的目的就是要促进民心相通。

民心相通是“一带一路”建设“五通”之一。《推动共建丝绸之路经济带和21世纪海上丝绸之路的愿景与行动》对民心相通做了这样的阐释：民心相通是“一带一路”建设的社会根基。传承和弘扬丝绸之路友好合作精神，广泛开展文化交流、学术往来、人才交流合作、媒体合作、青年和妇女交往、志愿者服务等，为深化双多边合作奠定坚实的民意基础。

这就不难明白，义桅作为公共外交研究的开拓者，也成为“一带一路”、人类命运共同体研究的开拓者。

我很欣赏义桅这本书的观点，公共外交的概念由美国人提出，其目的是要单向度地影响对方，甚至将对方视为“他者”，美式公共外交着眼于赢得民心，但中国对“公共外交”赋予了新的内涵并有中国自己公共外交鲜明的特色。中国公共外交强调民心相通，与美式公共外交强调赢得民心最大的不同是平等、包容、互动，关键在“通”字。本书也呼应了作者 2016 年“中国好书”《世界是通的》的思想。

推进民心相通工作，要有一颗伟大的心灵，要有真爱、大爱。阅读义桅作品常常为此感染，在我作为中国人民外交学会会长和中国公共外交协会会长率团出访时也能时常领略义桅的风采。义桅被誉为“一带一路最前沿的研究者和呐喊者”。他把中国故事、中国文化与人类命运共同体理念，很好地融合进“一带一路”故事当中。许多人都被他的激情与理念所感化，为他翔实的数据、鲜活的案例与生动的语言所感染。义桅的这本书既是他对公共外交的深入思考，同时也是他对这些年深入参与公共外交诸多事件的全面总结。我相信这本书会给我们许多有益的启迪和借鉴。

中国公共外交协会会长

推荐序二

中国公共外交任重道远

我与义桅教授因公共外交而结缘。

2009年夏，我发起创立了察哈尔学会，义桅教授成为我会的创会高级研究员。在学会承办的全国政协外事委员会创刊杂志《公共外交通讯》（次年更名为《公共外交季刊》）上，他每期连续发文，大力支持新兴的中国公共外交研究。因此，提到早期的中国公共外交研究，一个避不开的人物就是义桅教授。

其后，在察哈尔学会，我们见面的机会就多了。他与荷兰国际关系研究所外交学家梅里森发起中欧美公共外交对话，推动公共外交比较研究。2014年11月19日，他和察哈尔学会的另两位国际咨询委员赵启正和黄友义都参加了时任中共中央政治局常委、中央书记处书记刘云山在京主持召开的“讲好中国故事，提升文化软实力”座谈会并作主题为“中国故事的传播之道”发言，系仅有受邀并发言的两名学者之一。

得知他要出版二十年从事公共外交研究的结晶，我十分高兴。通览全书，深感此书具有鲜明的三大特色：

一是理论与实践的很好结合。义桅对中国公共外交研究做出了开拓性贡献，他的批判性研究尤其难能可贵。与别的学者相比，义桅还具有得天独厚的优势——2008—2011 年在中国驻欧盟使团担任外交官，分别在政治处、新闻与公共外交处得到一线公共外交实战锻炼，经历中西方心理大碰撞的洗礼。本书是他多年研究与实践的结晶。

二是全球视野与历史底蕴的有机统一。本书开篇从“高更之问”开始，将中国公共外交的时空背景放在百年未有之大变局下，凸显其深度和厚度。更为难能可贵的是，其全球视野和历史底蕴不是空洞的，而是在理智与情感之间完美呈现。

三是中国立场的深刻阐述。我十分欣赏义桅一直倡导公共外交之道，超越了术与势的层面。本书鲜明提出中国公共外交悖论命题，主张超越主体—客体模式，超越自我—他者的二分法，一定程度上还超越国家，超越外交，关注整体、心灵，做到知行合一，和合共生。为此，书中确立了公共外交的“三认原则”：认识、认可、认同，形成中国与世界的共识、共鸣、共振。这“三认原则”和“三共主张”为中国公共外交研究添上浓墨重彩的一笔。

本书对于理解国家外交战略、中国公共外交智慧，都具有重要启发，还可作为大专院校外交学及公共外交教材，以及关心中国形象、致力于民心相通的各界人士的参考书，特此推荐。

韩方明

全国政协外事委员会副主任、察哈尔学会会长

推荐序三

做好中国公共外交的有益探索

今年年中，从驻爱尔兰大使卸任回国后参与一些民间国际友好交流活动，一次出席国际研讨会，正好与王义桅教授同行。这次参会发现，义桅对做学术交流与公众沟通工作都很娴熟，富有激情和专业精神。无论是会上发言，还是会下交流，都善于结合自己的学识和经验，与各界人士侃侃而谈，对中国的国情和文化也信手拈来，至为钦佩。我们的合作非常愉快。入冬，我在中国人民大学做一个学术报告，他也来听了，会后给了我他的新作，就是呈现在读者面前的这本《国之交如何民相亲——新时代中国公共外交之道》，书中有对如何做好公共外交的回顾与思考。

找个空，一口气读完，感到义桅教授不仅是公共外交的实践者，也是一个积极主动的探索者、思想者。他对中国这样一个在中国共产党领导下的社会主义发展中东方大国，如何实现与世界各国公众的“民相亲、心相交”，作了精深的研究和认真的思考。

这包括各国政策沟通与交流的做法，国内外公共外交理论学术研究，国家间因历史传统和生活方式不同而造成沟通障碍和挑战等，总结出他自己的心得。其中不少对我们今后做好不同国家间的公众交流是很有帮助的，例如关于让世界认识、认可、认同中国的“三认”使命，对公共外交中的“悖论”、模式和内涵外延的探讨，都蕴含宝贵的经验和研究成果。书中对公共外交的政府、民间、媒体等不同主体以及做好舆论和认知引导的方式方法等，都大胆地触及并有自己的观察。中国人民大学最近刚刚举行了关于公共外交的大型研讨会，专家云集，共商进一步深化中国特色公共外交事业之道，在此时义桅教授给大家奉献这样一本专著，实为中国公共外交工作之幸，也体现出中国公众的确渴望与世界各国一起，为建设美好生活而增进相互了解与合作的真诚愿望。

中国人自古以来就注重立国立业立身要厚德而载，德昭而门风乡风国风彰，应该说早就看到同心相应、同气相求的重要性，但当代公共外交对中国来说仍是一项比较新的事物。在中国“一带一路”倡议牵引下我们与世界各国之间的合作进一步深化之际，在中国和平崛起从而对世界和平与安全做出更大贡献之际，中国与世界各国之间越来越需要加强相互了解。随着时代发展，中国面临百年未遇之大变局，公共外交也面临打造升级版的需要和机遇。如何用好这一机遇，希望能看到更多像义桅教授这样的专著，汇入到大家共同深化和提高中国公共外交的努力中来。

是为序。

中国前驻外大使、中国人民大学国别研究院院长

目　录

全书思维导图

国之交如何民相亲
公共外交的悖论
传统公共外交的悖论
公共外交主题在美国兴起的特殊背景
美国解决公共外交危机的四种力量
公共外交的悖论（美国情结）
从道理法术四个层面理解美国公共外交的悖论
中国公共外交的悖论
五个方面理解中国公共外交的悖论
中美软实力文化比较
中国公共外交之可为与不可为
中国公共外交的共性
中国公共外交的特色
公共外交的艺术性
术：雪中送炭/锦上添花
对中国国际形象问题的典型错误心态：五个方面
中国公共外交应该做到的四个方面：目标、手段、重点、机构
中国特色的公共外交模式：五个方面
中国公共外交重点推进的举措（根据时期和地域分不同层次）
势：形势比人强
当今之势：权利主体（国家）角色的淡化+非国家行为体（民众）作用的上升
关注中国公共外交的10个W
道：我将无我
我将无我之道在于说服世界
我将无我之道在于表达自己
我将无我之道在于启示世界
我将无我之道在于机制建设
公共外交的时代性
新时代
公共外交是新时代的产物
公共外交兴起的原因：国家失去信息垄断权+新媒体手段的涌现
万物互联
“互、联、互、通”的解读
万物互联图
百年未有之大变局
“百年未有之大变局”的具体体现
中国特色社会主义进入新时代
百年未有之大变局下公共外交呈现出的三个特征
公共外交的国家性
软实力的认知悖论
软实力概念面临的两个陷阱：名与实、二分法
软实力悖论/美国式基督思维悖论
公共外交的美国性
美国对公共外交定义的演变过程
美国软实力悖论
中国公共外交模式
中国公共外交的两个基本问题
公共外交是全球现象还是国别现象
是否存在中国公共外交模式，该模式是否可持续
中国公共外交的四重身份
中国是东方文明古国
中国是新兴崛起中大国
中国是最大的发展中国家
中国是共产党领导的社会主义国家
中国公共外交的三大模式
外宣模式
奥运模式
孔子学院模式
中国公共外交实践中的特色：政府驱动、社会动员、商业运作
中国公共外交的国内制约因素
社会制约、文化制约
话语与思维体系制约

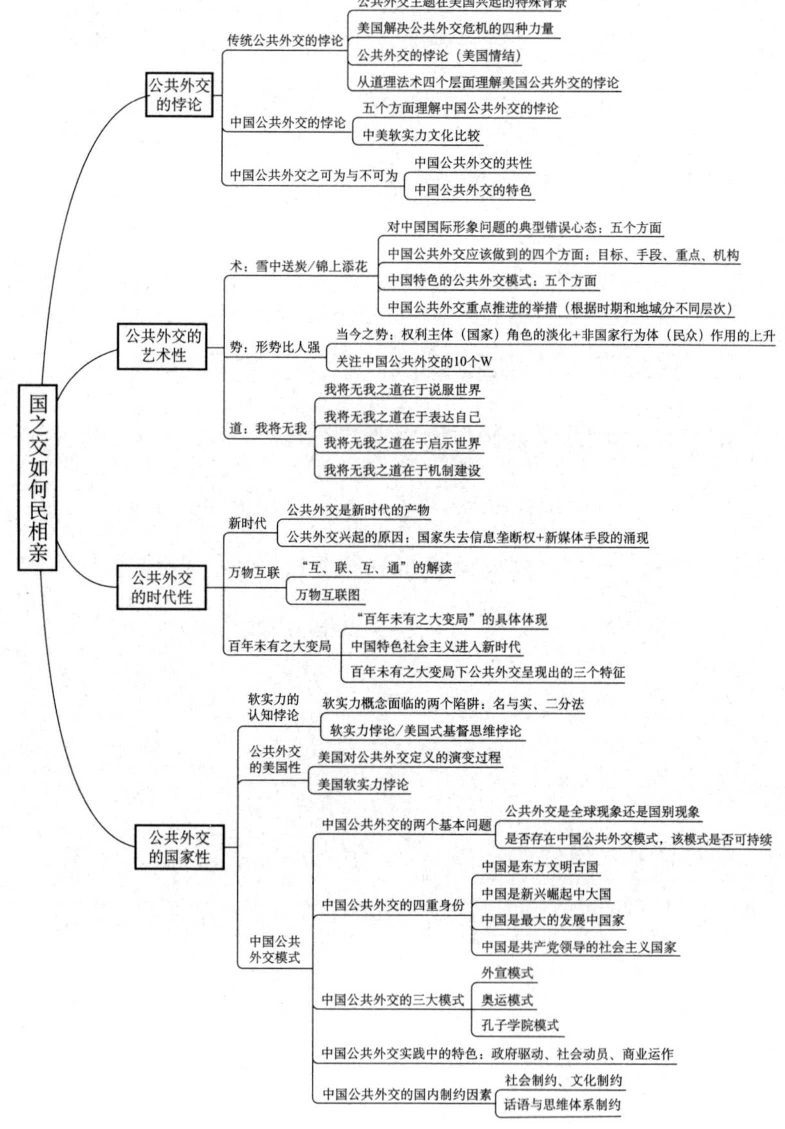

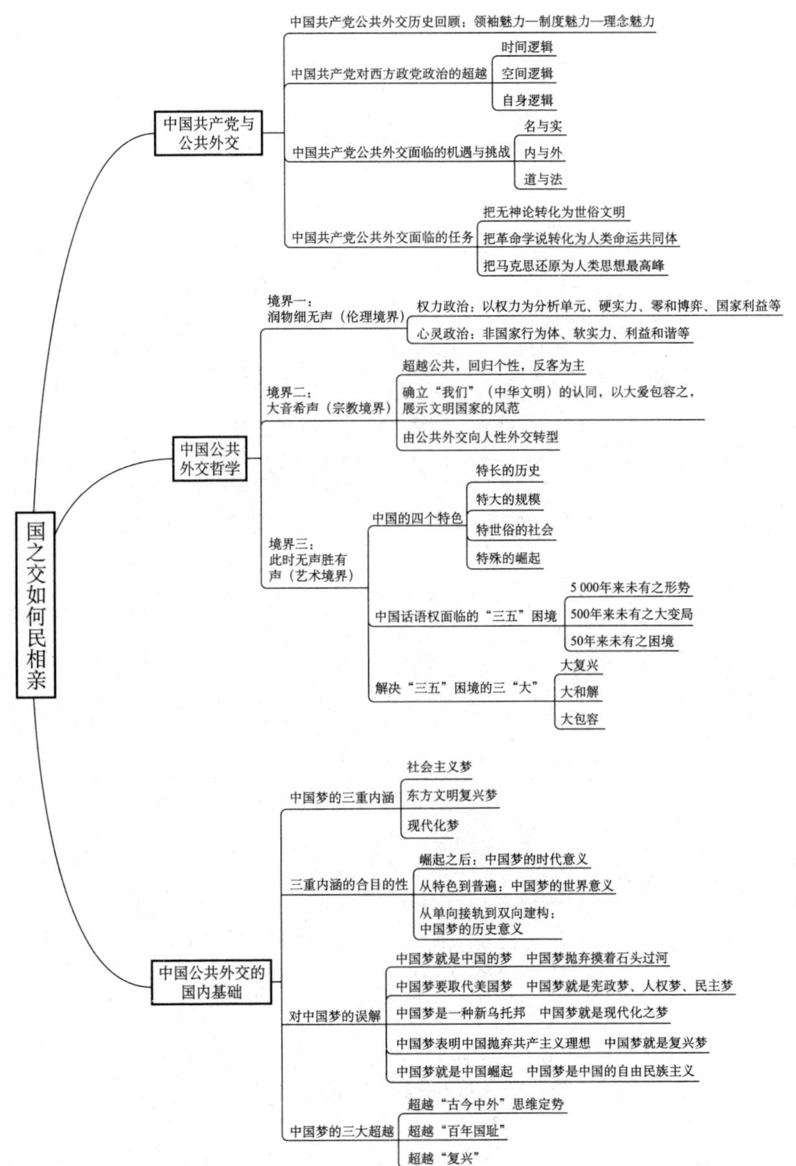
国之交如何民相亲
中国共产党与公共外交
中国共产党公共外交历史回顾：领袖魅力—制度魅力—理念魅力
中国共产党对西方政党政治的超越
时间逻辑
空间逻辑
自身逻辑
中国共产党公共外交面临的机遇与挑战
名与实
内与外
道与法
中国共产党公共外交面临的任务
把无神论转化为世俗文明
把革命学说转化为人类命运共同体
把马克思还原为人类思想最高峰
中国公共外交哲学
境界一：润物细无声（伦理境界）
权力政治：以权力为分析单元、硬实力、零和博弈、国家利益等
心灵政治：非国家行为体、软实力、利益和谐等
境界二：大音希声（宗教境界）
超越公共，回归个性，反客为主
确立“我们”（中华文明）的认同，以大爱包容之，展示文明国家的风范
由公共外交向人性外交转型
境界三：此时无声胜有声（艺术境界）
中国的四个特色
特长的历史
特大的规模
特世俗的社会
特殊的崛起
中国话语权面临的“三五”困境
5 000年来未有之形势
500年来未有之大变局
50年来未有之困境
解决“三五”困境的三“大”
大复兴
大和解
大包容
中国公共外交的国内基础
中国梦的三重内涵
社会主义梦
东方文明复兴梦
现代化梦
三重内涵的合目的性
崛起之后：中国梦的时代意义
从特色到普遍：中国梦的世界意义
从单向接轨到双向建构：中国梦的历史意义
对中国梦的误解
中国梦就是中国的梦　中国梦抛弃摸着石头过河
中国梦要取代美国梦　中国梦就是宪政梦、人权梦、民主梦
中国梦是一种新乌托邦　中国梦就是现代化之梦
中国梦表明中国抛弃共产主义理想　中国梦就是复兴梦
中国梦就是中国崛起　中国梦是中国的自由民族主义
中国梦的三大超越
超越“古今中外”思维定势
超越“百年国耻”
超越“复兴”

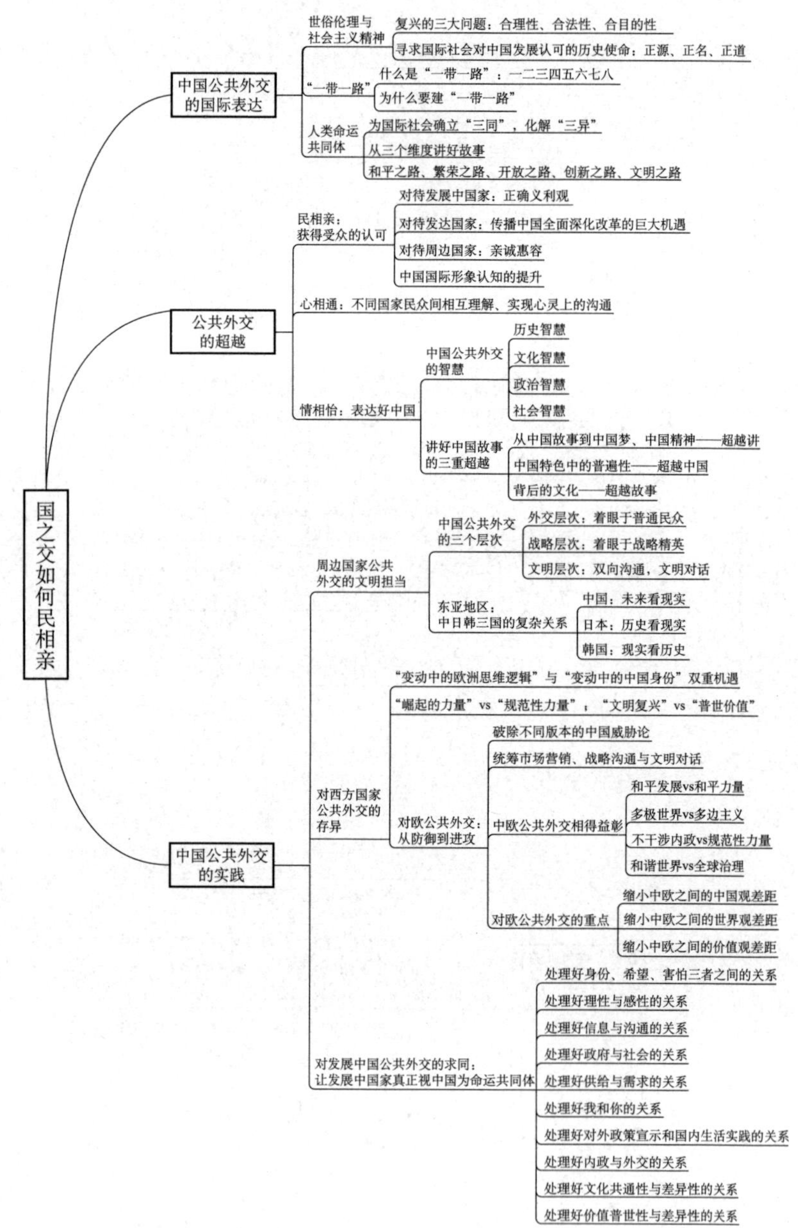
国之交如何民相亲
中国公共外交的国际表达
世俗伦理与社会主义精神
复兴的三大问题：合理性、合法性、合目的性
寻求国际社会对中国发展认可的历史使命：正源、正名、正道
“一带一路”
什么是“一带一路”：一二三四五六七八
为什么要建“一带一路”
人类命运共同体
为国际社会确立“三同”，化解“三异”
从三个维度讲好故事
和平之路、繁荣之路、开放之路、创新之路、文明之路
公共外交的超越
民相亲：获得受众的认可
对待发展中国家：正确义利观
对待发达国家：传播中国全面深化改革的巨大机遇
对待周边国家：亲诚惠容
中国国际形象认知的提升
心相通：不同国家民众间相互理解、实现心灵上的沟通
情相怡：表达好中国
中国公共外交的智慧
历史智慧
文化智慧
政治智慧
社会智慧
讲好中国故事的三重超越
从中国故事到中国梦、中国精神——超越讲
中国特色中的普遍性——超越中国
背后的文化——超越故事
中国公共外交的实践
周边国家公共外交的文明担当
中国公共外交的三个层次
外交层次：着眼于普通民众
战略层次：着眼于战略精英
文明层次：双向沟通，文明对话
东亚地区：中日韩三国的复杂关系
中国：未来看现实
日本：历史看现实
韩国：现实看历史
对西方国家公共外交的存异
“变动中的欧洲思维逻辑”与“变动中的中国身份”双重机遇
“崛起的力量”vs“规范性力量”；“文明复兴”vs“普世价值”
对欧公共外交：从防御到进攻
破除不同版本的中国威胁论
统筹市场营销、战略沟通与文明对话
中欧公共外交相得益彰
和平发展vs和平力量
多极世界vs多边主义
不干涉内政vs规范性力量
和谐世界vs全球治理
对欧公共外交的重点
缩小中欧之间的中国观差距
缩小中欧之间的世界观差距
缩小中欧之间的价值观差距
对发展中国公共外交的求同：让发展中国家真正视中国为命运共同体
处理好身份、希望、害怕三者之间的关系
处理好理性与感性的关系
处理好信息与沟通的关系
处理好政府与社会的关系
处理好供给与需求的关系
处理好我和你的关系
处理好对外政策宣示和国内生活实践的关系
处理好内政与外交的关系
处理好文化共通性与差异性的关系
处理好价值普世性与差异性的关系

自　序

公共外交学是人学

国之交在于民相亲，民相亲在于心相通。

——习近平

美国著名公共外交学者尼古拉斯·卡尔（Nicholas J. Cull）在新作《公共外交：数字时代全球参与之基础》[①] 序言中记录了一个八岁女孩和他小儿子的对话：

女孩：你老爸的工作是个忽悠，根本没有公共外交那么回事儿。

儿子：当然很重要，公共外交阻止了一连串的战争。

---

① Nicholas J. Cull. Public Diplomacy：Foundations for Global Engagement in the Digital Age. Polity Press，2019.

女孩：好吧，说说看。

儿子：这些战争都叫第三次世界大战。

在联合国教科文组织总部大楼前的石碑上，用多种语言镌刻着这样一句话："战争起源于人之思想，故务需于人之思想中筑起保卫和平之屏障。"卡尔的论述，赋予公共外交以超越国家层面的普遍意义，即通过思想沟通，维护世界和平。

然而，和平而不安全，世界稳定而局部动荡，始终考问着我们。当今世界处于百年未有之大变局，民粹主义、极端主义、恐怖主义此起彼伏，许多国家遭受不可承受之痛。中医认为："通则不痛，痛则不通。"当今世界之痛，很大程度在于民心之不通。习近平主席提出当今世界面临"信任赤字"，就是针对"如何通思想"的挑战，倡导中国式公共外交——民心相通。

一、公共外交的名与实、术与道

俗话说，名不正则言不顺。中国"公共外交"概念，与美国基督教式公共外交理念，以及冷战背景下的和平演变观，存在根本差异。正如"软实力""全球化"概念一样，中国官方多用"文化软实力""经济全球化"提法，而不认为政治、文化也是全球化的，不会为全球化即美国化背书。

传统中国文化认为，有四种力量境界：诸道同源之理，万法归一之道，纲举目张之法，提纲挈领之术。

公共外交之道，在于共通；

公共外交之理，在于共鸣；

公共外交之法，在于共振；

公共外交之术，在于共情（empathy）。

天下大势，合久必分，分久必合。当今世界之痛，源于“不通”，根子在“分”。传统中国文化儒道释并存，儒家强调“和而不同”，道家强调“阴阳和谐”，释家强调“众缘和合”，一句话“和合”。人类命运共同体实现“和”，“一带一路”实现“合”，因此成为中国的两大核心倡议，成为回答时代之问的中国方案、中国智慧，为新时代中国公共外交铸魂、固基。

“大时代需要大格局，大格局需要大智慧”。费孝通先生提出“各美其美，美人之美。美美与共，天下大同”命题，彰显东方智慧。发现、弘扬各国之美，成就世界大美，这就是“一带一路”通过全球互联互通伙伴网络，构建人类命运共同体的基本含义；这就是中国的大公共外交理念，超越了美式公共外交[①]仅为

---

① 尽管有学者也提及“超越美国公共外交”（beyond American public diplomacy）这一问题，但与本书的讨论不在一个层面上，恰恰证明实质性内容欧洲学者也不会触碰的。Jan Melissen. The New Public Diplomacy: Soft Power in International Relations. Palgrave, 2007：6－10.

提升国家软实力的小我境界，克服了自以为是的狭隘与偏执。

我将无我，不负人类。公共外交首先要理解对象国，它是外交学，是传播学，更是心理学，是人学。

二、公共外交的说文解字

在中国，公共外交是舶来品，民间外交则是本土货。新时代，将两者合二为一，就是民心相通。民心相通既展示了我制度优势——中国共产党领导的社会主义国家，秉承全心全意为人民服务的根本宗旨，也是以人为本中华传统文化的创造性转化与创新性发展。

公：公天下

共：命运与共

外：天下无外

交：天地交而万物通也，上下交而其志同也

中国主张的民心相通对于美西方公共外交有三大超越：

超越异（diversity）与同（unity）。尤其是超越基督教的“皈依—妖魔”“容忍（tolerance）—反对”二分法，而代以“欣赏（appreciation）与包容（inclusiveness）”，倡导美人之美（“一带一路”成人之美，造血——孔子改进[①]，而非吸血——殖民主义，亦非输血——对外援助），使得东道国（host country）不再卖血，而是一同造血、生血、养血！

超越自我（us）与他者（others）。以文明交流超越文明隔阂，以文明互鉴超越文明冲突，以文明共存超越文明优越。民心相通倡导对话式文明，主张有教无类、天下无外。民心不只是 of the people（源于人民），by the people（通过人民），for the people（为了人民），而更是 in the people（心连心）。

超越智（smart）与术（art）。小胜靠智，大胜靠德，常胜靠和。公共外交不是为了国家利益而从事的针对外国民众的外交形式，而是利当计天下利，以和合共生理念实现民相亲、心相通、情相怡。

唯有超越，才能克服公共外交悖论。

这就是我们的“四个自信”！新时代，公共外交的重要内容就是讲好中国故事、讲好世界故事。

讲好中国故事，是一种境界。什么境界？就是讲中国故事之道。道在心中，而非老把“自信”二字挂在嘴边。以“站在人类

① 孔子改进的层次比帕累托改进层次更高，孔子改进的本质是指，我们的发展一定是与其他人的共同发展、共同进步连在一起的。

文明新高地”作为中国故事的精神境界，来实现 21 世纪的“张载命题”：为天地立心，为生民立命，为往圣继绝学，为万世开太平。举例来说，世人将互联网当作技术、产业、平台载体抑或生产—生活—思维模式，都是因互联网而思考的，较少考虑非网民的感受。只有将互联网当作基础设施和人类的共同家园，让互联网发展成果惠及 13 亿多中国人民，更好造福各国人民，才能告别互联网让“强者更强、弱者更弱，富者更富、穷者更穷，智者更智、愚者更愚”的局面，推动世界非网民搭上信息革命快车，且有望实现弯道超车，建立网络空间命运共同体，引领 21 世纪人类新文明。

讲好中国故事，是一种艺术。汉语是世界上唯一的非字母文字，常常使世界看不懂中国但充满好奇。我们面对的不只是西方，而且是西化世界，因此必须懂得西化逻辑，在科学与艺术之间，阐明中国发展之道。为此，我们要阐明中国政府政策主张的文化内涵与历史底蕴，以及与世界的相通性、与时代的契合性，才能让中国故事在世界上入脑、入心。比如，中国不干涉内政政策，源于中国文化尊重差异性、主张多样性，无论是在道家的“道法自然”、儒家的“己所不欲勿施于人”，还是在释家的“不作孽”思想中都有所体现。讲清楚中国外交政策的文化内涵，主动性、话语权就有了，人家就不会将“不干涉内政”与“不负责任”画等号。

讲好中国故事，是一种修养。不同于历史上的大国，我们要讲述的是“四特”中国——特长的历史、特大的规模、特世俗的社会、特殊的崛起，这招致对中国崛起的谩骂围攻，考验着我们的智慧与修养。讲好中国故事，不能急吼吼，要注意方式方法。孔子曰：“远人不服，则修文德以来之”。今天，我们仍需完善自己，说服世界。比如，西方人常常将“一带一路”称为中国的“马歇尔计划”，甚至一些中国学者也这么说。笔者常常提醒西方人，丝绸之路是德国人李希霍芬对两千年的东西方文化、贸易之路的统称，用“马歇尔计划”做参照系未免太狭隘了。讲好“一带一路”故事，要唤醒包括欧洲人在内的各种文明的共同记忆，开创共同复兴的前景，致力于联合国 2030 年可持续发展议程，这样就名正言顺了。向国际社会讲中国梦也是如此，中国梦不只是中国人追求美好生活的梦想，也是源于中国而属于世界的人类梦想，让我们一起来实现吧。

讲好中国故事，是一种文化自觉。对于我而言，早已成为一种生活方式。不要以为中国人就懂中国故事，我们还得在国内外都讲中国故事。古人讲知行合一，讲好中国故事要成为行动自觉。无论我们身处何地、身在何时，都在以言行或信念不自觉地讲中国故事，从这个意义上讲，每一个中国人都是讲好中国故事的主体。

讲好中国故事，是为了讲好世界故事。“一带一路”、人类命运共同体给我们提供了无限想象空间和施展才华的机会。以精彩的方式讲好精彩的故事，以感人的方式讲好感人的故事，以人性的方式讲好人性的故事，乃21世纪人生之大幸。

三、公共外交学是人学

国际关系从以西方中心论为核心的线性进化阶段，转变到多元、非均衡发展的非线性阶段，于是，国家、国际、关系、理论……这些国际关系理论基本概念的内涵与外延都发生了质的变化，正在丧失其西方性，而更多展示出其多元性文化内涵。这就是所谓的“超越国际关系”，即，不仅超越西方的国际关系理论，而且超越国际关系本身。

公共外交也面临着被时代所超越的尴尬。西方公共外交研究从过去关注“我的世界”转向“世界的我”。

超越西式公共外交，不仅要超越公共外交概念，而且要超越公共外交思维。然而，具体超越公共外交的哪些方面，超越什么呢？

其一是超越西方性——西方中心论。

西方殖民者曾将自己（西方人）作为目的，而把异己（被征服者）作为手段，既反映出西方启蒙运动的不彻底，又展示其自欺欺人的本质。正如马克思在《不列颠在印度统治的未来结果》一文所指出的："野蛮的征服者总是被那些他们所征服的民族的较高文明所征服，这是一条永恒的历史规律。"①西方殖民体系造成了全球分裂和全球问题，而"全球问题必须作为一个整体来加以考虑和处理"。②超越西方公共外交范式因此成为时代发展的必然要求。超越公共外交，就是要恢复人作为目的而非手段的本质，重新思考公共外交的本质。

在国际关系理论中，西方中心论的一个重要表现就是国家中心论。在非西方世界，比如中国，自古以来就没有西方式的民族国家认同，甚至缺乏现代国家概念：天子秉承的是"天下"观，士大夫笃信的是朝廷、王朝观，市井百姓认同的是宗族、血缘等，文人墨客是以他们内心的天下为己任……所谓"民族""国家"概念是近代西方入侵以后才进入中国的话语体系的。正如有识之士指出的："'国家'概念是西方对世界其他地区最成功的一种输出。"③ 相应地，国际关系理论也是西方对世界其他地区的成

① 马克思，恩格斯．马克思恩格斯选集：第2卷．北京：人民出版社，1972：70.

② 斯塔夫里亚诺斯．全球分裂：第三世界的历史进程．北京：商务印书馆，1995：4.

③ 原话是 The state became… "the most successful western export to the rest of the world". James Mayall. Nationalism and International Society. Cambridge University Press，1990：111. 转引自 Geoffrey McNicoll. Population Weights in the International Order. Population and Development Review，1999，25（3）：420.

功输出。因此，超越国际关系，就要超越西方、超越“国家”，两者是一脉相承的。公共外交理论也是如此。

其二是超越公共外交本身。

公共外交被认为是一种外交手段，天然与国家利益、国家形象联系在一起，有明显的主体一客体之分。公共外交思维的实质是国内与国际的二分法（dichotomy）：二分法源于基督教文化的“二元主义”（dualism）——将任何事物都看成是由两个性质相对的实体组成，如善与恶。公共外交着眼于本国对外国民众，把本国与外国分开，有自我中心的倾向，缺乏命运与共的辩证认识。

如何超越？

具体而言，针对公共外交的基本元素，存在四大超越：

（1）以人性超越国家性。

对公共外交批判的批判，就是为了还原公共外交学存在主体性问题，即公共外交并非只是外交（一国对他国之民）关系，更是人的关系。社会科学的主体是人！为此，要将公共外交学从西方视其为外交理论的国际延伸或外交学说的国际抽象中解放出来，还原其本质——人学。公共外交学是人学在国际层面的体现。对外交的抽象不应以丧失人的主体性为代价，人是目的而非手段，这一点并不因为上升至国际层面而有所改变。

公共外交学之所以具有社会科学的属性，就在于公共外交学中的人性。外交学的人性，之所以没有彰显，就在于国家性对人性的扼杀。人学本性，这是超越外交、恢复外交本质的必然要求。

公共外交理论的上述本质是其社会科学属性的折射。西方社会科学家对社会科学进行了历史梳理，其最主要的发现之一就是：社会科学的最主要概念来自基督教。被我们认定是“科学”的东西，在时下不少西方科学家看来，是西方传统文化的一种近代延伸。社会科学中的“科学”二字，不是真理，而是文化。这便是西方社会科学观念的新发现。[1]因此，公共外交学作为社会科学的一种，也不是科学（真理），而是文化（人学）；而文化是多元的，人是多元的，是反对单向度进化论的。相应地，中国人有“人物”这个词，翻译为西文只剩“人”字。这个难译之处，恰巧表露出“人物”概念的文化特殊性。中西方文化之不同，为中国公共外交理论超越西方提供了基础与可能性。

（2）以全球性、地方性超越国际性。

跨国关系、全球政治的飞速发展正在超越传统国际关系——国际关系只是观察世界的一种视角，因此不可能存在终结一切理

① 来自人类学的声音．光明日报，2007－02－15.

论的宏理论或普世性的理论。公共外交理论更是如此。更关键的问题是，以前说“一个世界，许多理论”[①]，如今不再是一个世界，而是许多世界，多种“全球化”（globalisations）。以中国、印度为代表的非西方世界的崛起也在证明西方的不再是普世性的（universal）而是地方性的（local）；地区一体化的蓬勃发展，又在证明“所有的国际政治都是地区性的”（all international politics is regional）。[②]公共外交理论的地方化是时代发展的必然结局。

（3）以联系性超越关系性。

即以立体的、多维度的、相互的联系超越传统的、线性的、单向度的关系。关系仍然是线性的概念，直接导致外交思维、国际关系思维的线性进化论逻辑。其实，国与国的联系并非国际的线性联系，可能是相互渗透、互动的多维、曲折联系，并非平面几何那般单纯、干脆。

比如西方（国际）政治学中“权力”的定义典型地反映了这种线性逻辑缺陷：主要是从权力施予方（权力主体）给出，没有

---

① Stephen M. Walt. International Relations：One World，Many Theories. Foreign Policy，Spring 1998：30.

② 这里借用了美国政治学界的一句流行语“所有的政治都是地方性的”（All politics is local）。

考虑权力接受方（权力受体）的感受。实际上，权力的最终效果不仅要考虑权力主体的能力，而且要考量权力受体对此权力的接受程度。这是古代东方国际体系与近代欧洲国际体系权力法则的重大区别。公共外交被认为是“软实力”艺术，最终也未脱此“权力”观窠臼。

（4）以思想性超越理论性。

面对西方话语霸权，中国公共外交理论的产生一直处于思想与理论之间的阵痛之中。笔者此前提出，“所谓威斯特伐利亚和约开创的近代国际关系体系只不过是西方殖民体系的延续。当今的国际政治观念仍然建立在西方话语霸权基础上。相应地，所谓国际关系理论是从思想观念上强化西方在世界历史进程中的合理地位与霸权的合法性。指望建立中国的国际关系理论是幼稚而有害的，因为这是削足适履，中了西方的圈套。因为真正的理论无所谓特色而言。企图保留西方国际关系理论的‘合理内核’又要彰显中国的价值关怀，并不能创造出‘中国特色’，而只是在包装和传销西方国际关系理论。……相应地，中国学派的提法试图从国际关系学界分一杯羹，以自立于民族之林的面貌来实施自我奴役，甘愿被西方所俘获。”[①]公共外交理论何尝不是

① 王义桅．国际关系的理论性．世界经济与政治，2007（4）．

如此?!

新时代呼唤公共外交理论创新。传统中国多是文化中国的概念；如今的中国，已经成为国际社会重要一员——现代中国，现代性一定会表现出理论性；全球中国崛起，呼唤全球思维。传统中国学术思想性强于理论性，现代学术正好反过来，全球性思维需超越这两者。真正的中国公共外交理论应超越两者的偏废，实现思想性与理论性的完美统一。

恢复人作为目的而非手段的本质，要求我们重新思考公共外交范式。反思中国公共外交研究，存在范式的羁绊、被歪曲的“中国特色”。因此，建构中国的公共外交学，首先要超越范式、超越中国特色，进而超越外交本身。

展望未来，只有自主创新，打破美国和西方标准，才能树立发展中国家的信心。以中印共同崛起为代表的非西方世界的崛起效应，也就在于彻底埋葬殖民体系以来的西方神话，包括公共外交理论神话，开启真正的多元化时代。[①]

超越的结果是什么?

从字面意思理解，“超越”的含义有超出、越过等，包括有

---

① 王义桅．中印共同崛起的国际政治意义．国际观察，2007（4）．

形和无形两方面。本书指的当然是无形意义上的超越，即层次和逻辑上的革新。具体来说，超越公共外交有三方面含义：行为上超越，规则上超越，观念上超越。

超越不是否定，而是扬弃，甚至可能是继承，是在新的时代条件下与时俱进，还原西方的地方性。尽管其存在的前提和作用条件发生了变化，西方理论仍然有其存在的合理性、合法性、合目的性，这就是作为多元世界里的地方性理论，西方公共外交理论仍然将会是理论百花园中最艳丽的一朵。

西方人思维的特质，受制于其个人主义传统、逻各斯中心主义，过分追求理性与差异性，这与东方人思维求整体、感性与一致性的特点有本质差异。这是以西方概念、理论与思维范式建构中国的公共外交和国际关系理论难以逾越不同通约性障碍的根本原因。

作为启蒙运动的后期成果之一，西方公共外交学视国家为目的而非手段，这是建立在西方物质与话语霸权基础上的；尽管一定程度上恢复了人是目的而非手段的本质，但是所谓的目的仍局限于西方内部，西方的公共外交实践，让非西方国家成为手段，更不用说非西方人了。许多非西方国家直到二战结束后才确立、恢复其主权，形成民族国家，捍卫自己的人权。因此，西方公共外交理论的不彻底性，正是亟待超越的前提；超越的结果，是恢复人是目的而非手段的普遍性，一定程度上还原国家作为手段而非目的的本质。

一句话，公共外交学是人学；公共外交的本质在于民心相通。

导　言
公共外交：不可能的使命？

形而上者谓之道，形而下者谓之器。化而裁之谓之变，推而行之谓之通，举而错之天下之民谓之事业。

——《周易·系辞上传》

当今世界，正面临百年未有之大变局。世界面临着身份危机，公共外交再次成为显学。中国公共外交更是成为显学中的显学。

1897年，法国后印象派艺术大师高更（P. Gauguin，1848—1903）完成一幅大型作品，他用梦幻的记忆形式，把观赏者引入似真非真的时空延续中，在长达四米半的画面上，从左到右表达了生命从诞生到死亡的历程（见图0.1）。树木、花草、果实，所有的植物象征着时间的飞逝和生命的消失。画作的标题是三个震撼心灵的发问：我们从何处来？我们是什么？我们往何处去？和科学家没有交往的高更根本就没有想到他的发问恰是科学界公认的最基本、最有意义、最值得研究的问题：宇宙是怎样起源的？生命是怎样起源的？人类的未来会怎样？

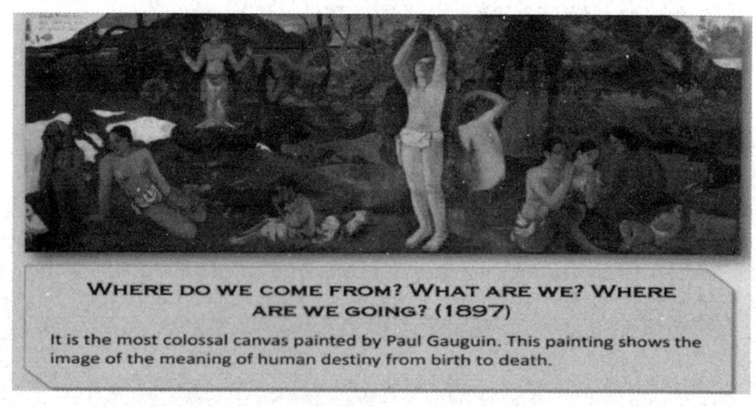

图 0.1　《我们从何处来？我们是什么？我们往何处去？》(高更，1897)

当今世界，各国都不同程度地面临“高更之问”：你是谁？你从哪里来？你要到哪里去？英国脱欧如此痛苦，不是在大英帝国的过去虚幻、现实的欧盟束缚，以及“Global Britain”（全球英国）之间彷徨的抉择吗？土耳其申请加入欧盟（回到未来）的冲动，可追溯到一个多世纪前凯末尔主义的世俗化。但希望融入西方的现代土耳其，几十年来等待戈多……转而回到现实：回归伊斯兰世界，又不被接纳，因为世俗化；回到过去的奥斯曼土耳其帝国时代，所有国家都不答应！这种身份危机其实在美国身上也得到体现：山巅之城（city upon the hill）的信仰催生“绝不做老二”（second to none）的信念，在华为、5G问题上抽自己耳光。

中国也可能面临类似挑战：你是谁？并非西方的民族国家，可能是文明型国家。你从哪里来？中国人很明确，外国人尤其是周边国家有不同理解。你要到哪里去？中华民族伟大复兴既有赶超美国的冲动，也有复兴到汉唐盛世的错觉……人类命运共同体给中国梦提供了方向。

世界又何尝不是如此？民粹主义、极端主义、反全球化势力兴起，逆全球化现象伴随着黄马甲运动、恐怖袭击、难民危机拷问着我们——世界是进步的还是可逆的？未来的世界会更好吗？

世界之问，中国之答。

当代西方思想家中最能深入认识到中华文化对复兴西方文明价值的，当推英国历史学家汤因比。在其巨著《历史研究》、《人类与大地母亲》和《展望21世纪》（与池田大作对话）中，一再宣告“21世纪是中国人的世纪”这一不朽预言，并且以深通东西方文明奥秘的伟大哲学眼光，深刻而精辟地论述了这一预言的学术依据：“最近五百年，全世界在政治以外的各个领域，都按西方的意图统一起来了。恐怕可以说，正是中国肩负着不止给半个世界而且是整个世界带来政治统一与和平的命运。”[1]

“当今世界充满不确定性，人们对未来既寄予期待又感到困惑。世界怎么了、我们怎么办？这是整个世界都在思考的问题，也是我一直在思考的问题。”2017 年 1 月 18 日，习近平主席在联合国日内瓦总部发表了题为《共同构建人类命运共同体》的主旨演讲，系统阐述了人类命运共同体思想，在新时代回应了“高更之问”。

大约 4 个月后，在首届“一带一路”国际合作高峰论坛开幕式上，习近平主席进一步提出解决“和平赤字”“发展赤字”“治理赤字”的“一带一路”倡议。在同年 11 月底 12 月初举行的中国共产党与世界政党高层对话会上，他明确指出：“我提出‘一带一路’倡议，就是要实践人类命运共同体理念。”

“一带一路”聚焦互联互通，落脚于民心相通；人类命运共同体超越主客体二分法，超越国家（外交）思维，为人类未来谋大同，追求人类正道，超越了公共外交。

一

虽然公共外交的概念兴起于美国，但当今中国在国际形象塑造上及在国际舞台上的发声也亟须公共外交的支持。近年来，中国政府对公共外交的发展日益重视，逐步完善相关机构并积极实践，诸如中国人民对外友好协会等机构和组织纷纷投身于中国公共外交事业。

在公共外交领域蓬勃发展的同时，一些质疑之声也逐渐出现，有声音提出公共外交是否是一项不可能的使命，公共外交是否只是应急式的外交手段……解答这些疑问，首先需要追溯公共外交这一概念的源头。

虽然人们可以将其起源追溯到古代，但现代意义上的公共外交起源于二战期间的“对外宣传”和冷战期间的“和平演变”，因而公共外交的“出身”并不好。冷战结束以后，以 1999 年美国新闻署被并于国务院名下为标志，公共外交在美国一度“马放南山”。之所以现在大行其道，与“9・11”事件密不可分，公共外交试图揭开“为什么他们仇视美国”的症结，旨在赢得民心(heart and mind)，开始登上大雅之堂，为各国所重视。

从基督教及文化的角度看，西方将“赢得民心”的“心”翻译为“heart and mind”，是与基督的爱的诫命密不可分的。

1 世纪时，面对罗马统治者的残酷迫害和犹太教会上层的压制，犹太人民一直期望弥赛亚・约书亚[2]重新降临，以便在罗马帝国的废墟上重建犹太国。最终，在人民的吁求和历史使命的召唤下，耶稣及其基督教应运而生。他不但提出了革命性的口号，也提出了安抚教众、赢取民心的诫命：“爱上帝”和“爱人如己”。[3]

而基督之要人爱上帝，却是要人尽心、尽性、尽意、尽力去爱上帝。所谓心（heart），即是人民感受的生命，感情的生命。得到上帝便欢喜，失掉上帝便伤心，生死与共，永不分离。所谓性（mind），是人民思想的生命，理性的生命。人民之所以爱上帝，并不是因为愚昧，更不是因为无知。人民之爱，在感情上说虽然是到了着迷的那种地步，但在理智方面，却又是非常清明的。他们之所以爱上帝的圣洁公义、智慧良善、仁爱慈悲，完全是合于理性的，完全是在头脑清明的状态下，自己所心悦诚服的。而所谓意（soul），便是人民信仰的生活，希望的生活。人民之爱上帝，既通过了人民冷静理智的理解，又使人民产生了无与伦比的热烈的感情，所以他心甘情愿地把他的希望、他的信仰、他的生命，完全以荣耀上帝为中心，以服从上帝为中心。上帝的荣耀便是人民的荣耀，上帝的希望便是人民的希望。人民愿意把他的全部灵魂、全部理想、全部希望、全部生命，都拿来奉献给上帝，要把他自己的灵魂、理想、希望、生命与上帝的灵魂、理想、希望、生命完全联成一体，才可以说是尽意爱上帝。最后，所谓力（strength），便是人民实际的生活，行动的生活。人民之爱上帝，不独是内心的，而且是行动的。人民必须在其实际的生活中，行动的生活中，用他一切的能“力”，去荣耀上帝，表彰上帝，为主服劳，为主服役，这才可以说是尽力爱上帝。[4]

然而只是爱上帝仍然是不行的，人民还要同时爱人类才行。圣经说："人若说，'我爱上帝'，却恨他的弟兄，就是说谎话的；不爱他所看见的弟兄，就不能爱没有看见的上帝。"[5]上帝是爱人类的上帝，上帝也喜爱人民去爱人类。人民只有尽心、尽性、尽意、尽力地去爱人类，才能说人民是真正尽心、尽性、尽意、尽力去爱上帝。

可以说，在基督教徒眼中，"爱上帝"和"爱人类"的基本教义早已深入人心，是其人心所向，即总体上的"民心"。不管是"爱上帝"还是"爱人类"，都要求人民从心、性、意、力四个层面出发。而在这四个层面中，情感之心/心（heart）和理智之心/性（mind）又是"爱上帝"和"爱人类"心理层面的最佳代名词。[6]所以，在以基督教为宗教主流的西方社会中，其将"赢得民心"中的"心"译为"heart and mind"，这一方面是为了保证统治阶层真正赢得人民那颗像爱上帝一般真实的心；另一方面也是在呼应民众"爱上帝"和"爱人类"所应采取的心理层面因素，以更好地为信仰基督教的民众所接受，进而做到迎合、取悦民众，真正赢得民心。

《孟子》中对民心有较为清晰的阐述。《离娄上》：桀纣之失天下也，失其民也；失其民者，失其心也。得天下有道：得其民，斯得天下矣；得其民有道：得其心，斯得民矣；得其心有道：所欲与之聚之，所恶勿施尔也。《尽心上》曰：善政，民畏之；善教，民爱之。善政得民财，善教得民心。

可见在孟子那里，民心是人民的支持，是执政之根本，所谓要“以民为本”。而民心的得失在于是否顺从人民的好恶。可以说，民心的得失是判断执政者成败的依据。现代政治的最高追求是善治（good governance），而这其实只达到上文中“善政”的地步，并不足以得到民心。民心是良好教化的结果，是对简单民意的超越。民心只可顺应而为，不可强行索取，否则适得其反。

而基督教中的“heart”和“mind”则是人“因信称义”的关键，是要奉献出来给上帝的。在英语中，“heart”和“mind”是一组对立的概念，“heart”指情绪上的，而“mind”则是理性上的。把“heart”和“mind”奉献出来则意味着把所有的一切奉献出来。“Thou shalt love the Lord thy God with all thy heart, and with all thy soul, and with all thy strength, and with all thy mind; and thy neighbour as thyself.”（Luke 10：25－29）而最终的得救在于上帝的恩典：A new heart also will I give you, and a new spirit will I put within you: and I will take away the stony heart out of your flesh, and I will give you an heart of flesh. And I will put my spirit within you, and cause you to walk in my statutes，and ye shall keep my judgments，and do them.（Ezekiel 36：26－27）也就是说，上帝将给虔诚的信徒一个新的“heart”，将把自己的灵给予信徒，从而实现信徒的得救。

这种区别在国际关系舞台上有不同的隐喻。重视民心意味着站在他国人民的立场上，顺应其不同需求，有针对性地向其提供力所能及的帮助，使当地人民自然地去接受、去认同、去支持。而如果想的是“heart and mind”，那可能就是要改变对方，要对方把自己的东西交出来，最终将自己的“heart and mind”给他。这就是美国在全世界推行民主的写照。把自己当成上帝，在全世界“拯救受专制压迫的人民”。而根据中国的看法，这样只会适得其反，事实也是如此。

近年来，西方出现某种舆论倾向，将“公共外交”（public diplomacy）与“公民社会”（public society，civil society）画上等号，进而鼓吹中国应将公共外交主导权交由所谓的公民社会甚至代表公民社会的异议人士手中。姚遥在《新时代中国公共外交与民间外交：理论与实践》一书中认为，作为一个西方舶来词，公共外交若要实现在中国语境下的落地生根，必须符合中国的政治理念与核心价值，进行持续不断的内化与深入骨髓的同化。然而，一些公共外交工作者未能识别“话语陷阱”，甚至为西方舆论所牵引，对于公民社会所体现的意识形态挑衅，毫无警惕乃至推波助澜。公共外交要实现本土化发展，必须正视西方公民社会与中国群团组织在政治经济基础上的本质区别。在中国，国家政权不是掌握在资本财团与利益集团手中的统治工具，国家与社会之间的关系不是对立或对抗的，社会组织的理论基础是群众路线与人民社会。中国开展公共外交，必须首先在国际舆论场将中国的政治理念阐释清楚，识别并揭示西方势力在公民社会幌子下干涉中国内政外交的深层意图。

本书为此提出“超越公共外交”的命题，要树立新时代中国公共外交的“三认原则”：认识、认可、认同，形成中国与世界的共识、共鸣、共振。

认识中国，就是要以世界观中国，以时代观中国，以中国观中国，而不是以己度人。要认识中国的复杂性，发展和治理起来都不容易。认识到中国经过几十年的改革开放，走完了西方几百年的道路，成就来之不易，浓缩的困难、矛盾也自然非常多。客观、辩证、立体看“3D 中国”：developing（发展中），dynamic（活力），diverse（多样）。目前的症结集中在是否接受中国是一个发展中国家（development country）。中国的自我定位与国际身份相匹配，成为新时代中国公共外交的重要任务。

认可中国，就更进一步。首先是认可中国的发展成就，和中国人一起认为中国的发展是人类进步的力量，同时也认可中国所选择的发展道路、发展模式、发展理念，认可中国的发展道路、社会制度和意识形态根植于五千年中华文明，汲取了人类一切先进文明成果，在实践中不断得到检验，尤其是受到中国人民的广泛拥护。也就是说，认可中国的“四个自信”。

认同中国，是最高层面的要求，就是要认同中国的内政外交，尤其是社会制度；认同中国所倡导的和平理念、发展理念、合作理念、共赢理念；认同中国所倡导的共建“一带一路”和构建人类命运共同体主张；认同中国的生产方式、生活方式、思维方式；认同这是适合人类发展需要，甚至是人类文明的创新。西方对中国的误解有“两个马克思”之争，我们主张的马克思主义是不断受实践检验的、中国化的马克思主义，是人类思想的高峰，我们是用发展的马克思主义、中国化的马克思主义作为指导思想，而不是西方所排斥的马克思主义。一句话，将恐惧转化为希望，是“三认”的使命。

“三认原则”回归中国公共外交核心——民心相通（people-to-people bond)[7]，强调的是人与人之间双向或多向沟通、联系，而不是要控制他人的情感及理智。民心相通的最佳模式是由社会精英相互沟通与了解，待达成共识后，再逐层传导至普通民众。在普通民众理解和受益后，会形成自下而上的对相关国家的亲切感和认同感，从而有利于加强双方合作并巩固合作成果。一般而言，民心相通至少有三个层次：相互了解；信任和友谊；命运共同体。即我国所谓的“赢得民心”，不是想要单方面地控制某一国家民众的舆论，也不是想要服从于某一国家民众的思想，而是在不同文化中秉持学习与包容的态度，做到求同存异、彼此熟识，从而赢得民众层面自下而上的加强国家间合作的亲密感和认同感，真正构建起人类命运共同体。这与西方想要宣传每个人都要有一颗“爱上帝”的心的做法可谓是大相径庭。

对于赢得民心的目的，从国内层面看，荀子在《王制》中曾谈到，“君者，舟也；庶人者，水也。水则载舟，水则覆舟”，即对于国家或君主而言，皆是得民心者得天下。以史为鉴，周武王伐纣之所以成功，正是他向诸侯宣布纣王的罪状，“于是武王遍告诸侯曰：‘殷有重罪，不可以不毕伐’”，从而赢得了民心，团结了诸侯，聚集了力量。[8]同样，对于中国共产党而言，人民群众的拥护和支持，是我们党执政的坚实基础，也是党和国家事业不断发展的强大动力。

二

1949 年 11 月 8 日，周恩来总理兼外交部部长在外交部成立大会上指出：“关于外交工作，特别是同帝国主义斗争，我们不能说没有一点经验……但是经过整理，使它科学化系统化而成为一门学问，那还没有开始……唯有经过按照马列主义唯物观点整理的，才算是科学……我们应当把外交学中国化……”

公共外交也要从舶来品，实现中国化。

对于公共外交这一称呼，有声音指出也可称为公众外交，但笔者认为公众外交这一提法并不确切。因为 public 不只意味着“公众”，而且体现了公开性、广泛性原则，是反对秘密外交和外交局限于政府间的传统形式，称为公众外交就失去了这方面的内涵。再者，公众指主体还是客体？如果是主体，即我们公众开展对外工作，那是民间外交。因此，无论是在术、势还是道的层面上，公共外交这一称呼都更加准确。

“公共外交”（public diplomacy）一词由美国塔弗茨大学的埃德蒙·格利恩于 1965 年首创。其中“public”翻译成中文有三个意思：

一是“公众”——因其对象是国外公众，所以我们一度将“public diplomacy”误译为“公众外交”。

二是“公开”——采取公开手段，摈弃秘密外交。与传统政府外交常常是幕后谈判和交易不同，公共外交从不隐瞒其目的。

三是“公共”——依靠的是公共资源，如新闻传播手段和信息技术，因而常常与媒体外交相提并论。

因此，结合这三方面的含义，公共外交指一国政府出面，通过信息和观点的流通，影响和改变国外民众对该国的认识，争取其理解，培养其好感，以达到推销政策、提升形象和传播观念等目标的外交活动。当然，这三方面目标的实现并非一蹴而就，由此产生进攻性与防御性公共外交的差异。相较于发达国家，如美国和以色列，往往采取进攻性公共外交，甚至不惜混淆视听，实施思想移植，发展中国家的公共外交则较具防御色彩，往往被动应对各种威胁论，抵消不良舆论影响。

公共外交含义带来的一个问题是如何界定政府及政府角色：是中央政府还是地方政府？政府作为第一推动力还是作为引擎？对于比利时这样的国家，中央政府曾缺失一年多，显然政府的含义包括地方政府。中国这样的大国，地方政府也承担了对外交往职责，只不过我们习惯叫“地方外事”。但显然没有地方公共外事一说。公共外交不管是由地方政府还是由中央政府出面，着眼点是国外民众对整个国家的认知，目标是为国家谋利益，这是问题的关键。至于政府角色是催化剂还是发动机的问题，不能一概而论。对于强政府弱社会的国家模式，政府作为发动机的角色居多；对于弱政府强社会的国家模式，政府作为催化剂的色彩明显。但不管怎样，政府行为是公共外交的本质。纯粹的市民社会之间的交往不是公共外交，而是民间外交。

公共外交含义带来的另一个问题是，如何理解“公众”？是国外公众还是国内公众?按照传统公共外交的定义，公众显然是指外国公众。但是国内公众对外交的参与，我们现在也称之为公共外交，这就颇具中国特色了，这在美国一般称为“公共事务”(public affairs)。美国国务院就设有负责公共外交与公共事务的副国务卿一职。接下来的问题是，谁代表公众?“公众”是相对于“精英”而言的——针对特定精英的外交就是传统外交或领域外交。从数量、范围而言，公众不具有特殊性，而具有一般性，即公共外交行为不能只适合特定地区的特定民众，应该具有普遍性。当然，这不否认公共外交要遵循“差异性原则”，毕竟不同地方的人口味不一，具体公共外交方式要因地制宜、因人而异。公众与精英的区别，除了数量外，还有专业差异。公共外交行为应该不具有专业性，能为普遍人群所接受。比如，中欧间的歌剧交流，只能是专业同行之间的切磋或顶多称领域外交，但当歌剧表演面向对方大众时，则产生公共外交效应，称为“文化外交”。

公共外交的兴起是人类社会的进步，折射了外交的社会化、世俗化和信息化。外交之燕飞入寻常百姓家，极大提升了外交的合法性、功效性和趣味性。公共外交经历了从攻心术（心理战）到现代外交的发展，但不可否认的是，当今的公共外交还是难以超越自我，主客体转变仍不彻底。此外，公共外交的使命也从塑造形象、推广政策发展至推销观念，由于不同国家实践处于进攻—防御的不同层次，也就形成了公共外交不同的国家性及不同效果。

与公共外交相似却不同的概念还有公共事务、公众外交、民间外交、公关、文化外交、媒体外交，其差异不是本书的重要内容，却能够引发思考，究竟什么样的对外交往形式才能达到最佳的效果？信息时代的公共外交经历着从权力主体到权力客体的转变，权力主体（国家）角色的淡化和非国家行为体（民众）作用的上升成为新的趋势；与此同时，随着中国“一带一路”倡议的不断深化以及人类命运共同体理念的提出，互联互通背景下的万物互联时代也给公共外交提出了新的要求——外交要与时俱进，公共外交是中国整体外交的一部分，因此也需要顺应时代发展的潮流。

三

笔者曾在《如何克服中国公共外交悖论？》一文中指出，中国古人强调知行合一，倡导修身、齐家、治国、平天下，这就超越了美国政府—民众、国内—国外以及硬实力—软实力二分法，着眼于整体社会互动建构，为以社会化外交超越公共外交，提供了文化底蕴；实践中，中国应努力让增强的中国实力更具世界性，因而为外部世界所欣然接受、所心悦诚服，最终实现中西方大包容、南北方大和解，服务于人类和平与发展的整体、长远与根本利益。

梁鹤年先生在《西方文明的文化基因》一书中指出："要了解西方文明就得了解西方人对生命和生活的看法。归纳起来只有两条：生命的意识可从犹太和基督的教义去了解；生活的素质可从希腊和罗马的文明去了解。犹太之神的权威和基督之神的慈爱使西方人有了超越个人价值的生命意义。希腊的理性和罗马的秩序为西方人对个人生活和社会生活的苦与乐立下标准。"[9]既然在西方个人与社会相分离，那么在针对西方民众的公共外交外，还需建立针对西方社会的社会化外交。在非西方世界，同样不能以民众代替社会，社会化外交具有普遍意义。比如，在伊斯兰世界，民众的宗教、社会属性甚至超越国家认同和公民身份，仅与其政府打交道、与其民众打交道，具有时间和空间上的明显局限性。只有开展针对整个伊斯兰社会的社会化外交，国内外政策和举措充分照顾到社会宗教影响，才能产生持久、广泛的社会效果。这样，在传统外交对象和外交主体的"政府—民众"二分法中，需引入第三个变量——社会，组成如图 0.2 所示的外交形态：

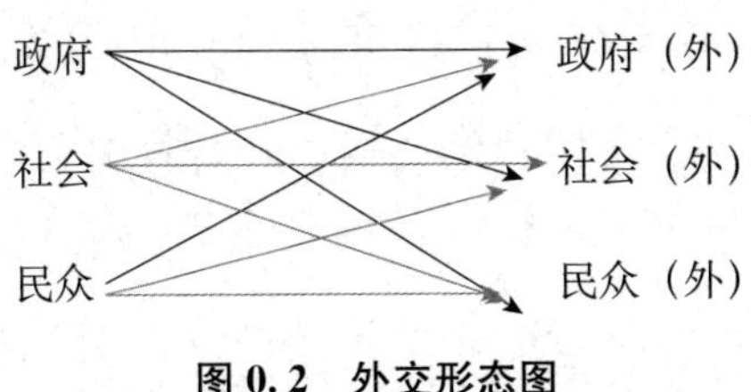

图 0.2　外交形态图

按照乘法原理（3×3＝9），共有九种外交形态：政府对外国政府是传统外交，政府对外国民众是政府公共外交，政府对外国社会是社会外交；社会对外国政府是社会公关，社会对外国社会是社会交往，社会对外国民众是社会公共外交；民众对外国政府是民间公关，民众对外国社会是民间交往，民众对外国民众是民间公共外交。

其中，社会外交、社会公关、社会交往、社会公共外交统称社会化外交，组成社会化外交的四种形态。社会外交的典型例子是地方合作，社会公关的典型例子是企业游说，社会交往的典型例子是行业交流，社会公共外交的典型例子是人文外交。这样，可将社会化外交的含义概括为，动员一国的国家和社会力量，发挥地方对外交往的积极性，针对国外社会所开展的地方合作、企业游说、行业交流、人文外交，旨在夯实两国关系的社会基础，强化两国关系的情感纽带。

相应地，政府公共外交、社会公共外交、民间公共外交，统称公共外交。相比于社会化外交，公共外交少了一种外交形态——社会公共外交是两者的交集，既是社会化外交，也是公共外交。

两者之具体比较如表 0.1 所示：

表 0.1　公共外交与社会化外交的区别

外交形态	外交主体	外交对象	外交手段	外交目标
公共外交	政府、社会、民众	外国民众	信息传播	赢得人心
社会化外交	政府、社会、民众	外国社会	社会交往	社会情感

社会化外交的威力让西方转败为胜的例子不胜枚举。近年，“阿拉伯之春”的浪潮席卷西亚、北非，全世界都感到措手不及，特别是美国的盟友穆巴拉克在变局中下台，西方世界为此不得不重新调整中东政策。随后，美国依靠其强大的民间外交和价值观实力，重塑对反对派的影响，迅速稳住局势；在利比亚变局中，支持欧洲国家介入利比亚局势，以民间外交继续与反对派沟通，成功引导利比亚局势朝着符合其利益的方向发展。2014 年初的乌克兰危机，西方对乌克兰社会的插手更造成其政权更迭，让西方在与俄罗斯的战略博弈中拔得头筹。

反观我国的被动，社会化外交意识薄弱是重要方面。在利比亚局势终结之时，中国的刚性外交没有起到预期的效果。一个重要的原因是，中国虽然吸取了过去的教训，改变了反对干预的做法，却没有更进一步发掘新的影响渠道来获得残局后的利益。相比于西方国家，中国在中东更多是经济投资，对他国内政或是民间事务的介入影响太小，因而缺乏保护自己利益的手段。中国工人在苏丹和埃及被劫持，就是最好的旁证。

越来越多的事实表明，我国应加强社会化外交，丰富我国外交形态，完善我国外交布局。

社会化外交是针对全球化发展阶段的时代呼应。全球化导致权力上移和下移，国际软实力竞争日益从生产方式转向生活方式，导致外交力量社会化，于是出现国内外认知反差的现象。比如，中国国内民众认为中国外交软弱而国外认为中国外交强硬，因为国内是民众感知而国外是政府感受，结论大相径庭。这些都呼吁我国把目光转到社会力量层面。欧盟就把自己定义为一种社会力量，对我国外交有诸多借鉴之处。对欧外交，更是应充分发挥社会化外交的作用。中国经济社会理事会—欧盟经社委员会对话机制、中欧市长论坛，大有前途、颇具潜力。

社会化外交也呼应了欧美地方政府发展对华关系的热切期望。相比于中央政府为政党政治所纠缠和利益集团所干扰，欧美地方政府积极发展对华合作。在传统外交陷入僵持的情形下，我国对欧美外交重点可放在社会层面，着眼于与地方政府打交道，有利于对外交往的持续性和对等性，有利于调动我国地方政府、社会力量开展对外交往的积极性。中美省州长论坛的成功举行，对此做了很好的诠释。这方面欧洲的经验同样值得借鉴。欧盟国家各大区、州（省）、市、社区在布鲁塞尔都开展了积极的外交活动，欧盟经社委员会、欧洲地区委员会是它们的重点游说对象。比利时曾 500 多天没有中央政府，我国与其中央政府签的协议必须由三个语言大区再签才能生效。中比外交，更是社会化外交的典型。

社会化外交还是培育我国社会“走出去”、服务于和谐社会建设的需要。正如加入世界贸易组织促进了国内市场的发育壮大一样，社会化外交也是推动我国公民社会建设的有效渠道。而一个成熟的公民社会又将推动我国社会化外交的发展壮大。欧美非政府组织（NGO）外交可资借鉴，尤其是美国各种基金会、社团，对外交往十分活跃。比如，百人会不仅直接参与策划政府外交，还发布有关调查报告，影响外交舆论，为政府外交穿针引线、拾遗补阙，在关键时刻起到出人意料的成效。

中国的公共外交在延安时期以《红星照耀中国》为代表；新中国成立初期，和平共处五项原则的提出助力中国在国际舞台上树立爱好和平的形象；改革开放以来，中国的公共外交经历了现代化梦到全球化梦，进而到中国梦的转变——可以说，中国的公共外交并非一成不变，而是符合时代发展，在不同阶段承担着不同的外交使命。

随着中国综合实力的增强，中国软国力的崛起成为必然，但在这一过程中，中国的公共外交也必然会面临来自各方的争议。如何应对国内的公共外交无用论，如何应对外界的中国威胁论，如何让崛起的中国理论为世界所理解、认可、分享，进而让中国公共外交的使命变不可能为可能，都是中国亟须研究和解决的议题。美国在发展公共外交之初，也面临着诸如如何解决 why do they hate us（为什么他们恨我们）的问题，他国走过的弯路或许在一定程度上能够成为中国的前车之鉴。

中国作为发展中国家，面对不同的对象国，开展公共外交的方式和理念也有所不同。对于周边国家，中国在互联互通理念的指导下，睦邻、友邻、安邻，着力打造安全共同体。对于西方发达国家，需进行有效的战略沟通，跳出传统争霸思维，实现利益共同体。对于发展中国家，正确的义利观是构建命运共同体的保障，在有理有利有节的基础上进行对外援助，共同发展才是长久之道。

当今世界，公共外交的主体与客体都日益丰富，互动频繁，甚至存在反客为主的现象。以前的公共外交完全是中央政府行为，但现在地方政府也很积极，社会力量也参与进来，各地纷纷成立的公共外交协会、城市外交协会，就是例证。中国特色的公共外交，在强调主要对象为国外民众的同时，也将国内民众对外交的理解与支持作为公共外交的重点工作之一。近年来，国内民众日益从公共外交的客体向主体转变，每一个中国人都成为公共外交使者。中国公共外交当下首要任务就是讲好中国梦，让国外公众认同“中国梦会让世界更美好”。中国公共外交应充分发挥中国人的正能量。

四

党的十九大报告提出，中国特色社会主义进入新时代，意味着近代以来久经磨难的中华民族迎来了从站起来、富起来到强起来的伟大飞跃，迎来了实现中华民族伟大复兴的光明前景；意味着科学社会主义在21世纪的中国焕发出强大生机与活力，在世界上高高举起了中国特色社会主义伟大旗帜；意味着中国特色社会主义道路、理论、制度、文化不断发展，拓展了发展中国家走向现代化的途径，给世界上那些既希望加快发展又希望保持自身独立性的国家和民族提供了全新选择，为解决人类问题贡献了中国智慧和中国方案。

本书是对中国特色公共外交理论与实践的提炼，正文共十章，从公共外交的名与实探讨出发，分析了公共外交悖论和中国公共外交悖论，超越了西方公共外交的基督教情结和西方中心论，实现传统中国文化、现代中国模式和当代中国梦的三位一体，塑造三种中国身份：传统中国、现代中国和全球中国。同时，以“四个自信”为基础，系统分析公共外交的时代性和国家性，回顾了中国共产党进行公共外交实践的历史发展以及面临的机遇与挑战，探析新时代中国公共外交从立起来到强起来之道，将中式民心相通与西式公共外交相结合，阐发中国公共外交的国内基础与国际表达，以人类命运共同体理念为统领，实现了公共外交理论的超越。

第一章从问题入手，阐述了传统美国式的公共外交与中国公共外交的悖论，点明当今中国公共外交发展亟须解决的关键问题。

第二章从术、势与道三个层面对中国公共外交开展的方式、环境和理念进行分析，从宏观角度论述中国开展公共外交的必要性及其应用价值。

第三章关注公共外交的时代性，着重阐发在新时代、万物互联和百年未有之大变局的背景下，公共外交如何适应时代的发展，为中国整体外交服务。

第四章关注公共外交的国家性，首先对软实力的基督教意涵做出说明，进而论述公共外交本身具备的美国属性，最后提出中国应该发展自身的公共外交模式。

第五章对中国共产党与公共外交进行阐述，回顾中国共产党的公共外交历史及其较之西方政党政治的优越性，客观分析中国共产党公共外交在新时代所面临的机遇与挑战。

第六章提出中国公共外交的哲学，认为对于公共外交的分析不应仅仅停留在实践和经验层面，而应从哲学的角度加以论述，中国的公共外交需要润物细无声，进而达到大音希声的层面，最后做到此时无声胜有声。

第七章阐述中国公共外交的国内基础，着重关注中国梦对公共外交发展的助力以及外界对此的误解。

第八章从外界角度出发，关注中国公共外交的国际表达，提出中国的公共外交需要借助“一带一路”倡议及人类命运共同体理念，完成其树立国际形象的使命。

第九章提出观点，中国的公共外交需要完成新时代背景下的超越，在民相亲的基础上争取心相通，通过讲好中国故事最终达到情相怡。

第十章从中国公共外交的实践出发，分别从对周边国家公共外交、西方发达国家公共外交以及发展中国家公共外交三个维度，评析并展望中国公共外交的既有实践和未来发展。

习近平总书记曾指出：“要注重塑造我国的国家形象，重点展示中国历史底蕴深厚、各民族多元一体、文化多样和谐的文明大国形象，政治清明、经济发展、文化繁荣、社会稳定、人民团结、山河秀美的东方大国形象，坚持和平发展、促进共同发展、维护国际公平正义、为人类作出贡献的负责任大国形象，对外更加开放、更加具有亲和力、充满希望、充满活力的社会主义大国形象。”公共外交在新时代下不再是阳春白雪之物，而已经飞入寻常百姓家，回顾既往实践，提炼公共外交之道，中国公共外交的使命可望亦可即。

第一章
公共外交的悖论

万物并育而不相害，道并行而不相悖。

——《礼记·中庸》

公共外交的概念诞生于美国，与生俱来带有美国基督教思维悖论。中国是世俗化文明，其公共外交超越了美式悖论，但面临西式话语霸权，呈现中国特色的公共外交悖论，典型的有他者化悖论、异化悖论及实力与形象的悖论。

第一节　传统公共外交的悖论

公共外交的兴起无疑有全球大背景的原因。随着全球化的不断深入（尤其是全球市民社会的崛起）、通信技术的扩散（特别是互联网在全球的普及），从事外交活动已不是职业外交家的专利。国家从事外交活动的主体急剧增加，政府不再是唯一从事外交的行为体。就美国而言，美国国务院在公共外交领域的职能已被许多非政府组织和机构所分担。许多观察家注意到，美国各个州和当地的一些机构不断参与外交活动，大多数组织和机构甚至起着比政府更大的作用。[1]

但是，全球化因素不足以解释最早在美国兴起的对公共外交的研究热潮。2000 年 3 月，德尔·彭德格拉斯特（Dell Pendergrast）在《外交事务》杂志上发表《国务院与新闻署：合并为功能紊乱的大家庭》一文，指责美国政府将新闻署并于国务院是“轻视公共外交的举措”，呼吁政府重视公共外交活动和研究。[2]“9·11”事件后，美国国内特别是学界对公共外交的研究更是给予了前所未有的关注。克里斯托弗·罗斯（Christopher Ross）、爱德华·考夫曼（Edward Kaufman）、拉米斯·阿多尼（Lamis Adoni）以及安东尼·布林肯（Antony Blinken）四位学者在《华盛顿季刊》2002 年春季号上分别发表了《公共外交已成长起来》、《赢得媒体战争的广播战略》、《事实胜于雄辩》以及《打赢观念之战》四篇论文，以翔实的事实论证开展公共外交的必要性和紧迫性。[3]

那么，公共外交主题研究在美国的兴起有何种特殊背景呢？主要原因在于美国舆论和学界对美国过去公共外交的怀旧情结，对当前美国对外政策的反思，以及美国在世界诸多地区的政策是失败的。

第一，公共外交的兴起体现了美国民众对冷战胜利的怀旧情结。事实上，早在艾森豪威尔政府时期，美国政府就非常重视公共外交活动（当时叫“公共事务”）。1953 年，艾森豪威尔总统设立的美国新闻署（USIA）就是为美国对外政策搜集信息和对外宣传的独立部门。在冷战期间，公共外交曾一度被美国自诩为非常有效的“军火库”。在冷战最激烈的阶段，“美国之音”与“自由之声”以及“欧洲自由之声”等重要的公共外交手段覆盖了 50％的苏联民众和 70％～80％的东欧人民。许多美国专家认为，当时美国的宣传手段给整个“东欧集团”内部不同政见者以极大的信心，在宣扬资本主义经济与指令性经济体制、民主与专制政体的差异方面发挥了巨大功效，它导致了东欧共产主义从内部彻底瓦解。但是，在赢得“意识形态”战争胜利后，美国决策者认为，与私人媒体的广泛接触足以把美国的意旨散播于世界各地，开始漠视公共外交的重要性，原来用于改变美国形象的资源开始减少。从 1989 年到 1999 年，美国新闻署的预算每年以 10％的幅度递减（年均减少 1.5 亿美元），1999 年，美国新闻署干脆被并于美国国务院名下，公共外交的投资只占国务院预算开支的 8％。[4]美国政府内许多重视公共外交的人士希望新闻署与国务院的合并能把公共外交与外交决策紧密结合起来，但事实证明非常困难。对美国政府内许多职业外交家来说，其他“政策”具有更紧迫的优先权，政治候选人称公共外交是浪费时间，理由是外国民众并不参加美国的选举投票。大多数美国政府高层官员很少把美国的政策动向对国外媒体开放。美国国务院则把更多的心思用于制定和执行政策，负责公共外交的官员被贬为“二等公民”，受到官僚程序和规则的约束。[5]今天，在对美国怨声载道的中东地区，美国的公共外交活动表现非常迟钝，就拿通信和电台来说，每天只有2%的阿拉伯人能听到“美国之音”。[6]

第二，反思美国对外政策。“9·11”事件的发生触动了美国民众特别是学者的神经。当前美国公共外交的骤然兴起，主要在于美国各界对冷战后特别是当前美国对外政策的反思。学者们认为，美国招致世界天怒人怨的一个原因在于美国对自身权力的近视。世界各国希望冷战的结束本应是一段历史的结束；相反，它却标志着美国霸权的真正开始。历史上，霸权都受到过其他国家的联盟抗衡和遏制。但到目前为止，美国似乎摆脱了这一命运，这种局面更使美国目空一切，二战后出生的一代人正掌握着美国的决策，他们试图扩张而不是收敛美国权力。[7]冷战期间，对苏联政权的关注掩盖了对美国的批评。冷战结束以来，美国到处挥舞权力棒的行为已经引起了众多国家的不满，一些国家批评美国忽视其他国家的利益，置国际规范和条约于不顾。[8]也许自封为美国市场经济霸权代言人的托马斯·弗里德曼（Thomas Friedman）的一席话最能说明当前美国的心态："为了推动全球化，美国不用害怕充当巨无霸……没有看不见的拳头，市场这一看不见的手将永远不会启动……这一看不见的拳头就是美国的陆军、空军、海军和潜艇部队。"[9]由此可以推定，美国公共政策的唯一功能是为美国的行动和支配性地位正名，包括使用必要的战争手段打击威胁美国的敌人。与政府内许多官员一样，布什总统也反复扬言，"善与恶"的较量是判断政策的准绳。"9·11"事件发生后的9月20日，布什政府以一种偏见和狂妄的态度阐述美国对外部世界的态度，警告其他国家"要么站在我们一边，要么站在恐怖分子一边"。实际上，美国对过分相信自己的权力这一事实是非常清楚的，美国各界尤其是学界一直没有停止对政府的批评。如法里德·扎卡利亚（Fareed Zakaria）在《愤怒的政治：为什么他们恨我们》一文中就提出"我们怎么办"的问题。[10]

第三，美国在世界诸多地区的政策是失败的，至少对阿拉伯国家和伊斯兰世界的政策已彻底失败。美国政府意识到，几个巨大的"黑点"特别是中东地区玷污了美国的世界形象，但它并没有重新审视其基本对外政策的前提。例如，当前美国一直在高谈"赢得阿拉伯和穆斯林的人心"，而措辞却模糊难辨，所采取的政策更是基于一个错误的前提：该地区的极端分子有意扭曲了美国的目的和行为。美国政府内许多以阿拉伯和穆斯林问题专家自居的官员以“教皇”般的口吻指出，问题不在于美国的行动，而在于阿拉伯和穆斯林不能理解美国所代表的现代性和价值观，因此，根植于美国自由贸易和资本主义体系的自由、民主和正义的理想威胁了那些憎恨美国的人。所以，美国除了加强军事、政治和经济霸权外别无选择。[11]

美国对于权力政治的过分热衷使它对阿拉伯和穆斯林的怨声充耳不闻。即使美国官员走进面向阿拉伯国家的电视台，也是一味炫耀美国的强硬逻辑。例如，在 2001 年 11 月 19 日一次关于巴以冲突的讲话中，国务卿科林·鲍威尔在只有寥寥数段的“和平建议”的文稿中就用了六个“恐怖”或“恐怖主义”字眼描述巴勒斯坦人的行为，而无视美国对以色列的军事支持。这种漠不关心无形中支持了以色列对巴勒斯坦的暴力。[12]在美国看来，整个世界已被严格划分为泾渭分明的两半：华盛顿与“恐怖主义”，即“善”与“恶 ”的区别。只要回顾一下自海湾战争以来美国的中东政策就可以清楚地发现，美国一直在我行我素地把自己的政策强加于中东地区。[13]美国学界普遍认为，当前世界某些地区反美潮流的泛起，并非美国误入了歧途，而是它的“霸权”政策和行为没有得到世界其他国家的充分理解。因此，美国政府追求自认为正确的对外政策是不够的，应该采取实际行动让美国的批评者相信美国对外政策的正确性，而达到这一目的的手段是加大公共外交的力度，它体现在你做了什么而不是说了什么。[14]

如何改变世界对美国的看法是美国政府面对的迫切问题。美国学者认为，美国一味迷恋在战场上使用武力打击恐怖主义只会使问题变得更加糟糕，它将帮助美国的反对者宣扬名正言顺的“文明冲突”。[15]在当前后冷战时代的国际冲突和危机中，美国不能只考虑军事反应，更要通过信息和媒体来疏导舆论和抚慰民心，单纯的军事权力往往不足以解决现代争端，尤其不可能结束当前的反恐之战。采用有效的公共外交手段如广播工具能赢得其他国家的“人心和思想”，是解决外交危机的第四种力量。[16]学者给美国政府开出了如下药方：

其一，再造“观念市场”（remaking marketplace of ideas)。改变其他国家民众对美国的看法不是一蹴而就的事，需要美国长期的努力来改变世界的“观念市场”，这一议题必须成为美国外交政策的优先考虑。美国应该向由其他国家政府控制的媒体和教育体系表明，广播谎言和传授无法容忍的事物必然影响美国提供的对外援助、政治支持以及军事支援等。美国应该协助改革这些国家的媒体和教育体系，支持世界范围内独立媒体的建设。这种举措应该包括制定传媒法草案和学术议程等，资助有利于美国的

“看门狗”式团体，并向国外独立媒体提供财经和技术帮助。此类资助可首先投入独立的非政府组织，避免其他国家指责美国搞“颠覆”活动。通过这些手段向其他国家政府和民众施加压力、展示规则和标准，迫使其放松独裁和专断的做法，同时通过贸易手段消除其他国家禁锢个人思想的壁垒，让民众的观念变得开放。[17]

其二，走向“聪明权力”（smart power）。再造“观念市场”有助于美国抵挡那些不满其政策的批评者。但是，如何说服其他国家放弃对美国日益膨胀的权力的憎恨呢？学者认为，美国必须聪明地运用手中的权力。走向“聪明权力”的第一步是“熔化”对美国单边主义行动的怨言。美国必须改变以往那种不负责任的“单干”做法，与其他国家建立联盟、维护联盟并达成互信和谅解，这要求美国听取其他方的建议，唯其如此，才能让世界铭记美国式规范和准则。这种途径还要求美国靠拢而不是远离全球气候变化、《禁止生物武器公约》、《核禁试条约》、国际法庭等一系列棘手的问题，以免疏远美国的朋友，为自己的敌人提供“道义军火”（moral ammunition）。走向“聪明权力”的第二步是争取那些嫉妒美国成功的人。作为地球上最富足的国家，美国应为全球化世界分担责任而不是一味追求私利。在国际发展、消除贫穷、教育改革以及为穷国减免债务和消除贸易壁垒等方面，美国应被世界视为热心的领导者而非不情愿的“跟随者”。只有这样，世界大多数沉默群体才会相信自己跟随和支持美国维持现状是有利可图的，才不会把他们的挫折迁怒于美国及其公民。[18]

其三，搁置武力，战胜“憎恨媒体”（forget fire，battle hate media）。学者认为，美国目前应该放弃“武力先行”这一解决冲突的方法，操起本国的媒体武器战胜国外的媒体。目前令美国最头痛的是分布于世界某些地区的“憎恨媒体”（hate media）。“憎恨媒体”最早是美国用来描述纳粹德国和苏联“憎恨电台”（hate radio）这一宣传工具的，它的作用在于挑起当地民众的情绪，煽动针对目标群体的暴力冲突，是致命的却又非常有效的媒体。在美国看来，目前世界若干地区尤其是阿拉伯国家和伊斯兰世界特设了许多针对美国的传媒工具，它宣扬对美国的不满，鼓动对美国政府和民众的仇恨情绪。阿拉伯有一个埃尔·贾泽拉（Al Jazeera）电台极具影响力，它覆盖中东地区1 000多万人口。在具有如此威力的传媒工具笼罩下，美国要在阿拉伯世界找到“真理”难于上青天。[19]

那么，美国怎样战胜这些本国无法管辖的国外媒体呢？美国舆论和学界认为，要达到这一目标，美国必须发展战胜“憎恨媒体”的更好战略，应该在憎恨或误解美国的地区加大公共外交攻势。建立国际广播网络是战胜“憎恨媒体”的最有效选择之一。在世界许多地区，美国只是在口头上兜售和澄清自己的政策，而不是以实际行动挑战“憎恨媒体”。美国学者建议，美国必须加大公共外交力度的地区应该包括中东、东南亚。为了改变这些地区的民众对美国的错误观念，政府迫在眉睫的任务是扩大国际广播网络。[20]

值得注意的是，鼓吹公共外交重要性的不光是自由主义者，就连进攻性现实主义的代言人米尔谢默都主张“反恐”要推行“赢得人心的战略”。[21]这说明，公共外交理念对美国来说确实有其紧迫性与广泛的学术基础。

“9·11”事件惊醒了美国人，在沉痛之余，他们开始反思一个迫切需要答案的问题：“世界为什么憎恨美国?”在“恐怖”事件发生后不久，夏洛特·比尔斯（Charlotte Beers）被国务院匆匆提名为主管公共外交和公共事务的副国务卿。在2001年9月24日的参议院听证会上，她呼吁政府重视发展与其他国家人民进行“真诚的双管道对话”。[22]随后，美国政府内对公共外交的重视迅速升温。在2001年10月10日众议院国际关系委员会举办的名为“公共外交在反恐行动中的作用”的听证会上，许多人士纷纷指出：“反恐战争不但要通过军事手段，而且要通过具有侵蚀性的公共外交方式反击海外对美国的扭曲观念。”[23]不久，多家部门纷纷成立。首先是白宫设立了分管公共信息的“战争室”（War Room），配合政府处理国内外的日常情报和信息，向世界民众“推销”反恐战争。[24]随后，在英国的提醒和支持下，美国政府提出，“为了赢得反恐战争，对世界公众的舆论塑造不能落后于战争手段”，并联合英国和巴基斯坦在华盛顿、伦敦和和伊斯兰堡建立了“联合信息中心”（Coalition Information Center），旨在更有效地帮助美国和联盟伙伴国合作反恐。[25]

上述速成部门还只是布什政府回应“9·11”事件和海外民众的短期举措。2002年2月，布什政府又创建了两个旨在向恐怖主义发动信息战的部门。

一是白宫内部成立的“全球外交办公室”（Office of Global Diplomacy），它表明一个临时的战时信息交流室已成为一个永久性机构，目的在于把美国形象的积极面散播于世，以对抗“反美主义”。根据白宫主管信息项目的主任丹·巴勒特的说法，“总统相信，把美国的外交政策通告全球民众，无论是在和平时期还是战争时期都是国家安全的关键组成部分”。[26]新机构的成立试图“在政策目标的基础上，帮助美国辨别国外具有影响力的大众，使媒体和其他通信渠道彼此互通，为美国政府的信息和情报提供轻重缓急的排序”。[27]

二是五角大楼设立的“战略影响办公室”（Office of Strategic Influence），创建该部门的意图是“对各种不同信息活动进行协调，配合美国的海外军事行动”。这是对政府内担心美国在海外特别是伊斯兰国家的反恐战争正失去公众支持的人的直接回应。它也体现了布什政府公共外交与战争手段双管齐下的思路。但是该部门的设立引起了极大的争议。由于“战略影响办公室”既收集“黑道”的虚假信息又搜集“白道”的公共外交信息，矛头既指向友好国家又针对非友好国家特别是伊斯兰世界，因此遭到了各方的抨击。批评人士认为，“战略影响办公室”是地地道道的“战略谎言办公室”。前国防部长威廉·科恩就指责该部门“讨论如何欺骗海外国家的媒体和民众是一个严重的错误”。[28]迫于压力，拉姆斯菲尔德于 2002 年 2 月 26 日宣布该部门寿终正寝。该部门虽然存活时间很短，但它却从一个侧面体现了美国军方迫切重视公共外交的慌乱心情。

在快速组建部门和机构的同时，布什政府还拿出了一些具体行动。先是“9·11”事件发生后不久，美国国务院迅速站出来“向世界讲述美国的经历”，介绍布什政府在打击恐怖主义行动中做出的最新努力，其中之一便是美国国务院出版的《恐怖主义网》（*The Network of Terrorism*）事实手册[29]，并以 30 多种文字将其印刷成册，分发给美国驻世界各地大使馆。手册介绍了“9·11”恐怖主义的袭击情况及其同本·拉登“基地”恐怖主义网的联系。当天，比尔斯在华盛顿国际新闻中心介绍该手册时说：“我们很重视我们传递出去的信息是完整而全面的，我们知道我们的信息很可能被许多国家歪曲……但我们承担与世界民众对话的责任。”比尔斯的讲话特别强调向国外人士说明和解释理所当然的“美国价值观”，把美国价值观看作美国对外政策的一部分，希望国外民众接受美国式的“自由”和“民主”成分。2002 年 3 月，美国国务院开通面向阿拉伯世界的萨瓦电台（Radio Sawa），以阿拉伯语向中东地区的年轻人讲述美国的经历。另外，美国国务院还邀请阿拉伯记者走进美国，让他们了解美国文化，说服他们宣扬美国价值观。

此外，美国政府还筹建了一个名为“美国工作间”（American Rooms）的多媒体网络中心，准备安设在选定的国家的大学、图书馆以及其他伙伴机构，“把美国的环境和经历带给关键的民众”，类似于冷战期间美国在海外开设的“美国文化和美国图书馆”工程。

总之，“9·11”事件发生后，美国政府辗转呼号，快马加鞭地把公共外交推向登峰造极的地步，试图对世界范围特别是关键的中东地区的民众摸底号脉，大有一夜间改变世界“反美主义”的架势。

公共外交从概念诞生之日，就带有浓重的美国情结，不同程度呈现出下述悖论：

悖论一：自我中心悖论。公共外交起源于冷战时期的和平演变，“出身”并不好。1987 年出版的美国国务院《国际关系术语词典》把公共外交定义为：“由政府发起项目，旨在了解、获悉和影响其他国家的舆论，减少其他国家政府和民众对美国产生错误的观念，引起关系复杂化，提高美国在国外公众中的形象和影响力，进而增加美国国家利益的活动。”[30]这表明，美式公共外交假定自己站在历史的正确性一面，而对方相反。这种先入为主、以自我为中心的认识，导致公共外交的实质是片面宣传，这迟早会被对方识破，效果适得其反。这就是公共外交的自我中心悖论。

悖论二：单向度悖论。美国公共外交着眼于“告诉”，而非“交流”，其实质是美国居高临下地传播美国福音而非平等互动，尊重对方看法，倾听对方想法。告诉他国民众，不见得赢得他国民众的理解。公共外交努力美化自己，或展示自己美好的一面，隐去丑恶的一面，或者一俊遮百丑，这样塑造的形象不可持续，这就是公共外交的单向度悖论。

悖论三：言行不一悖论。美国式公共外交试图改变别人的看法和行为而非自己的看法和行为，既不对等，也不可靠。美国中央情报局国家情报委员会前副主席兼中东问题分析家格雷厄姆·富勒（Graham Fuller）在一次就公共外交问题会见美国两党顾问委员会时说：“如果我们的基本政策被人看出了破绽，那么再好的包装和宣传，其效果也会大打折扣。”[31]俗话说，“解铃还须系铃人”。美国不改变自身的霸权行为而试图改变他国人民对美国的观念或印象，只能是缘木求鱼。

种种公共外交悖论，也是美国式基督教思维悖论。传统中国文化认为，有四种力量境界：诸道同源之理，万法归一之道，纲举目张之法，提纲挈领之术。美国公共外交的悖论体现在道、理、法、术各个层面。

道：美国公共外交成功之道，在于将美国意志完美包装为人类意志和普世价值。然而，“成也萧何，败也萧何”。其失误之道也在于给世人留下“挟天子以令诸侯”的印象，不能很好地处理公与私的关系，滥发美元是典型例子。

理：美国学者不断通过软实力、心灵政治等丰富的政治学、传播学理论建立了较完整的公共外交理论体系，深刻折射了时代矛盾。然而，软实力理论具有两大误区：一是自认为正确，故通过各种手段让对方接受、学习；二是潜意识里认为自己无所不能，并想方设法让人家确信这一点。这两点都具有浓重的宗教情结，因为只有上帝才会永远正确且无所不能。

法：美国公共外交也充分体现了美国内政与外交相互交织的特征。这助长了美国人的自我中心倾向，不能真正设身处地为人着想，而是极力想去改变别人的认识和价值观。“9·11”事件后，美国人首先问的是“为什么世界憎恨美国”，因而急功近利地减少外界对美国的误解。当时负责公共外交与公共事务的副国务卿比尔斯在众议院听证时称：“我们清醒地认识到，目前整个世界对美国的观念是最大的误解……美国有必要行动起来，告知、教育和说服那些国家的民众。”这表明，美国公共外交之“法”，仍然是俯视“他者”，通过“教育”之，以减少对“我”的误解。这就有些本末倒置。

术：美国公共外交之术，走在了时代前沿，主要有三大方式。一是统筹国内外市民社会与民间力量。除了富布赖特、汉弗莱等政府项目外，美国私人基金会发达，便于在社会层面开展公共外交。二是通过公开手段。美国多“阳谋”，少“阴谋”。三是运用公共资源。新公共外交（公共外交 2.0）特别推崇 YouTube、Facebook、Twitter 等新网络手段。

中国公共外交弱在理、法、术，而强在道。这就是中国的软实力优势。古人云：“大道之行也，天下为公”。美国软实力的道、理、法、术，有不少值得中国借鉴和学习的地方。比如，将美国意志与国际社会意志相结合，追求普适性。中国的挑战在于提出一整套“源于中国、属于世界”的核心价值观。为此应淡化核心利益，多讲核心价值；淡化民族特色，多讲国际社会；淡化民族复兴，多讲人类命运共同体。同时应努力追求普适性，在共同利益之上追求共享价值；隐化国家性，多以民间渠道与国际社会平等沟通和对话；把握时代性，充分发掘我国公共外交的后发优势与文化优势，与时俱进地反映多数国家的多数人意志。

美国公共外交理论之发达、资源之丰富、目标之远大，源于美国梦和美国模式的魅力。中国正在学习和赶超。然而，美国公共外交的美国性却是我们不可学的，即使学得来也不应效仿，尤其是其永远正确且无所不能，以及与世界对立起来的潜意识。

第二节　中国公共外交的悖论

正如上文所言，公共外交最早起源于美国，其狭义定义是一国政府通过信息和语言手段做外国民众的工作。之后，欧洲学者认为，广义上可以认为公共外交是一国政府或非政府机构影响外国民众态度的各种合法手段的总称。

对于中国而言，中国特色的公共外交强调国内公众和国外公众，在中国，“谈判式外交”日益不能适应中国崛起情势下以“说服式外交”为主旋律的信息时代需要。公共外交的兴起有助于推动我国传统外交思维的革新。如果说和平崛起解决的是如何更好更快崛起的问题，那么公共外交解决的是崛起的中国实力如何为外交所接受的问题，承载了鸦片战争以来中国与世界如何良性互动建构的历史使命。因此，公共外交作为政府外交的补充，日益成为我国外交的又一支柱。这是公共外交从学术词汇、媒体名词，变成一种政策流行语，并成为外交亮点的时代背景。

传统的公共外交有其悖论，而中国公共外交的悖论从现象上则可见诸如下五个方面：

其一，特色与普世的悖论。特色是世俗文明特质，普世是宗教文明特质——中国崛起的真正挑战是世俗文明的兴起对传统宗教文明的挑战。因此，中国公共外交亟须解决的问题是如何消除中国特色与普世价值的对立。中国公共外交追求的是和而不同、形异实同、多元一体，进而包容互鉴，实现人类的共同价值。

其二，无为与有为的悖论。中国文化是“为而不争”的文化，但在所谓普世价值的背景下，这种文化是难以让世界信服的。因此，在观念上不接受中国的前提下，任何的有为和无为均无法起到根本性的作用。

其三，抽象与具体的悖论。人们常常认为只有西方的一套才是理论，中国即使有悠久的历史积淀，却也因概括性、可验证性不强，而被认为是只可意会不可言传的经验。然而，中国近年来对“一带一路”倡议的实践恰恰印证了中国能够既写意又写实，这或许对于中国践行公共外交有一定的启示作用。

其四，身份悖论。无论是传统的国际关系理论，还是现实的国际实践，中国的多重身份无法忽视——中国既是发展中国家，又是国际社会上的新兴大国；既是社会主义国家，也是相对于西方而言的东方国家——这些身份一定程度上让人们了解了中国是一个怎样的国家，但也在某些方面人为地将中国孤立起来，似乎中国与整个西方世界、西化世界在斗争。与此同时，在中国强政府弱社会的这种情形下，如何与西方强社会弱政府的国家打交道也值得探讨。

其五，属性悖论。中国在多重身份背后，究竟是怎样的存在，这对于中国公共外交的实践也具有本质上的影响。中国是个古老而年轻的国度，在进行公共外交时，它究竟是一个文化中国还是一个政治中国？

梁启超先生在《中国史叙论》一文中描绘了中国的三重身份，分别为中国的中国、亚洲的中国和世界的中国。与此对应，今日之中国，身份有三，分别是传统中国、现代中国和全球中国。“传统中国”（traditional China），即传统农耕文化、内陆文明孕育的“文化共同体”。“现代中国”（modern China），即近代以来随着“天下”观破灭后被迫融入西方国际体系而塑造的现代“民族国家”身份。由于国家尚未统一，“现代中国”身份仍在建构中，民族融合与核心价值观建构挑战尚在。“全球中国”（global China），是指随着中国的改革开放，那些利益和观念国际化、全球化的部分，即坚持传统文化，又包容价值普世性，而处于形成之初级阶段的全新国家身份。中国公共外交的合法性，就在于塑造中国自我身份与外界认同的一致性。

公共外交被认为是国家软实力的一种展现途径。软实力概念具有浓重的国家性。中美国情不同，历史文化各异，软实力概念便折射出种种差异来。

美国自以为是的思维习惯及其公共外交悖论，在其他国家是否存在？从“道”而言，可对中美软实力文化做如下比较（见表 1.1）：

表 1.1　中美软实力文化比较

	中国	美国
思维起点	桃李不言，下自成蹊 无欲则刚	天定命运论（传教士情结） 美国例外论（山巅之城）
实施方式	远人不服，则修文德以来之。既来之，则安之	硬实力＋软实力＝巧实力 观念营销＋战略沟通
实施理念	己所不欲，勿施于人 改变自己，影响世界	凡是有利于美国的，必将有利于世界 美国是世界上独一无二的国家，因为世界就在美国
追求目标	存异：各美其美，美人之美，美美与共，天下大同	求同：世界的美国化（美国性＝西方性＝普世性）

换言之，从道的层面而言，作为世俗化文明，中国公共外交超越了美式悖论。然而，理、法、术其他层面如何？客观而言，中国公共外交面临西式话语霸权，因而呈现中国特色的公共外交悖论，典型的有他者化悖论、异化悖论及实力与形象的悖论。

悖论一：他者化悖论——如果你不能表达自己，就将被别人表达。

马克思曾经这样描述19世纪的法国农民：“他们不能代表自己，一定要别人来代表他们。”实际上，中国作为后发国家，也面临着类似的窘境。因为世界上大部分的新闻都是用西方的概念和意识形态的框架来表达的，并且被英语媒体所主导。中国享有经济和文化的权力却在政治上受到歧视。这就是中国面对西方话语霸权的困境。比如“和平崛起”，我们强调“和平”，人家侧重“崛起”，致使我们本意上是好的提法效果上“他者化”甚至“妖魔化”了。

悖论二：异化悖论——类比容易理解，但异化；不类比，又无法理解。

当中国尝试自我表达又如何？德国历史学家斯宾格勒指出：“民族彼此之间的理解也像人与人之间的了解一样是很少的。每一方面都只能按自己所创造的关于对方的图景去理解对方，具有深入观察的眼力的个人是很少的、少见的。”[32]这一点，对于中国公共外交更突出。中国概念太中国化，不了解中国特殊文化背景的外国人很难理解，很难把中国的政治语言翻译成他国语言。到底是迁就西方的理解还是让西方迁就中国的理解，成为中国公共外交的典型悖论。中国的象征——“龙”，翻译为西方语境中会喷火的邪恶“dragon”，容易被西方理解但也遭异化。这背后是文明的道统与通约性问题：外界能否放弃先入为主、自我为中心的认识习惯，以中国语境理解中国。如果中国政府用通用的国际语言来表述自己，将会失去中国特色，也会因为太西方化而受到国人的批评；但完全用中国特色的语言表达，国际社会往往不容易准确、全面理解中国的意思。

悖论三：实力与形象的悖论——崛起的硬实力往往导致软实力受损。

中国的崛起，在打破西方的话语霸权。现在中国的一言一行，国际社会不说洗耳恭听，也是十分在意。中国能自主表达又如何？欧洲人长期希望规范中国，近年希望日益落空，于是在欧洲流行的看法是："我搞不定你，所以你是威胁；你自己都搞不定自己，你更是威胁。"换言之，中国就算能自主表达自己，也未必能如愿改变欧洲人的中国观，因为后者是欧洲人欧洲观的折射；对于像美国这样宗教情结浓重的国家，中国的形象与其实力往往成反比。正如亨利·卢斯基金会（Henry Luce Foundation）副主席特瑞·罗兹（Terrill Lautz）所言，美国人对中国的感情是一个爱恨交织的历史循环："我们对中国的态度是充满矛盾的。当中国国力衰弱、疆土分裂时，中国在美国的形象往往比较正面，但是当中国强大起来并开始具备外向发展的潜力时，中国在美国的形象则趋于负面。"[33]

不表达、不能自主表达、能自主表达，均面临悖论，这就是中国公共外交的处境。从根源上说，这是中国公共外交的历史—现实—未来困境。即使中国敢于、善于从事公共外交，中国在国际形象上仍然面临很多挑战，主要的障碍来自三个层面：一是基于历史记忆，比如，中国的邻国印度、朝鲜和越南仍然深深地受到战争和朝贡体系的影响；二是基于现实顾虑，比如，中国近年来走进非洲，被欧洲视为侵入其“后院”，被美国视为破坏其以对外援助治理世界的挑衅之举；三是基于未来担忧，比如亚洲版本的门罗主义说、中国如一战前的德国等等。

第三节　中国公共外交之可为与不可为

早期的公共外交既被视作宣传策略又被看成民主式公开外交。根据哈罗德·德怀特·拉斯韦尔（Harold Dwight Lasswell）的观点：“宣传是通过重要的信号、谣言、图片和其他形式的社会信息对舆论实施控制。”[34] 西方学者关注宣传策略是出于这一事实：西方国家是大众社会，需要一个大众传媒体制。[35] 在这一认识支配下，以美国为代表的西方国家很早就开始尝试一种新的以“游说”为主导形式的外交方式。1917 年 4 月 13 日，美国参加第一次世界大战后不久，伍德罗·威尔逊总统就建立了“信息、宣传和心理战委员会”，由新闻记者乔治·克里尔（George

Creel）担任该委员会主席，因此它又名“克里尔委员会”。克里尔在《关于推销战争》一书中指出：“我们在宣传运动中动用了一些战争机器和媒体，力图使我们的人民和其他国家的人民了解迫使美国拿起武器的原因。”第一次世界大战结束后，“克里尔委员会”的任务是，向美国公民和全世界散播美国政策的民主目标以及揭露敌国的帝国企图。该委员会动员了由电台、动画片、电报和公共演讲员组成的强大信息网络。[36]

一战后，“克里尔委员会”的参与者呼吁公众关心宣传。克里尔在《我们如何宣传美国》这一著作中，对宣传的作用大加褒扬。在这期间，关于新的大众媒体的巨大效果开始广受关注，原来用来说服公众的中性“宣传”术语也逐渐有了消极含义。克里尔说：“我们不能称之为宣传。因为那一词在德国人手里就与谎言和欺诈连在一起。我们的努力完全是赋有教育意义和提供情报，因为我们相信没有任何辩论比平白的事实陈述更有必要了。”[37]拉斯韦尔在《世界大战中的宣传技巧》一文中谈到了媒体宣传越来越具有影响力的原因主要在于“改变社会属性的环境发生了变化”。[38]拉斯韦尔将他的理论建立在根植于认知理论的“刺激—反应”模式上。他强调大众效应，把人类对媒体的反应看成趋同行为。这种反应与当时正出现的大众社会概念结合在一起，创造了一个容易受宣传影响的大众社会环境。[39]

与此同时，把公共外交看成民主外交的观点也正在兴起。这种观点认为，外交政策精英的秘密计划一直对第一次世界大战负责，因此有必要采用新的公共外交避免战争。这种公开式民主外交的最典型代表是 1918 年 1 月 8 日的“威尔逊十四点计划”。该计划列出了美国以和平方式安排战后秩序的建议。威尔逊呼吁“公开缔结和平盟约，不得对国际问题出现任何形式的私自理解，外交要坦率，要以公开的观点进行”。[40]

公开或公共外交被视为对传统政府间外交的必要补充。它引入了两个概念：透明度和核准程序，旨在防止秘密条约引起的战争。《国际联盟条约》第 18 条对第一个概念的表述是：“从今后，国盟成员所参与的任何条约或国际约定必须立刻提请秘书处，并由秘书处尽早发布。未提请秘书处的类似条约和国际约定都无任何效能。”[41]第二个概念表明了核准惯例的改变。由推选出的团体所产生的核准制度保证了外交政策的民主参与，抵制秘密条约。这种公共盟约的思想基于康德共和制下永久和平的概念，它要求建立共和或国内民主宪制以及国际法体系下的联邦国家制度。[42]但是，威尔逊主义没有得到其他国家的认同。尽管威尔逊不断游说，他的公共外交在 1919 年的巴黎和会上遭到了抵制，美国参议院也拒绝参加国联。[43]

虽然国联最终未获成功，但是公共外交的理想从此成了一种公认的实践，影响了后来的联合国等组织。总之，美国历史上尝试公共外交的经历可被理解为两个方面：一是宣传，二是为达到世界和平目标的民主外交。从外交的内涵而言，外交活动一般以“行为”表现为特征，而从国家间外交传统看，外交活动和内容很多情况下一般秘而不宣，因此公共外交强调“民主透明”以及以语言发布“宣传信息”等概念是与世俗外交观念背道而驰的，这一悖论也是当前围绕公共外交能否进入国际关系理论圈的争论焦点。

中国公共外交，既具有公共外交的共性，也具有中国特色的个性。因此，认清中国公共外交悖论，须从一般性公共外交悖论探讨着手，探讨中国特色公共外交悖论的形成与克服之道，才能明了中国公共外交之可为与不可为，更好地以中国梦引领中国公共外交的未来发展。

反思美国和中国公共外交悖论，是为更好厘清中国公共外交之可为与不可为。

康德认为，人类社会演变过程是合目的性和合规律性的统一。就其当然而论，人类历史就是合目的性的；就其实然而论，人类历史就是合规律性的。这种合规律性，从时间来说是合理性，从空间而言是合法性；而合目的性，是从自身要求讲的。[44]据此分析，中国公共外交正面临合理性、合法性、合目的性三重考验，依次须回答好三大问题：中国要什么？中国是何种国家？中国的国家诚信如何？

先说合理性考验。鸦片战争以来，中国与世界的互动经历了三个阶段：第一阶段是被迫融入世界，第二阶段是主动向世界开放，第三阶段是中国和世界相互影响和相互适应。前两个阶段的任务基本完成，现正进入最关键的第三阶段。中国公共外交所承载的独特而艰巨的历史使命由此展开。当然，形势比人强，中国与世界的互动建构，并非公共外交所能为之。这是必须向国内外民众讲清楚的地方。在公共外交盛行的当下，不能让公共外交去承载不可能完成的使命。但是，中国公共外交战略设计，必须要有这种大历史观，要有所为有所不为。

和平崛起战略是迄今为止最成功的公共外交战略，比较好地回答了中国与国际体系的关系问题。如今，中国已是国际体系内举足轻重的成员，问题的关键不再是中国是否挑战现有国际体系，而是中国与世界如何相互包容。鉴于此，中国不能只是说“不”—— 批评国际体系不公正、不合理，而是向国际社会讲清道明“中国要什么”。从这个意义上讲，中国崛起已进入公共外交时代，要求我们适时超越和平崛起战略、实施包容性崛起战略。中国公共外交的合理性，就在于争取国内外民众支持、理解和认同，实现中国与世界的相互包容、相互建构。

再说合法性考验。从中国自身而言，公共外交首先要确立中国的身份，亦即中国是何种国家。从国际社会而言，公共外交要缩小中国自身定位与世人定位的差距。习近平主席在亚洲文明对话大会开幕式上指出："今日之中国，不仅是中国之中国，而且是亚洲之中国、世界之中国。未来之中国，必将以更加开放的姿态拥抱世界、以更有活力的文明成就贡献世界。"世界多以传统之中国、传统之世界观看中国，产生内外认知鸿沟。

最后说合目的性考验。中国从人均和社会层面而言是发展中国家，从总量和国家层面而言是世界大国；从意识形态而言是社会主义国家，从文化而言是东方文明古国。如此多元的身份，需要中国外交在不同问题、不同领域、不同部门进行很好的协调，做到政策目标、价值理念、外交行为的"知行合一"。这需要高超的公共外交技巧。然而这却受到传统文化的制约。中国传统思想讲求"无欲则刚"，这从某些方面来看是一种美德，但从现代公共外交的角度来看却是短板。抽象的政策目标，极具文化特色的价值理念，实用主义的外交行为，往往让外界看不懂中国。中国在不同问题、不同领域、不同情形下兼顾不同的国家身份，外交多统筹，善兼顾，且韬光养晦，容易让外界觉得中国意图不明、原则不强，从而担忧中国别有用心，抱怨中国不可靠，使我百口莫辩。中国公共外交的合目的性，就在于追求政策目标、价值理念、外交行为的“三位一体”。这关乎中国的国家诚信。

归纳起来，中国公共外交的使命，不能因噎废食，陷入硬实力—软实力的二元对立，而在于让增强的中国实力更具世界性，因而为外部世界所欣然接受、所心悦诚服，最终实现中西方的相互包容。

第二章
公共外交的艺术性

自然环境不如法制，而法制又不如民情……

——托克维尔《论美国的民主》

外交是妥协的艺术，公共外交是民心相通的艺术。不同人、不同文化、不同国家开展公共外交，都会深深地烙下艺术的印记。

第一节 术：雪中送炭/锦上添花

长久以来，人们对于公共外交的诟病常集中在其作用究竟是雪中送炭，还是锦上添花，笔者认为这与中国的外交定位有关，在当前谈论中国外交时，不能仅仅将公共外交看作雪中送炭的应急措施，而应将其价值定位为锦上添花。

国际形象是已作用于国际社会的国家形象。在亲近、友好程度不同的国家眼里，对一国国家形象的评价不一，因而用国际形象比较科学，即主流国际社会对一国的总体印象。国际形象树立难而破坏易，即世人一旦建立起某种对中国的印象，不会轻易改变。

中国的国家形象面临着不少问题与挑战，这也是“中国威胁论”在认知上的表象。过去，我们对国际形象问题存有不少错误观念或心态，较典型的有：(1) 将国际形象与国力等同起来，认为国家强大了人家自然就会尊重你。忽视国家的亲和力，即国际社会对你的亲近和喜欢程度，这是“中国威胁论”产生、蔓延和强化的一个不可忽视的原因。(2) 与此相关的是，重视国际地位，忽视国际形象。在朝贡体系下，我们特别在乎中华民族的威望，现在则有重“威”忽“望”之势。其实，中华民族的伟大复兴理应包括中国“软国力”的复兴。(3) 发展战略偏经济、轻文化，而文化也是以弘扬传统文化为主，对现代中国形象宣传不够。(4) 认为身正则影不斜、酒香不怕巷子深，敏于行而讷于言，忽视在国际社会上宣传自己、推销自己，塑造正面的国际形象。(5) 以历史、文化大国自居，认为国际社会不了解我历史和文化，因而不尊重中国；而外国民众也常常只对中国的历史感兴趣，对现在的中国并不了解。我们的心态则是，中国是具有悠久历史的文明大国，理应受到世界的尊重。但历史上的尊重不能自动转化为现在的魅力。更有甚者还带有受害者心态希望博得国际社会的同情。具体做法常常是复制国内宣传做法，开展对外宣传或公关而不是现代意义上的公共外交。

改革开放以前，由于中国长期游离于主流国际社会之外，国际形象主要是内政问题的某种折射；在此之后，内政问题也一直是影响中国国际形象的恒常因素，甚至一度是主导因素。内政问题首先是中国由于体制、人权、新闻自由等方面与西方标准差异明显，而受到不公正的待遇；其次是国家统一问题，在香港、澳门相继回归祖国之后，最主要的就是台湾问题了。这说明，内政问题仍然是制约中国国际形象的长远因素。

国际社会对中国国际形象的认知，是一个互动的过程，存在对方和我方两方面的原因。对方原因包括：不了解中国国情、意识形态的隔阂、不信任等；我方原因有：不重视外部世界的反应、不善于推销自己等。针对国际社会对我内政外交政策的不够了解，近年来，我国政府经常以“白皮书”的形式加以正面、详细阐述，收到了一定的效果。自 1980 年起，我国先后批准加入了 17 个国际人权公约和协定书，并签署了《经济、社会及文化权利国际公约》和《公民权利和政治权利国际公约》，更是消除了国外舆论对中国政府的诋毁。

前文提及公共外交最早发轫于美国，而美国的经验对中国外交之术也有值得借鉴的部分。美国践行公共外交之术充分说明这是发挥一国“软权力”的重要手段，它突破了传统外交政府对政府的僵化和民间对民间的软弱，着眼于未来，通过沟通和交流赢得外国民众的信任和承认，这与东方朝贡体系时期的中国的“德治”有异曲同工之处；中国也因此更有理由、更有可能开展成功的公共外交以塑造自己的软权力体系，丰富我们综合国力的概念。当然，美国的利益遍布全球，外交具有进攻性，具有其他国家难以企及的战略企图，因其眼高手低，做法也存在不少缺失，如忽视文化差异，以高傲姿态开展公共外交，最主要的是不改正自己的霸权行为而希望人家改变对自己的看法，只能是缘木求鱼。美国开展公共外交的某些手段和长处，也是我们学不来的，如其使用英语、信息垄断优势、推行美国意志的使命感和巨大的财力支持等。具体而言，其启示在于如何开展恰当的公共外交活动，影响美国国会和美国民众对中国的观念，促其改变对中国的偏见，使中美关系朝良性方向发展，是中国未来必须考虑的重要方面，因为国会是美国民意的宣泄场所和舆论重地，很大程度上代表了美国的民意，而选民与利益集团的看法是美国政治决策的基石。过去那种“反华议员”或“反华势力”的提法是不科学的，实际上他们都有深厚的民意基础，不从根本上改变美国和其他国家公众对中国的认知，就不可能杜绝反华舆论。

中国的公共外交之术要有目标、有手段、有重点、有机构。根据我国国情和现实需要，笔者认为中国公共外交应做到如下四个方面：

——目标：自信、务实、开放、负责的中国，是我国公共外交的基本目标定位，长远上看是服从于中国国家发展目标的定位，积极配合“三步走”的经济发展目标，循序渐进地使中国在国际社会上的形象按照中性—正面—亲近的顺序转换。

——手段：“攘外必先安内”。关键是树立政府在国内的亲民、民主形象，中国驻外机构也要首先保护好每一个中国公民、侨民在海外的民间利益；其次通过开展文化广播的国际交流形式，利用当地的电台、电视台渠道播放中国新闻、娱乐节目，利用当地华侨、留学生和我国对外投资公司开展针对中国的形象宣传活动，如“创意中国”、文化营销国家活动，塑造充满活力、民主、开放和富有人性的国家形象，重视“国家品牌塑造”(state branding)：“国家好比一家大公司，同样需要营销策略，塑造国家品牌，投入争取投资、人才、出口、旅游的国际战役中去。同样质量的产品，日本货卖得比韩国货好，很大程度上就取决于日本‘技术先进、质量可靠’的整体形象。”

——重点：鉴于“今天中国的国际形象，基本上就是一个被美国媒体妖魔化了的形象”（刘康语），我们抓住美国和欧洲这些影响世界舆论的重点，及时为欧美国家“憎恨媒体”妖魔化中国的举措消毒，充分利用联合国这个舞台传递中国的声音，突破对日本的公共外交困境，以朝鲜问题为切入点，实现从内政问题的被动纠葛到以国际行为的主导塑造为主，树立起负责任的大国形象。

——机构：新时代下公共外交的行为主体向全民拓展，公共外交进入了全民时代。全民参与的公共外交需要全民具备良好的公共外交素养，这时政府的角色应该比在传统公共外交中的角色有所扩展。政府有关部门不再仅仅是重大公共外交活动平台的设立者，更应该是全民外交的设计师、倡导者和培训者。为此，我们更强调以民为本的理念，加强与外国部门合作，更好促进两国民心相通。为更好发挥其正面溢出效应，应加强和完善党对公共外交的领导，以“全心全意为人民服务”理念更好促进民心相通，为此要加强全民公共外交力量的顶层设计，加强各部门协调，各行业协同，充分发挥地方、企业、协会及个人积极性。总之，外交为民，民心相通，应成为新时代公共外交的座右铭。

源于变动中的国家身份，处于发展的特殊阶段，以及世界不确定性等多重因素，中国公共外交实践正在推动形成公共外交的中国模式。杨洁篪曾将中国特色的公共外交模式概括为：中国公共外交在创新实践的过程中不断发展，形成了鲜明的中国特色。第一，中国特色公共外交以中国特色社会主义理论，特别是中国特色外交理论为指导。第二，中国特色公共外交以促进中国与世界的共同发展、共同繁荣为目标。第三，中国特色公共外交坚持统筹国内国际两个大局。第四，中国特色公共外交注重将弘扬中华文明与借鉴吸纳其他文明有机结合。第五，中国特色公共外交既继承传统又与时俱进。[1]

目前，中国已分别与美国、俄罗斯、英国、法国和欧盟建立了人文交流机制。这些机制的名称是有所区别的，体现了不同的内涵和方式。中俄交流机制称作“中俄人文合作委员会”，中美是“中美人文交流高层磋商”，中欧是“中欧高级别人文交流对话机制”，中英、中法则是“高级别人文交流机制”。早在 2000 年 12 月，中国便和俄罗斯建立了人文交流合作机制，即中俄教文卫体合作委员会。之后，该委员会逐步扩展为中俄人文合作委员会，至今已举行 20 次会议。这是我国建立最早、级别最高、已经常态化的人文外交机制。

当前我国公共外交实践存在的主要不足有：在战略选择上存在单一化倾向，不适应其对象（不同国家、不同受众阶层）的多元性，没有“因地制宜”“因人而异”；在自身的制度、机制上尚存在缺乏顶层设计和高层协调、“政出多头”、规划难以落实等问题；对外人文表达能力和沟通能力亟待增强。

笔者认为，中国公共外交应根据时期和地域区分不同层次，重点推进以下举措：

首先，努力挖掘、明确和宣扬我国文化的优秀人文内涵，寻找这些价值观在现代社会生活中的具体表现，用多样化手段传播、推广。祛除“西方中心论”，促进世界文化和文明多元化。应在国际社会多宣传文明和谐论、文化多元论，反对文明冲突论和文化中心论，也要防止中华文化中心论和霸权论。在国际社会树立起文明多元共存的思想潮流，帮助广大发展中国家实现文化自立、精神独立。同时，积极推动在西方世界传播、介绍非西方文化和文明，促进不同文明对话。

其次，战略层面加强对人文外交的协同研究。应在国家层面规划公共外交目标、预期效果、机制及能力建设的研究；可与其他发展中国家一起，持续进行公共外交的合作研究；以基金、援助、培养留学生等方式支持非西方发展中国家的文化发展和文化对外传播。

再次，制度建设。加强对公共外交工作的高层统筹和部门协调。要把公共外交纳入国家总体外交战略和布局加以设计筹划，使其服务和服从于我国外交的总体目标和需要。同时，在机构设置上，应尽快建立最高外交统筹机构，统筹公共外交的目标、手段和资源投放，协调各部委开展相关工作。注重公共外交的顶层设计和战略规划。应明确公共外交在总体外交、具体国别外交和区域外交当中的定位和价值，有针对性地对特定国家、特定类型的公共外交采取不同的战略目标和资源投放。开拓参与公共外交的社会主体和多种力量。“上层要管住、下面要放开”。努力通过市场化和社会化途径推进人文交流。政府逐步退到幕后，集中精力搞好顶层设计、处理资源分配，使市场主体和社会团体、教育机构、民间团体成为公共外交的主要参与者。政府可设立公共外交基金和基金会，资助高校、民间组织、文化团体等开展公共外交。

最后，公共外交能力培养。在推进公共外交时，须明确两点：第一，公共外交旨在增进各国之间的认识，使各个国家携起手来，在国际交往中共同绘制人类未来的美好前景。此时，我们的外交工作就要更加耐心，对外部世界心存合理的预期，用平和的心态去看待他者。第二，公共外交不是一味的“输出”，而是良性的双向互动，要寻找国家间的“通”和“同”。文化交流要避免陷入“比较”之中。我们仍需坚持互通、互鉴的原则，坚持一种基于理解的平等，而不是简单地推己及人。

因此，公共外交的目标不是简单塑造历史上朝贡体系下的中国威望，把其他国家国民对中国的态度简单归结为敬畏或是心悦诚服，而是将其思想纳入国家发展目标，即“富强、民主、文明和负责任的大国”。通过举办一系列国际盛会，我们更应该走出去，开展积极主动的公共外交，不应局限于传媒/技术层面，也不仅仅是在国内树立政府的亲民、负责任形象，更要保护好海外侨民的利益；驻外使领馆不仅仅是执行政府任务，更应关注公共事务；提高中国的国际形象不仅仅是搞国际公关，推销中国，更是通过多边外交的形式，让世界认识中国国情，了解中国政策，理解中国主张，认同中国价值。

第二节　势：形势比人强

公共外交的一个重要目的在于在国际社会树立起良好的国家形象，而这种国际形象的塑造需要因时因势加以灵活调整。

中国公共外交的实践并非一帆风顺，也经历过逆势。以 2003 年“非典”为例，据戴秉国介绍，自从世界卫生组织宣布中国为“非典”疫区以后，许多国家对我国出国人员和团组采取了程度不同的限制入境措施，数目最多时达到了 127 个，这在新中国的对外交往中恐怕是从未有过的。因此，“非典”对中国的冲击从长远看更体现在中国的国际形象、国际声誉与国际信用等方面。一句话，“非典”对中国的最大负面影响，不是短期的经济增长受损，而是长期的软实力的削弱。“非典”时期流行的一个词叫

“负责任”。做一个负责任的大国、责任政府、责任政治等提法一下子为国人所津津乐道，为国际社会翘首以盼。究竟要负什么样的责任，怎样负责任，这就涉及中国内政与外交如何定位的问题。什么样的定位决定了负什么样的责任，怎样负责任。中国的国家定位，对内要求我们的政府真正做到权为民所用、情为民所系、利为民所谋，各级政府官员要树立亲民、爱民、以民为先的观念；对外要求中国树立起负责任的大国形象。

全球化时代，一个国家的外交应更多地以公众为中心，维护一个国家、社会与每个公民的安全、利益、价值与形象，而不再仅仅是狭义的国家安全。新型的外交体制不仅能有效地处理传统国与国之间的关系，而且必须能有效面对全球化世界存在的一系列重大非传统问题。中国外交的改革就包括如何面对原来中国对外关系并不存在（或者存在但并不重要）的问题。

现今是信息时代，充斥着日新月异的变化，这对于中国的公共外交而言可以说是一个极佳的发展时期。在当今的“势”下，公共外交经历着从权力主体到权力客体的变化——权力主体（国家）角色的淡化和非国家行为体（民众）作用的上升，“信息时代的下一次革命应该发生在外交领域”；国家已失去对信息的垄断权，权力旁移和下移，对“软权力”的讨论再次兴起。外交要与时俱进，权力受体的感性化排斥传统政府外交的冰冷，若想要中国的公共外交形势比人强，则应继续关注中国公共外交的10个问题（即10个“W”）：

（1）Why：为什么重视公共外交？

（2）When：公共外交的时代背景怎样？

（3）Which：重视什么公共外交？

（4）Who：谁来开展公共外交？

（5）Whom：对谁开展公共外交？

（6）Where：在哪儿开展公共外交？

（7）How：如何开展公共外交？

（8）What：如何评估公共外交成效？

（9）Whether：公共外交在经验与理论上的比较研究如何展开？

（10）Whole：公共外交与文明复兴的关系如何？

第一，为什么重视公共外交？如果说在“中国威胁论”的问题上中国是被动应对，那么新时代下，中国应当主动向世界发声，告诉世界中国的崛起能给世界提供什么。不能否认的是中国方案以及“一带一路”和人类命运共同体的中国智慧是中国为表达诚意的公共产品，是值得骄傲地与世界分享的，而如何表达、如何让世界接受、如何让世界抛弃既有的认知偏见，则需要中国特色公共外交来回答。与此同时，不难发现，近年来，中国共产党也不断地在世界舞台上发声，积极主动地和世界进行对话，因此，如何进行中国共产党公共外交也是亟须讨论的一个议题。

第二，公共外交的时代背景怎样？当今中国经历着百年未有之大变局，从大到强，将强未强，而老牌大国美国将弱未弱。中国置身于权力转移这场游戏之中，既需关注所谓的修昔底德陷阱，更需警惕陷阱说背后的陷阱。从中美关系、中欧关系，再到中日关系、中印关系，一系列的系统性的权力迭代都不禁让人思考，这样的时代背景下公共外交究竟该何去何从？

第三，重视什么公共外交？当今的公共外交随着国际参与者和国际议题的增多，已拓展到多个领域，例如文化公共外交（人文交流）领域内的孔子学院和中国文化中心（取经文化—送经文化）、经济公共外交领域内的对外援助（国家国际发展合作署）、政治公共外交领域内的国际合作。与此同时，在全球化背景下的网络公共外交以及由妇女、青年、残疾人践行的软实力公共外交也是需要研究和讨论的议题。

第四，谁来开展公共外交？即使公共外交相对于传统的国家外交而言已经算是较新的一个研究领域，但在公共外交内部，也有新旧之分。传统的公共外交主要由中央政府和地方政府践行，而现今新的公共外交实施主体还有企业（四达时代在非洲）、社会团体（乐施会）以及名人（联合国亲善大使）等。

第五，对谁开展公共外交？这一问题涉及公共外交的客体，按照国家发展程度划分，可以分为发达国家和发展中国家；具体到开展的对象群体，还可以细分为国内的民众和精英。对于西方的民众，例如美国的普通民众，纽约时代广场的宣传或许是个不错的选择，而对于发达国家精英阶层，影响他们中有影响力的人是开展公共外交的有效方式。对于发展中国家的精英和民众，培训及援助则更为有效。

第六，在哪儿开展公共外交？正如上文所述，当今信息化时代，公共外交的主体和客体均发生了变化，相应改变的还有开展公共外交的场合。是草船借箭（在华外国媒体、外国企业、外国留学生、游客），还是借船出海（made in China—build with China），或是借花献佛（当地化——华人华侨公共外交），抑或是借力打力（借助网络）……这些都影响着公共外交开展的效果。

第七，如何开展公共外交？当今开展公共外交的手段兼顾传统和现代，有以中国国际电视台（CGTN）、中国国际广播电台（CRI）为代表的外宣媒体，也有海外华人媒体以及网络自媒体；既可以通过培训国外记者来展示真实的中国，也可以与诸如联合国这样的国际组织合作。

第八，如何评估公共外交成效？评估和复盘公共外交有助于指导、完善今后的实践。笔者认为关注公共外交目标与成果、自评与他评、感受与理智（定量—定性）、短期与长期以及局部与整体的差距是较为直观的一种评估手段。

第九，公共外交在经验与理论上的比较研究如何展开？各个国家由于国情、民族特性的不同，公共外交自然也有所不同——美国的公共外交理念与实践双管齐下，日本的公共外交以精致闻名，以色列的公共外交带有一种“置之死地而后生”的感觉，而印度的公共外交最具代表性的是一句“Incredible India”（不可思议的印度）的口号。各个国家的公共外交在经验和理论上各有所长，进行横纵向的比较研究对于学理层面和实践层面都有很强的指导价值。

第十，公共外交与文明复兴的关系如何？有学者提出，中国是一个佯装成国家的文明[2]；除了塑造国家形象之外，对于中国这一文明型国家而言，公共外交更承担起了文明复兴的使命。如何通过公共外交使中国文明能够和其他文明对话，进而让世界各种文明之间形成对话，最终借助丝路精神完成世界文明的共同复兴，都是公共外交需要研究的课题。

第三节　道：我将无我

2019 年 3 月 22 日，习近平主席在回应意大利众议长菲科时说道，“我将无我，不负人民”，这既是习主席对自己的要求，也是当今中国践行各项外交政策之道。公共外交作为中国整体外交的重要组成部分，需要也必将以此作为发展的理念和方向。

首先，我将无我之道在于说服世界。中国是一个佯装成国家的文明——这是被西方精英所普遍接受的著名论断。中国梦不只有同于其他国家梦之处，本质上还是文明梦——在全球化时代实现中华文明的伟大复兴、转型与创新，引领、开创人类新文明，从而使中国成为世界领导型国家，这就是中国梦的文明内涵。中国不可能孤立地做到这一点。中国梦的实现离不开其他大国的支持。但目前中国的发展对西方形成三大方面的冲击：(1) 普世价值观。正如彭定康所言：“中国的潜在威胁，不在于其廉价的出口货物，而在于民主的灭亡，在于中国传扬着不需要西方的民主也可以致富的理念，这是对西方最大的威胁”。(2) 权力地位。权力转移导致美国和欧洲对中国持怀疑态度。“中国威胁论”在西方国家有着广阔的市场。(3) 现实利益。中国崛起冲击西方竞争力、生活水准。中国成为全球化替罪羊，西方人对中国产生焦虑心态和不适应症。这三方面的冲击，带有普遍性。如何让国际社会心悦诚服地接受中国的和平发展，成为深化中外人文交流理论建设的一大课题。

其次，我将无我之道在于表达自己。由于西方人笃信普世价值观，普世价值甚至成为国际社会的比较优势。深化中外人文交流，不能停留在展示中华文明层面，必须着眼于当代中国核心价值观建设，加强中外文明对话，以人类社会发展的殊途同归观，求大同存小异。中国进入国际体系的速度和力度，超越西方知识体系和理解把握能力。全球金融危机爆发后，西方的普世价值观显得日益苍白，而中国的传统价值观、和平发展道路日益呈现出普世性意义。中外人文交流某种程度上是关于普世价值的对话。这就要求我们“欲正人先正己”，拿出自己版本的普世价值观，丰富人类价值体系。

再次，我将无我之道在于启示世界。如果说今天中国的人文外交是在尝试一种新的外交思路，那么，它需要把中国传统文化宝库中丰富的智慧和人文精神重新挖掘并表达出来。就人文外交的战略资源而言，大体有三种来源：中国传统文化资源；中国科学社会文化资源；可供借鉴的西方现代文明资源。把这些资源有机结合在一起，便可形成我国丰富而独特的人文资源。中外人文交流的意义就在于培育中国世界关系可持续良性发展的深厚社会基础。为此，中国与要超越历史与文化的感情纠葛，必须创新思维，开拓新范式，在合作应对各种全球性和地区性挑战过程中，不断挖掘两者价值的共通性，培育价值的共同性，建构适应人类发展需要、超越传统观念的新的共同价值。深化中外人文交流的主题，也应从和而不同向殊途同归转变。

最后，我将无我之道在于机制建设。它是深化中外人文交流机制建设的需要。人文交流是人与人、心与心的交流，是不同文明相互借鉴的重要桥梁，是不同民族减少误解、增进友谊、加强互信的重要渠道，对和谐世界建设和发展具有基础性、先导性、广泛性和持久性的作用，是推动不同国家、不同文化背景的人民通过教育、文化和人文等活动交流思想和经验，以达到增进相互了解和友谊的一项长期性、基础性的工作。人文交流正被提高到一个新的水平，和政治互信、经贸合作一起，成为中国与世界各国关系稳定发展的三大支柱。近年来，我国创造性地与世界有关国家建立人文交流机制，成为推动中外人文交流的一大创举，以及深化中外相关领域人文交流与合作的重要平台，对和谐世界发展有着重要的意义。目前，中美、中俄、中英、中欧人文交流机制建设取得一定进展，中外人文交流的战略布局正在向周边国家和广大发展中国家延伸。

中国的公共外交有着广泛的经验可供借鉴，其发展顺应潮流，旨在解决十大公共外交之问，从而表达自己，启发世界，达到我将无我——这即是公共外交的术、势、道。

第三章
公共外交的时代性

以文明交流超越文明隔阂、文明互鉴超越文明冲突、文明共存超越文明优越。

——习近平

当今世界正迎来百年未有之大变局。大数据、人工智能来临，区块链让去中心化的思想开始发酵，大数据激发了全球范围内对数据的争夺，“智能时代”下的国家间竞争与合作不再仅仅局限在传统领域中，维度层面的升级和迭代必然带来前所未有的机遇与挑战。新时代呼吁我们超越主客体二分法，超越因果论，超越公共外交，聚焦人类文明创新。

传统的哲学认识论追求探索因果关系，因此基本叫作模型驱动范式，也就是说通过刻画变量之间的联系，比如自变量和因变量，通过构建这两者之间的函数关系，比如线性、非线性等，可以知道自变量一个单位的变化会导致因变量几个单位的变化，试图反映变量之间因果上的逻辑机理。但是，这个模型驱动范式在大数据时代会遇到一些挑战，或者说它碰到一些问题时会捉襟见肘。比如，当数据变量的组合数特别多时，当很多变量是潜变量和隐变量时，当很多变量虽然重要，但是不可测、不可获时，还有当数据的样本规模特别大时，这些问题用传统的模型驱动就会比较困难。因此，就出现了一个新的范式转变，催生了大数据驱动范式。这个范式想表达的是，对于管理决策，我们希望能够实现既有关联又有因果的诉求，这个新范式简单地说由外部嵌入、技术增强和使能创新三方面构成。外部嵌入是指引入视角之外的变量，我们知道有些变量重要，但是没有办法放进模型里，比如我们知道股价，我们预测股价有个计量模型，但是如果今天某个公司发生了一件事情，或者是有个关联新闻，或者行业里有个新的政策，我们觉得可能会影响股价，但是这些变化很可能是视频、语音或者文本，没有办法融入传统的模型中去。所以，需要引入外部视角。这些视频、语音或者文本要能引进来，就是要使得我们引入的变量可测、可获，这就需要技术上的增强。当这些变量引进来的时候，我们的变量空间就发生了变化，这时候我们可能会研究新的 X 到 Y 的转换，也就是变量关系和映射要重新定义和审视，这就是使能创新。[1]

认识和把握新时代，是超越公共外交的前提。

第一节　新时代

现代公共外交是信息时代的产物。一国的软实力取决于该国多大程度上代表世界先进生产力的发展要求，代表多数国家的多数民意，代表人类共享文化价值观。公共外交的发达程度因而取决于一国对时代本质的把握和人类普遍意志的折射。

公共外交近年来渐成一门独立学科。关于公共外交研究的著述层出不穷，如美国学者约翰·阿奎拉（John Arquilla）和戴维·伦菲尔德（David Ronfeldt）的《通向美国信息战略的心灵政治的兴起》、英国学者马克·伦纳德（Mark Leonard）的《公共外交》以及德国学者皮特·范·哈姆（Peter van Ham）发表在《外交事务》上的《品牌国家的升起》等。[2]对于公共外交的内涵，欧美各国没有太大分歧，争论的焦点主要集中在公共外交与国际关系理论的关系问题，即公共外交能否登入国际关系理论的"大雅之堂"。公共外交是以信息和语言为主导的外交决策行为，它强调外交实施国（主体）与国外民众（受体）的"合作"关系，这与国际关系只有冲突没有合作的"无政府状态"前提是相矛盾的。但是，随着全球化和信息化的不断深入发展，国际关系主流理论已越来越难以解释现实世界的许多新现象，国际关系的基本前提不免受到冲击，而外交决策层面的作用日益彰显。本章试图从公共外交的定义、内涵入手，主张对国际关系的理论层面与决策层面进行“相提并论”的研究必须提上日程，进而探讨公共外交融入国际关系理论的可能前景。

对“公共外交”这一概念的定义辨析经历了一个较长的过程。传统上对公共外交的理解，是指政府与其他国家民众的交流过程。1963 年 5 月，时任美国新闻署署长爱德华·R. 默罗（Edward R. Murrow）在一次国会听证会上指出：“公共外交不同于传统外交。传统外交是一国政府与另一国政府的外交互动，而公共外交的对象除了一国政府外，更主要的是其他国家的民众和非政府个人和组织。”[3]公共外交的中心目标是“通过信息、文化和教育以及电台等直接与国外人民交流，旨在影响他们的思想，进而影响他们的政府，为一国的政策、行动以及政治与经济体制在海外创造一个良好的形象”。[4]1983 年 2 月，里根政府时期的《国家安全行动指南》第七十七条指出：“公共外交是支持美国国家安全目标的政府行为。”[5]到 80 年代后期，美国官方又有了一个新的定义。1987 年，美国国务院《国际关系术语词典》把公共外交定义为“由政府发起项目，旨在了解、获悉和影响其他国家的舆论，减少其他国家政府和民众对美国产生错误的观念，引起关系复杂化，提高美国在国外公众中的形象和影响力，进而增加美国国家利益的活动”。[6]更近的事例是，1997 年克林顿政府把公共外交定义为“通过情报信息和交流项目引导国外民众和舆论制造者，以提高美国国家利益和战略目标的行动”。[7]这是目前美国关于公共外交比较流行的定义。公共外交的内涵因国家的不同而各有差异，例如德国所说的公共外交与美国决策者眼里的公共外交不同，它是指一种“对外文化政策”（foreign cultural policy），没有赋予直接的战略意义。[8]尽管存在各式定义差异，但有一点是各国学界和政府普遍接受的，那就是公共外交的基本特征和表达方式是信息和语言。

英国谢菲尔德大学政治学系雷阿隆·威克斯（Rhiannon Vickers）认为，公共外交是治国手段的必要组成部分，其兴起的原因在于：其一，随着全球化和信息化的深入发展，国家已失去对信息的垄断权，非国家行为体如跨国压力集团、不同政见者和恐怖分子网络的能力不断增强，权力正朝着不同行为体扩散，在一个“多中心”和相互依赖的体系中互动。在新的体系中，国家传统外交模式益显诸多不足，需吸收新的养分。其二，相对军事力量和经济资源等“硬权力”而言，由于新媒体手段不断涌现，各国民众参与国际关系的兴趣渐浓，迫切希望获取其他国家的信息和政策结果，世界舆论的重要性与日俱增，国际体系中

“软权力”的地位也愈来愈被各国看重。[9]

以上观点在美国咨询委员会一份关于公共外交的报告《全球化通讯时代的公众和外交家》中得到了证明。该报告指出：“在信息化、民主化、互联网和全球性市场体系时代下，公众的力量比以往任何时候都要强大。公众通过选举、游行示威以及非政府组织等方式，极大地影响其本国政府的对外政策。”[10]因此，公共外交是全球化和信息化新国际体系下的产物。

第二节　万物互联

互联互通是今世之概念，却也是人类古已有之的梦想。西汉的张骞通西域，联通了长安到中亚和西亚的通道；魏晋南北朝时期海上通道和港口得到进一步发展，唐朝中后期海上航线发展迅速。1405 年至 1433 年间的郑和下西洋是中国古代影响力和规模最大的海上航行，它是明朝外交、经济和技术发展到一定阶段的产物，促进了当时中国和西洋各国间的交往。15 世纪末大航海时代的到来，又逐渐将欧洲与美洲和亚洲联通。1877 年德国地理学家李希霍芬在《中国》一书中首次提出“丝绸之路”的概念，其学生斯文·赫定在 1936 年出版的《丝绸之路》一书中表示，中国的丝绸之路是联结地球上存在过的各民族和各大陆的最重要的纽带……中西方历史上一次次陆上和海上的探索无不从客观上说明人类对外部世界的渴望，以及联通后的世界对人类观念、生产和生活方式的影响。

心理上对全球范围内互联互通的渴望逐步转向实践，而这一过程又经历了漫长的演变。早期的互联互通顺应了国内政治、经济、文化对于对外交往的要求，而在真正收获了互联互通的红利之后，人类便开始有意识地从各个方面开始搭建连接的节点。帕拉格·康纳在《超级版图：全球供应链、超级城市与新商业文明的崛起》一书中就曾指出，地理这一概念已完成了从自然地理（natural geography）转向政治地理（political geography）的过程，而现今正在逐步显现出功能地理（functional geography）的趋势。

互联互通，“联”的是什么？以前“联”的是“铁公机”，现在是“天电网，陆海空”。什么叫“天”？北斗卫星导航系统。这意味着 2020 年北斗系统实现全球覆盖后，中国可以在非洲、欧洲钻隧道、修铁路了。“电”是电子商务。以后产业的竞争力不在于量化生产，而在于个性化打造，这样才能占领高端市场。“网”是互联网。中国有 8.6 亿网民，占世界网民总数的五分之一强。世界上只有 4 个国家有自己的搜索引擎——美国、中国、俄罗斯和韩国，欧洲国家都没有自己的搜索引擎。习近平主席在主题为“互联互通·共享共治——构建网络空间命运共同体”的第二届乌镇世界互联网大会主旨演讲中指出，网络空间是人类共同的活动空间，网络空间前途命运应由世界各国共同掌握。各国应该加强沟通、扩大共识、深化合作，共同构建网络空间命运共同体。应该坚持尊重网络主权，尊重各国自主选择网络发展道路、网络管理模式、互联网公共政策和平等参与国际网络空间治理的权利。中央网信办负责人在阐释这一主题时表示，“一带一路”是21世纪的，网络空间的互联互通最能体现“一带一路”的时代特色。网络的本质在于互联，信息的价值在于互通。发展中国家人口占世界人口总数的80%，而互联网用户数只占全球用户数的43%，未来增长潜力巨大。中国将加大资金投入，加强技术支持，积极推动全球网络基础设施建设，增强各国网络发展能力，让更多发展中国家和人民共享互联网带来的机遇。中国将进一步加强与“一带一路”沿线国家的网络合作，率先打通“一带一路”的“血脉经络”；依托亚洲基础设施投资银行、中国互联网投资基金、中国互联网发展基金会等，深化与发展中国家的务实合作，大力推进互联网基础设施建设，消除“信息壁垒”，缩小“数字鸿沟”，让信息资源充分涌流，让更多发展中国家和人民通过互联网掌握信息、获取知识、创造财富，过上更加幸福美好的生活。

互联网巨头谷歌公司执行董事长埃里克·施密特曾大胆预

言：互联网即将消失，一个高度个性化、互动化的有趣世界——物联网即将诞生。未来将有数量巨大的 IP 地址、传感器、可穿戴设备以及虽感觉不到却可与之互动的东西，时时刻刻伴随着你（见图 3.1）。“设想下你走入房间，房间会随之变化，有了你的允许和所有这些东西，你将与房间里发生的一切进行互动。世界将变得非常个性化、非常互动化和非常非常有趣。所有赌注此刻都与智能手机应用基础架构有关，似乎将出现全新的竞争者为智能手机提供应用，智能手机已经成为超级电脑。我认为这是一个完全开放的市场。”[11]

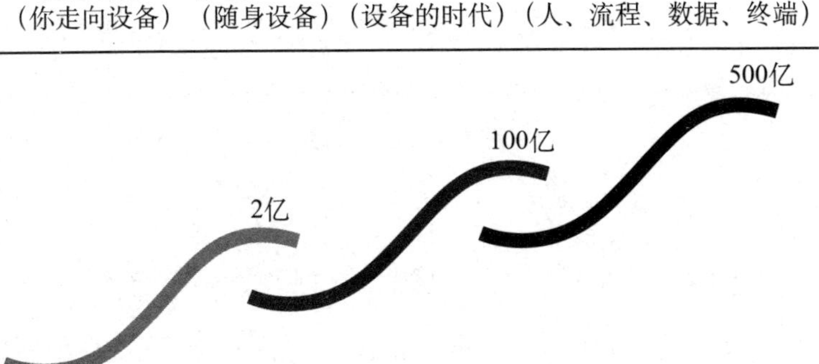

图 3.1　连接至互联网的终端数量的快速增长

作为对互联网时代的超越，万物互联、人机交互、天地一体的时代正在到来。

互联网的下一波浪潮将是在人、过程、数据以及物品之间实现融合而形成的网络。这也就是思科公司正在全球范围内发起并推动的万物互联（Internet of Everything，IoE）。顾名思义，万物互联就是将一切还未联接起来的人、数据、过程和物品都联接起来（见图 3.2）。[12]

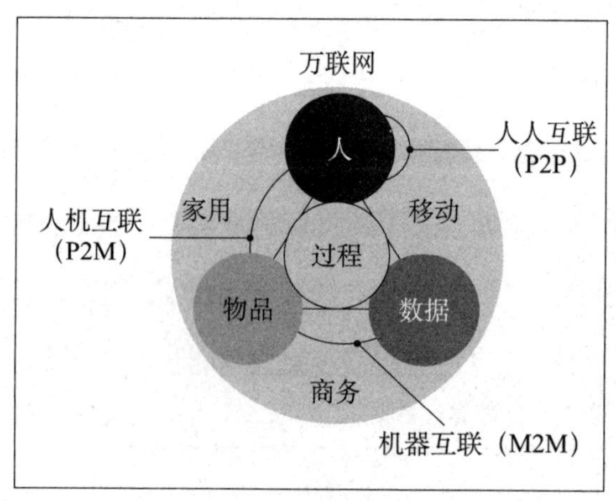

图 3.2　万物互联

资料来源：CISCO，IBSG，2012.

万物互联（IoE）将人、过程、数据和物品结合在一起，使得网络联接变得更加相关，更有价值。万物互联将信息转化为行动，给企业、个人和国家创造新的功能，并带来更加丰富的体验和前所未有的经济发展机遇。

如今的互联网已经联接了大约 100 亿到 150 亿台设备。但根据思科公司的估计，目前全球只有不到 1% 的实物是联接到互联网的，而 99.4% 的实物尚未实现互联。在个人层面，每个人平均有大约 200 件实物可以实现联接。

移动互联网整合了社会闲置资源，产生了新的商业模式。互联网也开始渗透进各行各业，“互联网＋”正在推动传统行业转型升级，创造新业态。未来是万物互联的时代，它丝毫不亚于 PC 和智能手机创造的辉煌，这个时代产生的智能设备将会改变产业，让企业更高效、更有创造力，它将彻底改变我们的生活。万物互联的时代，超高速网络、万物互联等信息技术必将推动并巩固互联网成为经济增长的新引擎，推动互联网深度融入社会治理、经济发展等；我国互联网的国际话语权将进一步提高，秉承开放、合作、共享、参与互联网文化的中国互联网，将从全球互联网发展的受益者变成贡献者和引领者。

总结来说，“互联互通”四个字，各有含义：

——互：从国际接轨到全方位开放；

——联：万物互联、人机交互、天地一体；

——互：从成为西方的市场到打造欧亚非我的市场；

——通：“五通”，以资金、技术优势制定标准，即产业标准（诸如 5G 技术的新基础设施）、大宗商品定价权以及国际投资、贸易规则，提升中国在全球治理中的制度性话语权。

国家间畅通的交往和合作是必要且亟须的，人类如今已开始有计划、大规模地通过技术，在全球范围内构筑并利用铁路、航线和管道等传统基础设施和互联网、通信等数字基础设施将互联互通的梦想变成现实。依托5G技术的万物互联思想和实践是实现互联互通的保障。从人的角度出发，现今人类已经无法离开网络而生存；而这带来的启发便是未来将会是一个争夺成为节点的时代。依托5G技术实现的万物互联是工业4.0成果的集合，未来的世界里，无论是国家还是城市的实力不再仅仅是由GDP或军事力量来衡量，而是通过互联互通程度来决定21世纪的国际竞争力。正如《超级版图：全球供应链、超级城市与新商业文明的崛起》一书中所言，现今世界各国的竞争更像是在来回拉拉扯扯地拔河，没有长久的赢家，也没有长久的输家，国际规则的制定也不再仅仅因为某一国的实力而会被轻易地推倒重来，而是在一轮又一轮的博弈中逐渐改变规则。或许万物互联现阶段更多地停留在个人层面，但这带给城市的启示也不容小觑。中国在5G领域有着先发优势，这也让智慧城市在万物互联的时代得以成真；中国善于"接地气"地快速利用新型技术，通过万物互联将北京打造成全球领先的智慧型全球互联中心或将是5G技术在城市层面的一次应用。

在全球化时代，除了主权国家，包括城市、国际组织等非国家行为体也都在积极地融入全球化经济体系，成为嵌入其中的枢纽。当今世界的联系受到技术的影响，已不同于往昔，其连接的

“链流”集中体现在将世界链融入整体的全球产业链、供应链和价值链中。不同于20世纪50—60年代的世界体系理论，进入21世纪，一些发展中国家，尤其是以中国为代表的新兴经济体逐渐显现出成为枢纽的趋势。与此同时，各国也不约而同地开始强调全球价值链的重要性：2012年美国提出了《全球供应链安全国家战略》；2014年国家主席习近平出席亚太经合组织领导人非正式会议记者会，并表示会议决定实施全球价值链、供应链的领域合作倡议。美国密歇根州立大学罗伯特·蒙兹卡（Robert Monczka）教授认为，企业间竞争的实质是供应链间的竞争。[13]当今，中国“一带一路”顶层设计实际上即通过对接沿线国家优势产业，形成全球价值链的环流之一，而另一环流则是与发达经济体合作，与之互为全球价值链的上下游关系。可以说，全球化背景下的世界体系至少呈现出三种趋势，即去中心化、网链化以及多行为体化。

法国哲学家德勒兹在20世纪70年代提出了“块茎—游牧理论”，随后有学者基于此，用象棋和围棋来类比西方和中国的发展模式。2004年，习近平在《浙江日报》的《之江新语》专栏中曾借“地瓜”阐释了“块茎与藤蔓”的关系；在秘鲁利马亚太经合组织工商领导人峰会上，习近平也提及地瓜的藤蔓向四面八方延伸，但它的块茎始终长在根基位置。同样的道理，不管发展到什么程度，中国都将扎根亚太、建设亚太、造福亚太。这实则是对块茎理论的中国化解读，其内涵在于借助支点和技术，实现万物互联，从而进行去中心化的互联互通。

第三节　百年未有之大变局

国际社会的复杂性和难以预测性都在与日俱增，而新变量的不断涌入也极大冲击了原先西方普适的因果律。系统效应视角下的国际关系更像是“万花筒”，而非肯尼思·沃尔兹提出的分明的层次。世界一边展现出紧密联系、相互依赖的经济全球化，一边又呈现出政治地方化甚至是“再国家化”的趋势；国际议题从（非）传统安全到人工智能和全球产业链，从民粹主义到民族主义；国际行为体从国家间合作竞争到城市间的“拔河博弈”——“万花筒”的每一次旋转都会像蝴蝶效应一般引出“黑天鹅”“灰犀牛”。非线性和不可测的变化是当今世界的关键词，正如国际关系学者阿米塔·阿查亚在《美国世界秩序的终结》一书中所说，当今世界是一个“复合世界”（multiplex world），而非一个“多极世界”（multipolar world）。

当前世界呈现出“百年未有之大变局”，具体表现为：力量对比变化，非西方力量在经济全球化中持续上升，改变了由西方国家完全主导的国际力量对比格局；经济动能变化，新工业革命将为经济发展提供新动能，战略性新兴产业成为国家间竞争的关键领域；制度优势变化，西方治理机制与规范应对全球问题捉襟见肘，甚至“以退为进”地破坏现有国际机制。

首先，新兴国家的崛起带来国际力量对比的巨变。博鳌亚洲论坛所界定的新兴 11 国，2017 年的经济增量已达到世界经济增量的 53.1%，高于 G7（21.8%）和欧盟（12.8%）的增量占比，已经成为影响全球经济增长举足轻重的力量。[14]其中，中国 2017 年的全球经济增长贡献率已经达到约 34%。[15]新兴经济体在全球经济所占份额的增加导致发达国家在多边合作中获得的收益相对减少，一些国家试图以多种手段阻止新兴经济体扩大份额，甚至为此破坏现有的多边体制。伴随着贸易战、美联储加息，新兴经济体面临的经济下行风险加剧，失业与通货膨胀增加，资金外流加剧。[16]但是，全球力量对比更加平衡的大趋势不会改变。

其次，当前是全球经济新旧动能转换的变革时期。旧经济动能衰退表现为贸易保护主义势头增强，全球分工体系与发展中国家的出口导向型发展模式都面临冲击。发达国家希望通过“再工业化”创造更多的就业机会与税收，而以智能化本地生产为特征的工业 4.0 模式成为充分利用其较高的劳动力素质与劳动力成本的重要选择。当前，新技术革命带来的产业革命尚处于发展阶段，新经济动能完全替代旧经济动能的时机仍未成熟。但是，从新技术应用中谋求经济新动能的发展道路已经在大多数国家中形成共识。

在当前的大变局中，中国面对的是更严峻的发展环境。与21世纪初的战略宽松时期相比，未来中国从全球市场获取新技术的难度将增大，中国企业开拓全球市场将面临更多的政治与安全因素影响。但是，旧发展模式产生巨大的生态成本与价值链固化效应，即便大变局不出现，中国发展模式的转变也势在必行。这是“一个愈进愈难、愈进愈险而又不进则退、非进不可的时候”[17]，也是我国走向真正的现代化强国的蜕变期。

百年未有之大变局这一论断的基础是纵观世界的格局和视野，已不仅仅局限于中国的国家范畴，更是一种“我将无我”的世界观。面对百年未有之大变局，党中央做出了要从“危”中求“机”的战略判断。党的十九大报告明确指出，当前“国内外形势正在发生深刻复杂变化，我国发展仍处于重要战略机遇期，前景十分光明，挑战也十分严峻”。中美贸易战爆发后，2018年12月的中央经济工作会议认为“我国发展仍处于并将长期处于重要战略机遇期”。[18]对战略机遇期的提法从“仍处于”变为“长期处于”，意味着中国领导人对主动应对挑战、创造新时代中国的发展机遇具有充足的信心。

世界的经济中心正在从西欧及北美国家转向以中国、印度、巴西为代表的发展中国家，世界政治局势中“黑天鹅”“灰犀牛”

事件频发，人工智能、5G 以及大数据从底层逻辑上颠覆了人类的传统认知……重心的调整、不确性的增加以及新技术的出现从不同维度上演绎、拓展、塑造了当今的百年未有之大变局。谁来适应，如何适应，未来如何……这一系列的问题亟待讨论。

最后，西方制度优势与发展中国家制度优势对比发生变化。百年未有之大变局是在一定国际形势下形成的。自 2008 年金融危机以来，民粹主义、单边主义以及贸易保护主义抬头，且有愈演愈烈之趋势。虽然国际环境如此，但中国在“一带一路”倡议的指引下，强调全球范围内的互联互通，积极树立负责任的大国形象。当今，西方国家受到各种因素的影响，正处在发展的十字路口，虽然整体而言，发展中国家的综合实力还难以匹敌发达国家，但其群体性的崛起却不得不让后者加以警惕。万物互联让所谓的“一超多强”逐步发生解构，去中心化成为百年未有之大变局背景下的一个重要特点。这一趋势不但体现在国家层面，也逐渐体现为国际行为体的多元化、立体化。笔者认为，百年未有之大变局下的公共外交将呈现出以下三个特征：

第一，公共外交将成为国家间竞争的新战场。上兵伐谋，攻心为上，信息时代让普通公众见证了无数个事件的发展，下自社会新闻，上至国际政治，媒体、网络以及人文交流的频繁都让作为心灵政治的公共外交变得越发重要。从“软实力”到“巧实力”，从“树立负责任的大国形象”到“民心相通”，各国都逐渐意识到以往的国际竞争或将需要换一种方式，而公共外交则将成为一个新的战场。

第二，公共外交将成为中国国际交往的一种范式。西方在基督教的教化之下，无论是在政策制定还是在外交实践上都或多或少存在着二元对立的思维模式，无论是福山的民主和平论，还是亨廷顿的文明冲突论，都有所体现。然而，当今在西方眼中“格格不入”的中国却正在挖掘古老文明中的精华，践行着基于理解和包容的“一带一路”倡议以及人类命运共同体的理念，这在本质上并非所谓意识形态和价值观的输出，而是对世界文明的一种补充。公共外交因其参与行为体多元、实施途径多样、受众群体范围广，能够自然地成为中国进行国际交往的试验场，乃至最终形成具有中国特色的中国范式。

第三，公共外交将增多国际交往节点，带来更多的可能性。与世界体系理论的“中心—半边缘—边缘”的观点不同，如今世界呈现出网状结构，国家、城市、个人都成为节点，世界不再以国家作为勾勒版图的唯一标准，联通程度和功能性或正在成为衡量标准。因此，节点的增多毋庸置疑会成为各种可能性的发源地，增加国际交往中的变量，使得世界成为一个更加具有活力和包容性的系统。

新时代呼唤超越公共外交，聚焦人类文明。为此，要超越中国学、西学、全球学，打造人类命运共同体学，开创文明对话3.0新时代。

传统中国文化认为，有四种力量境界：诸道同源之理，万法归一之道，纲举目张之法，提纲挈领之术。人类命运共同体是对各种传统文化的创造性转化和创新性发展。

钱穆先生在《中国文化史导论》一书中指出：人类文化从源头看有游牧、农耕和商业三种类型。“游牧、商业起于内在不足，内在不足则需向外寻求，因此而为流动的、进取的。农耕可以自给，无事外求，并必继续一地，反复不舍，因此而为静定的、保守的。”[19]在世界整体内在不足、可持续发展为唯一选择的全球化时代，游牧、农耕、商业乃至工业文化的差异消失了。世界面临共同的文明挑战。

著名汉学家、德国波恩大学东亚系教授沃尔夫冈·顾彬认为，中国是欧洲文明的“福分”，中华文化一直为西方文化提供滋养，但长期以来，西方人并不了解中华文化与世界文明的对话历史，更不了解中华文化对世界文明的影响。如果说20世纪的德国哲学是“我者”与“他者”的对话，那么今天的世界就是“我者”与“伙伴”的交流，开放对话为当今世界不同文化间互融互鉴、打造人类命运共同体打开了大门。

如何开放对话？一位西方学者曾经这样说过，人类的奇遇中最引人入胜的时候，可能就是希腊文明、印度文明和中国文明相遇的时候。希腊哲学强调人—自然关系，印度哲学强调人—神关系，而中国哲学强调人—人关系。

今天，这种引人入胜的时候由“一带一路”倡议所开启，将三大世界级文明——中华文明（着眼于人—人关系，强调做人，艺术的逻辑）、伊斯兰文明（着眼于人—神关系，强调做信徒，意识形态的逻辑）及基督教文明（着眼于人—自然关系，强调做事，科学的逻辑）再次融通起来，以文明之合，超越文明之分，在 21 世纪再现古丝绸之路将中国的“四大发明”通过阿拉伯传到欧洲，对接农耕文明、游牧文明和海洋文明的气象（见图 3.3）。

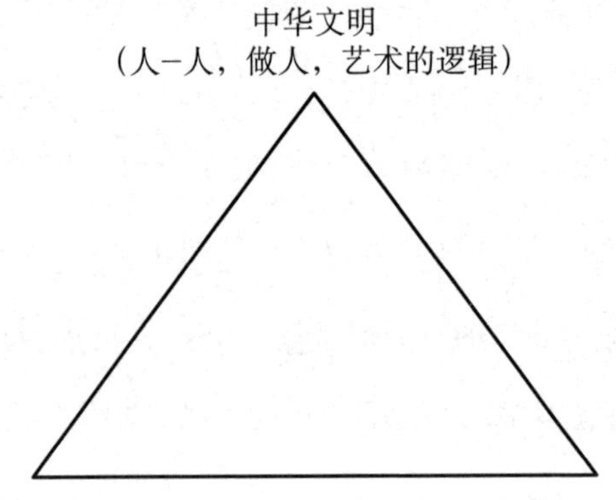

图 3.3　三大世界级文明

相应地，文明对话也要实现人、自然、神的三位一体，包容科学的逻辑、艺术的逻辑、意识形态的逻辑。

自古以来，各种不同文明交流与对话时断时续，形成人类多元而包容的文明体系；近代以来，西方文明滥觞于世，科学逻辑占据主导地位；21世纪迎来万物互联新时代，科学逻辑让位于艺术、意识形态逻辑，进化式文明演绎为对话式文明。

（1）科学：进化式文明。

纵观人类文明发展史，大国之兴衰，洲际权力之转移，往往是文明转型的产物。公元1500年以来西方创造先进文明的优势日渐枯竭。文明的活水跨越大西洋波及北美大陆后，又通过太平洋唤醒了亚洲大陆的原生文明。才刚刚过去500年，世界权力重心逐渐向东方转移，这让西方世界陷入了惊恐、迷惑、不解和不甘之中。

美国历史学家斯塔夫里阿诺斯在《全球通史：1500年以后的世界》一书中指出，“欧洲的成功是欧洲衰落的潜在原因”。这就是，欧洲的三大革命——工业、科学和政治革命在世界的传播，使欧洲失去了作为世界统治力量的地位。[20]

在《文明》一书的作者尼尔·弗格森看来，与所有伟大的文明一样，西方文明也具有两面性：有其崇高的一面，也有其卑鄙的一面。如今西方步入衰败，最主要的原因在于没能有效延续、弘扬其曾经主导世界的六个撒手锏[21]：

——竞争。欧洲的政治处于割据分裂的局面，在每个君主制国家或共和制国家内，都存在着多个相互竞争的集团。

——科学革命。17 世纪，数学、天文学、物理学、化学和生物学的所有重大突破均发生在西欧。

——法治和代议制政府。这一优越的社会政治秩序出现于英语国家，它以私有财产权以及由选举产生的代表财产所有者的立法机构为基础。

——现代医学。19 世纪和 20 世纪医疗保健的所有重大突破都发生在西欧和北美，其中包括对热带疾病的控制。

——消费社会。随着工业革命的兴起，以棉纺织品为开端，涌现出大量提高生产力的先进技术，同时对物美价廉的商品的需求也随之扩大。

——工作伦理。西方人最早将广泛而密集的劳动和高储蓄率结合在一起，从而促进了资本的持续积累。

相反，这些曾经让西方傲视群雄的秘诀却被别的地区学习、掌握并据为己有，由此发生了江湖地位的转换。

以上两位历史学家的逻辑当然是“西学为体，西学为用”，在“西方中心论”中兜圈子。他们认为新兴国家的崛起乃是学习、模仿西方文明诀窍的结果。其实，新兴国家不只是西方文明的学徒，其崛起的根本原因在于找到了符合自身国情的发展道路，并在此过程中修正西方模式，对人类发展模式做出自己的贡献。

（2）艺术：对话式文明。

当今世界是全球化世界，穷则独善其身是做不到的，必须兼济天下。习近平主席提出人类命运共同体，就是面对全球化逆转、民粹主义盛行、新技术革命日新月异等形势，回答“世界向何处去”的根本问题。

因此，文明对话是关于文明差异乃至文明代差的对话，正如近代中国指望“中学为体、西学为用”搞洋务运动那样，但最终演变为全盘西化。

人类进入5G时代，人工智能、大数据、区块链等新技术接踵而至。科幻小说《三体》写道“我消灭你，与你无关”，如果出现这种情形，哪有什么文明对话?！近代，文明对话如同交易，农业部落没有东西与西方工业交换，不就成为自由贸易的殖民地！如何避免对话成为殖民、教化?

笔者在《海殇?：欧洲文明启示录》一书中也早有论述：西方文明开放而不包容，文明对话无济于事！

文明何时不成为权力的婢女？文明对话何时不成为强者对弱者的教化？如何超越普世价值 vs. 中国特色？这就需要我们升级

文明对话，从 1.0 版、2.0 版到 3.0 版。

● 文明对话 1.0 版

中外文明对话（中国中心）

世（中）西文明对话：进步主义

世界文明对话（后西方）

天—诸神对话：《世俗伦理与社会主义精神》

● 文明对话 2.0 版

问题导向：民粹主义、保护主义、恐怖主义

未来导向：“未来已至，只是分布不均。”——威廉·吉布森

人类文明创新：新能源、人工智能改变地缘政治、地缘经济乃至地缘文明逻辑

● 文明对话 3.0 版

中国的“新和合主义”：

和——人类命运共同体：世俗文明的终极关怀

合——“一带一路”：道莅天下，通无止境

“对话式文明”（dialogic civilization）概念最早由杜维明提出，它是指不运用暴力，而是通过各民族和文明间平等交往产生相互了解，形成跨文化共识，最终创造出和平共处交流互鉴的一系列规则，形成超越国家和民族的世界性文明。在孔汉思等人起草的包括共同价值、标准和态度的《全球伦理：世界宗教议会宣

言》基础上，杜维明认为加强不同文化、不同宗教、不同国家和地区的文明对话是应对人类困境最基本也是最重要的选择。[22]对话式文明的实质是各种文明之间的平等交流、互相倾听和借鉴。在各文明主体平等沟通、对话和交流的进程中，各种文明得以丰富和再造，形成一种以对话为中心的文化或对话主义文化，即文明对话。儒家思想和实用主义是对话式文明的两大思想源泉。其中儒家思想中的恕道原则（己所不欲，勿施于人）和人道原则（仁道原则）都是对话式文明的哲学基础。[23]而实用主义则强调，通过自由开放的实践，向社会与文化的创新不断注入新鲜血液，使各自文明在交流互鉴过程中相互适应、相互成长和相互演变。例如，安乐哲从实用主义哲学视角阐述和探寻中西文化沟通的途径和渠道。他认为，当代中国对外国哲学研究领域从康德到海德格尔的兴趣转向过程中，后者被理解为与中国本土思维方式更接近。因此，儒学与杜威实用主义之间的对话是可能的。[24]对话式文明与跨文明交流的关系，从理论上来讲，应该是：真正具有生命力的对话在跨文明交流中孕育，并得以成长、修正、改善、更新、丰富和发展，形成一种跨文明共识，进而凝练成一套大家自觉遵守的规则，乃至一种生活与工作方式，即对话式文明。完善的文明对话在理论原则和实践操作层面上应该是培育和丰富包容性世界秩序的土壤。

平等包容性世界秩序既是对话式文明的骨骼，又是对话式文明的升华。在对话式文明的影响下，各文明之间地位平等，在此基础上相互开放，相互交流，相互学习。现有西方主导的国际秩序式微，而新秩序的建立不是一个国家能够主导或者完成的，应该在充分尊重不同地区、不同文明差异性基础上，找到全球治理模式的“最大公约数”。正是因为当今国际社会平等包容性世界秩序的缺位，才导致诸如族群冲突、宗教冲突、国际冲突和文明冲突此起彼伏，传统国家间的安全困境以及诸如恐怖主义、气候变化等新挑战交错而生。平等包容性世界秩序不是以某一个国家或某一种文明的价值观和体系为唯一的标准和基础建构的，而是在尊重世界文明多样性的前提下让各方文明尽显其能、相互学习、相互参照、同舟共济，在相互依赖的基础上促进人类命运共同体更加完善。

当今西方许多研究中国问题的学者否定中国文化，他们把中国作为特定的问题来研究，而不是把中国作为一个完整独特的文明体系来考察，其实质是不承认中华文明的主体性和丰富性，削弱中华民族的文化自信，为从文化上同化与和平演变中国打下埋伏。中国有着丰富而悠久的文明，足以弥补以欧美为中心的现代知识话语体系的缺陷，完全能够以中国的话语体系来丰富现有的西方话语体系，打造世界性话语体系。这种话语体系在许多方面是跨越时空的。

首先，中国具有悠久的开放包容的历史文化，形成了以儒家、道家与释家文化相互碰撞、交流、互鉴、融合的古代“三教合一”，即文化大融合模式。

其次，现代中国文化的建构不仅继承和发扬了以儒道释为代表的中国传统文化，而且成功地延续了以古代“三教合一”为标志的中华文明开放包容并蓄的传统。以中国共产党为代表的政治文化力量励精图治，成功地把马克思主义与中国传统文化、中国实际相结合，把马克思主义中国化，并借鉴、吸收和发扬光大了西方现代企业的管理智慧和科技文化，成就了中华民族在现代和当代的文化大融合，亦称多元一体模式，即“马克思主义作为灵魂、中国传统文化作为中华民族身份认同根基、西方文化作为连接沟通世界的纽带”，从而形成复合创新型现代文明。

最后，在当今，中国以“一带一路”为平台，以开放包容、创新和谐为价值观，引领新型全球化，强劲推动中国与世界在地理、政治、经济、文化等领域里的深度联通，推动全球治理，打造人类命运共同体。伴随着与时俱进的中国共产党领导的中国对全球事务的主导力提升，中国将会成为21世纪世界各个文明间交流互鉴重要的乃至主要的推动者，尤其是成为西方文明与伊斯兰文明冲突的得力调节者，上升为世界领导型国家。此乃中国正在推动的在21世纪中叶有望整合世界文明的第三期“三合一”，即以马克思主义为灵魂、以儒道释为精神、以世界多国文明为镜子的中华文明与西方文明、伊斯兰文明以及其他文明等达到大和解与大融合，最终形成“世界范围内的多元一体”。

跨文明交流、对话式文明与包容性世界秩序是一脉相承、循序渐进的。跨文明交流是文明对话形成的具体过程，对话式文明是文明交流互鉴的硕果，对话式文明又是多元包容性世界秩序构建的基础。它们最终指向构建人类命运共同体。当代跨文明关系的话语体系包含五类不同的子话语系统。从文明冲突话语、一元同化话语、文明的折中式话语、中华文明多元一体话语，再到对话式话语的转变，说明人类日益认识到文明间对话的重要性。中国的三期文化大融合是从跨文明交流中形成对话式文明的典型案例，对于今天世界文明间的对话与未来人类命运共同体的构建具有重要借鉴意义。

贾文山教授提出，五大跨文明关系话语体系可以用表 3.1 展示如下：

表 3.1　五大跨文明关系话语体系比较

五种话语	代表人物	主要特征	主要内容
对抗式话语	塞缪尔·亨廷顿、约翰·米尔斯海默、格雷厄姆·艾利森等	具有绝对排他性	认为文明的冲突与对立不可避免，强调修昔底德陷阱

续前表

五种话语	代表人物	主要特征	主要内容
同化式话语	约瑟夫·奈、约翰·伊肯伯里等	具有相对排他性	强调软实力在文明对抗中的作用：利用发展制定规则和标准，获取战略优势，归顺弱势民族和文明
折中式话语	亨利·基辛格、兹比格涅夫·布热津斯基、尼尔·弗格森等	有限的战略包容	强调 G2、亚太共治、中美共治，提出“中美国”概念
中华文明多元一体的准普适性话语	安乐哲、白鲁恂、贝淡宁、马丁·雅克、赵汀阳等	强调中华文明的普适价值及其对世界体系构建的意义	以三次文化融合为例，强调儒学和天下体系观对其他文明的开放和吸纳并由此走向强大，具备了在全球范围内推动文明交流互鉴，引领新型全球化和全球治理的潜能
跨文明对话式话语	杜维明、斯塔夫里阿诺斯、威廉·麦克尼尔等	强调平等、均衡、开放、倾听、包容的交往和对话，具有广义的文化交流意义	站在全球史角度、历史互动角度关注现实，重塑未来；体现了对非西方地区历史与文明的尊重和包容

资料来源：贾文山，等．跨文明交流、对话式文明与人类命运共同体的构建．中国人民大学学报，2017（5）．

跨文明交流必须以建立对话式文明为近期目标，以打造开放包容性世界秩序为中期目标，以构建人类命运共同体为最终目的。只有通过平等、均衡、相互开放、相互倾听、相互包容的交往、交流、沟通和交融，才能形成对话式文明，提炼出文明对话模式，打造包容性世界秩序，最终构建人类命运共同体。只有不同文明相互尊重、相互补充、相互促进、和谐共生，建设人类命运共同体的伟大理想才能最终实现。

（3）意识形态：共塑式文明。

费孝通先生说过："各美其美，美人之美，美美与共，天下大同。"

可是，如果自己都觉得不美，怎么办？德国总理默克尔近年来感慨：从某种程度上来说，我们能够完全依赖别国的时代已经结束了。我们欧洲人必须真正地将我们的命运掌握在自己手中。

连德国都如此，遑论一般发展中国家。当我们确定对话式文明时有没有考虑到它们是否有对话能力？如何将没有对话能力的文明也平等地包容进来，形成人类新文明？这正是人类命运共同体理念的使命，通过"一带一路"倡议实现命运自主——成为自己，立己达人，并通过构建互联互通伙伴网络形成命运与共的关系，构建命运共同体，倡导共塑式人类新文明（见图 3.4）。

人类命运共同体
- 人-自然：共生，生命共同体
- 人-人：共业，关系共同体
- 人-社会：共融，文化共同体

图 3.4　人类命运共同体的文明解读

“穷则变，变则通，通则久。”用《周易·系辞下》这句话来形容改革开放的世界意义，再恰当不过。穷则变的“变”就是改革开放，拿邓小平的话来讲就是“不改革开放……只能是死路一条”；变则通的“通”就是“一带一路”主张的互联互通（五通）；通则久的“久”就是成久远，构建人类命运共同体（见表3.2）。改革开放的重要经验也得到了很好体现：问题导向——“一带一路”正在解决和平赤字、发展赤字、治理赤字的世界问题；目标驱动——人类命运共同体既要坚持高标准，又要因地制宜、循序渐进。

表 3.2　告别近代，走出西方

	周易	世界观	方法论	逻辑	模式	辩证法
改革开放	穷则变	外国(西方)的月亮比中国圆	向(美)西方开放	把世界的变成中国的	西方模式（国际接轨）	正（顺应世界大势）
“一带一路”	变则通	中国的月亮也很圆	带路为体中国为用	把中国的变成世界的	中国模式（特色）	反（造合作之势）
人类命运共同体	通则久	中国与世界共一个月亮	人类为体世界为用	中国的本是世界的	人类共享模式	合（万法归一之道）

近代以来，中国着眼解决的是中国问题：民族独立、国家富强；改革开放后，中国开始解决发生在中国的世界问题：市场经济、人民幸福；进入新时代，中国越来越多地解决人类问题：永

久和平、普遍安全、共同繁荣、开放包容、美丽清洁，它们共同构成人类命运共同体的五大支柱。

在世界局势处于大转型、大变革的关口，习近平主席提出人类命运共同体理念，彰显人类社会共同理想和美好追求，在新时代将传统中国天下大同、协和万邦的思想予以升华，将中国外交的和平、发展、合作、共赢的宗旨予以铸魂，将中国共产党为世界进步事业做出新的更大贡献的世界初心予以宣示，将《联合国宪章》的宗旨和原则予以弘扬，得到了国际社会广泛而积极的响应，使中国逐渐占据人类道义制高点。

总之，人类命运共同体不是发明出来的，而是发现出来的；不是静态的——发现已有共同价值观，而是动态的——共同塑造人类的共同价值观或者未来的共同价值观；它不只是一种对话式文明，还是未来人类文明的塑造。过去无可继续，未来犹可期。过去的一切，皆为序章。过去的国际体系，只是人类命运共同体理念的一个特例，它不否定过去的，所以这个正在进行时，是一个动态的包容性的建构。构建人类命运共同体，体现了习近平外交思想的政治诉求：马克思主义中国化的最新成果与中国传统文化相结合；与此同时再造中华，就是推动中华文明从内陆、农耕、地区走向海洋、工业（信息）、全球，打造全球中国。

第四章

公共外交的国家性

外交是通过国家和国家的关系这个形式来进行的，但落脚点还是在影响和争取人民，这是辩证的。

——周恩来

公共外交是国家性与人民性之间的艺术，源于国家，着眼于人民。这与西方定位的公共外交是信息时代国家间沟通的艺术，更能体现中国传统文化的人本主义和社会主义国家属性。

除了鲜明的时代特征外，公共外交还带有深刻的国家烙印。一般而言，公共外交具有三大使命，每一使命都具有鲜明的国家性。

一是提升国家形象。国家形象除了与当下的方针政策和所作所为密切相关外，还是一种文化形象。但是，很少有人公开反感某种文化，对某种文化的印象往往表现为对相应国家的印象。换言之，文化形象往往由国家形象来承担。比如，印度的魅力就在于其文化、宗教多元性，任何国家的人都能在其中找到自己的影子，从而获得认同，以至于印度国家形象片以“不可思议的印度”（Incredible India）为口号。

二是改善国家处境。俗话说，“形势比人强”。一个国家处于何种发展阶段，直接关系到它在国际社会的舆论处境。西方发达国家指责中国作为全球化的最大得益方，理应承担更大的国际责任。这是中国责任论的观念来源。公共外交作为塑造和平友善的国际舆论环境的有效途径，必须考虑到国家在国际社会的现实处境。

三是表达国家意志。无论是像中国的文化“走出去”（孔子学院等），还是美国将自己的观念包装为普世价值向全球推销，公共外交必须深入国家的历史文化，寻找自身国家意志与人类普遍意志的契合。

公共外交的上述三方面使命，体现在中国身上就更明显了。从国家形象而言，一些外国人不喜欢中国，不是对中国的政策有什么意见，乃是出于宗教原因——反对中国共产党秉承无神论，或文化原因——对异质文化的排斥或误解，或源于西藏、新疆问题。从国家处境来说，面对中国崛起态势，中国威胁论、责任论、强硬论层出不穷，一再证明硬实力崛起通常以软实力为代价。从国家意志而论，随着经济中国的崛起，文化中国的兴起本是自然现象，然而习惯于观念霸权的西方，常常将中国的文化自觉、文化自信，视为软实力威胁论。[1]

第一节　软实力的认知悖论

从一个舶来品、学术概念到政治术语，从文化软实力到中国模式软实力，软实力概念在中国已落地生根，深刻影响中国人的思维方式和话语体系。然而，不考虑其基督教背景和美国特色，泛泛而谈软实力，会越来越陷入软实力陷阱。其实，软实力理论具有两大误区：一是自认为正确，故通过各种手段让对方接受、学习；二是潜意识里认为自己无所不能，并想方设法让人家确信这一点。这两点都具有浓重的宗教情结，因为只有上帝才会永远正确且无所不能。

近年来，软实力的概念在中国日益流行，其流行度超过世界任何其他国家。连其发源地美国，软实力也只是学术概念，不像在中国这样家喻户晓。2013 年 12 月 30 日，中共中央政治局第十二次集体学习，主题就是如何提升中国的文化软实力。这再次表明，软实力被赋予国家战略的高度。

一般认为，国际形象是软实力的最初表征，公共外交是展示和提升软实力的重要手段。然而，皮尤等国际舆情调查机构近年数据显示，中国的国际形象并未随着中国公共外交投入的增加而提升，甚至在一些国家反而有所下滑。为什么中国越发展，形象反而越差？为什么中国如此投入，形象改善效果并不佳？决定中国软实力的因素究竟是什么？软实力与公共外交究竟是什么关系？

当然，这取决于谁定义的形象，什么形象。中国的国际形象似乎从发展中国家、新兴国家向超级大国转化，因而随着硬实力迅速提升，形象反而大打折扣。软实力果真与硬实力成反比？

在分析一个国家的综合国力的构成要素时，通常将其分为有形力量与无形力量，或硬实力与软实力。美国哈佛大学教授约瑟夫·奈就将综合国力分为硬实力与软实力两种形态。硬实力（hard power）是指支配性实力，包括基本资源（如国土面积、人口、自然资源）、军事力量、经济力量和科技力量等；软实力（soft power）则分为国家的凝聚力、文化被普遍认同的程度和参与国际机构的程度等。相比之下，硬实力较易理解，而软实力就复杂一些。约瑟夫·奈把软实力概括为导向力、吸引力和效仿力，是一种同化式的实力——一个国家思想的吸引力和政治导向的能力。[2]

软实力作为国家综合国力的重要组成部分，特指一个国家依靠政治制度的吸引力、文化价值的感召力和国民形象的亲和力等释放出来的无形影响力。它深刻地影响了人们对国际关系的看法。进一步的思考表明，软实力自身存在难以克服的悖论。

首先是名与实的陷阱。名是舶来品，实为中国具有丰富的实践。中国用其名，但已经把它给中国化了，这就是多从文化角度强调它，并把它与传统中国文化和而不同的理念等结合在一起，强调文化影响力、道德感召力、形象亲和力三大方面内涵。也因此，中国特色的软实力概念较具中国文化内涵，难以量化衡量，只能从结果感知。

其次是二分法陷阱。文武之道一张一弛。硬实力—软实力建设，也是如此。很难说哪个重要、哪个难度大，而是在不同发展阶段、不同时代背景和不同国际环境下，针对不同对象平衡硬实力与软实力发展。通常人们认为，硬实力是软实力的基础，但也存在大量反例，而且持这种观念可能将软实力作为硬实力的润滑剂和包装，过于简单化、实用化、庸俗化。其实，正如溶质与溶剂的关系一样，硬实力与软实力是谁也离不开谁的关系，所谓水乳交融，评判效果的关键是输出正能量，而非产生一国实力的反作用。

在中国，许多人认为软实力实现的保障还是硬实力。归根到底，国际关系还是强者的世界。这种看法比较简单化，但颇为流行。其实硬实力也分好几种：

结构性硬实力——一国在国际分工体系中的地位和影响国际结构的能力，如美元作为国际金融、贸易体系的主要货币使美国的硬实力大大超过其 GDP 总量。瑞士是小国，但在制造业、金融业的全球分工体系中占据重要位置，增强了其硬实力。

体系性硬实力——一国的联盟体系和在国际体系中的角色，如美军。美国在亚太地区的体系性硬实力是其重返亚太的底气，或者说重返亚太也是为了更好维护这种体系性硬实力。

包容性硬实力——一国硬实力的国际相互依存度，体现、包容其他国家权益的能力。如对外依存度越高，硬实力越打折扣；反之，外界对该国依存度越高（如技术能力上拥有更多的知识产权），越增强其硬实力。GDP 构成中体现国际共同利益的部分越大，硬实力越强。中国的包容性硬实力两方面都制约了中国的对外影响力。

这三种硬实力中可能本身就蕴含了软实力的成分。因此，硬实力—软实力二分法会使人产生错误的认识，以为软实力是新概念，以美式思维看中国，丧失“四个自信”。

美国软实力的概念具有宗教情结。约瑟夫·奈提出“软实力”概念，本是针对大国兴衰铁律、反对美国衰落论、提振美国霸权合法性而发明的。当冷战戛然而止，美国欢呼雀跃之余，软实力理论不幸助长了历史终结的错误解释，即将苏联体制的自我解体错误地解释为美国站在了历史正确的一边而苏联相反。

回顾历史，美国的“软实力”概念基于硬实力—软实力二分法思维，带有鲜明的美国例外论与天定命运情结——认为自己永远正确，且无所不能。这与中国传统内圣外王的权势观大相径庭。美国人很少质疑自己的做法、制度、价值有问题，问题都是出在对方误解了美国的好意，而技术路径思维又让美国人自信地认为，假以时日，美国的公共外交可以改变别人的认识，变得和美国人一样。正如米尔斯海默指出的：“美国人基本上是乐观主义者。无论是国家抑或国际层面的进步，他们都视为既可遇亦可求。美国人的信念是，假以时日和努力，理智的个人可以联合起来解决重要的社会问题。”[3]

种种软实力悖论，也是美国式基督教思维悖论。

第二节 公共外交的美国性

“公共外交”这一概念最早起源于美国，对它的定义辨析历经了一个演变过程。20 世纪 60 年代之前，公共外交并没有得到普遍的认同，更没有以一门学科的面目出现，它一直被视为一种“宣传”（propaganda）手段。例如，1955 年，作家奥伦·斯蒂芬斯（Oren Stephens）在一部名为《坦诚世界的事实》的书中把美国海外的情报项目归为“宣传”工具。他认为，《独立宣言》是

“第一个，也是最好的一个宣传册子”。[4]但从60年代开始，主管公共事务的新闻署官员认为，美国的公共外交并不等同于宣传，他们的项目是处理民众熟知的事实，相反的做法只能收到适得其反的效果，其可靠性也会受到怀疑。1963年5月，当时的美国新闻署署长爱德华·默罗在一次国会听证会上指出：“美国的传统和美国的道德规范要求我们诚实，最重要的原因在于诚实是最好的宣传，而撒谎是最糟糕透顶的事。我们要有说服力，就必须令人信服；要令人信服就必须有诚信；而诚信的保证是诚实，就如此简单。”[5]

1965年，塔弗茨大学弗莱彻法律与外交学院埃德蒙·格利恩最早使用“公共外交”术语，并将其定义为：“公共外交旨在应对公众态度对政府外交政策的形成和执行所产生的影响。它包含超越传统外交的国际关系领域：政府对其他国家舆论的开发，一国私人利益集团与另一国的互动，外交使者与国外记者的联络等。公共外交的中心是信息和观点的流通。”[6]至90年代，美国官方对公共外交也有了正式的定义。1987年，美国国务院《国际关系术语词典》把公共外交定义为“由政府发起项目，旨在了解、获悉和影响其他国家的舆论，减少其他国家政府和民众对美国产生错误的观念，引起关系复杂化，提高美国在国外公众中的形象和影响力，进而增加美国国家利益的活动”。[7]

“公共外交”不同于“公共事务”（public affairs）。1997 年，美国新闻署计划科将二者的内涵做了区别：“公共事务”主要通过与个别公民、团体机构以及国内和国际媒体的对话，把美国的政策和活动信息提供给公众、新闻界和其他机构。公共事务的最大任务是让国内民众获悉政府的政策和目的。因此，它更多属国内事务范畴。“公共外交”同时有别于“传统外交”。“传统外交”是一国政府与另一国政府的外交互动，直接表现为通过国家使馆开展活动。而“公共外交”的对象除了一国政府外，更主要的是其他国家的民众和非政府组织。[8] “公共外交”也不同于“民间外交”（或民际外交，civil diplomacy），公共外交是以公众为受体的外交形式，即一国政府对他国民众的外交活动；而民间外交则是以公众为主体的外交形式，是外交的第二、第三管道。

公共外交活动和项目的基本手段一般归于“情报”“文化和教育交流”项目之下，这种分类只是为了方便起见。事实上，随着近几十年来通信技术的迅猛发展，公共外交的传统内涵已受到今天全球通信和其他技术进步的深刻影响。因此，当今的公共外交活动包括互联网等更先进的手段。美国开展公共外交活动的主要途径包括电子媒体、远程电信会议、教育和文化交流、国际广播，如美国之音、欧洲自由之声和面向阿拉伯国家的萨瓦电台等。

实践表明，一国立国之道直接塑造其公共外交形态。美国以价值观立国，重视价值观输出。公共外交的国家性，还体现在手段、环境等其他方面，呈现出鲜明的国家风格。

相比于公共外交实践而言，公共外交理论相对滞后。甚至有人断言，没有什么公共外交理论——对公共外交的概念，都缺乏国际一致标准。中国对公共外交的定义，便具有与美国迥异的特色——公共外交的对象不仅包括外国民众，也包括本国民众（这在美国是“公共事务”）。这样，即使有什么公共外交理论的话，也不可能是普世的。在没有普世的公共外交理论前提下，公共外交理论的国家性，便是可能的了。否认这一点，便缺乏理论自觉意识。

公共外交理论的国家性，目前特指西方性，尤其美国性。因为美国几乎垄断了公共外交理论。因此，考察公共外交理论的国家性，在目前阶段就是研究西方思维模式、政治文化、国家使命及国家性格是如何塑造公共外交理论的。

其实，无论是公共、外交还是公共外交的概念，不同国家理解不同。至于如何建构公共外交理论学说，则更带有深深的国家思维、行为方式及其折射出的历史文化传统烙印。

“在美国，任何一种见解，任何一种习惯，任何一项法律，而且我敢说任何一个事件，都不难从这个国家的起源当中找到解释。”[9] 软实力概念就深深烙着美国例外论与天定命运论印记，其张力导致美国软实力悖论。

所谓“美国例外论”，是指那些把美国和其他国家区别开来的显著特征。它们包括美国拥有一套特殊的政治及社会价值、它独特的历史轨迹、诸制宪结构的特异性，以及它们影响决策的方式。美国政治学家李普塞特在《美国例外论：一把双刃剑》一文中写道：“美国是世界上唯一的建立在‘信念’（creed）上的国家，这包括自由、平等、个人主义、平民主义和市场经济等一整套美国价值观。因此‘成为一个美国人’不是出生的问题，而是对理念的承诺。”[10] 软实力概念就带有这种宗教情怀：美国永远正确，站在上帝一面，站在历史正确性一面，是世界上独一无二的例外。美国自诩站在人类道义制高点，积极在世界上推广其价值观，将软实力上升到意识形态战略高度，这就是“天定命运”(Manifest Destiny)。[11]

第三节　中国公共外交模式

中国崛起，是唯一非宗教国家的崛起，不以西化为目标。它是近代九个大国崛起案例的反例，引发“中国威胁论”滥觞于世，本质上围绕中国是否为他者、另类而展开。因此，指望通过“中学为体、西学为用”的逻辑应对，不能有效解开此疙瘩。正如欧洲人的身份认同从基督教着手，西方世界的身份认同聚焦于所谓的民主国家，起源于基督教，形成于资产阶级政治革命的普世价值观，带来当今西方话语霸权下中国国际身份的悖论：转型与普世价值接轨，成为所谓国际主流社会的一员；对抗普世价值，成为国际社会的他者。如何打破这一悖论？

公共外交从实践到理论，均呈现出典型的国家性。中国公共外交的崛起，进一步印证了公共外交的国家性。形成中的公共外交的中国模式，包括外宣模式、奥运模式、孔子学院模式，具有政府主导、社会动员、媒体网络跟上等特点，相比于过去的被动应对外交危机，现在的中国公共外交更具有主动预防、提前疏导功能，甚至逐渐提升到战略沟通高度，呈现文化与政治、官方与民间、公益与商业并举的运行态势。中国公共外交可持续发展面临着国内外各种因素的制约，其中建构社会主义核心价值观是首要挑战。

公共外交的兴起首先是一种草根觉醒的全球现象，其次是文化多样性的时代要求。对中国而言，更关系到文化自觉、文化自信的时代背景。在发展模式多样化、文化多样性的今天，公共外交日益呈现出鲜明的国家特色，亦即不仅实践上丰富多彩，而且从含义到理念呈现百花齐放的态势。

形势的发展清楚地表明，公共外交的蓬勃发展态势，已经到了追根溯源，探讨其本质属性的时候了。中国公共外交的崛起，也已经到了理论自觉与理论自信的阶段了。中国公共外交研究亟须回答好两个基本问题：公共外交到底是一种全球现象还是国别现象？是否存在中国公共外交模式以及该模式是否可持续？

回答好这两个问题，事关中国公共外交研究的理论自觉与理论自信。笔者认为，公共外交不仅在实践上，而且在理论上都存在明显的国家性。中国崛起和公共外交的兴起，必将推动形成中国公共外交模式乃至理论，从一个侧面为多元化世界做出中国的独到贡献。然而，中国公共外交模式仍然面临国内诸多方面的制约。

鉴于中国崛起的全球意义以及公共外交的国家性，中国有可能形成富有特色的公共外交模式。事实上，源于变动中的国家身份，处于发展的特殊阶段，以及世界不确定性等多重因素，中国公共外交实践正在推动形成公共外交的中国模式。

中国有四重身份，详述如下：

——中国是东方文明古国。环顾世界，人类古代文明里，埃及、巴比伦、印度文明，基本上断断续续——现在的埃及和古代埃及不是一回事，只有中国和欧洲文明历史连续性保留得最好。当今世界，许多问题最后都要回到文明的层面来解决，而不能依赖技术和制度。中国崛起也已经到了超越“中国制造”对世界做出贡献的阶段，越来越多地需要为世界提供新理念。因为中国是东方文明的重要发源地，是世俗化和现代化文明。作为东方文明古国，崛起的硬实力正在推动软实力的崛起。中国公共外交的兴起，就展示出某种文明自觉与文明自信。

——中国是新兴崛起中大国。作为后发的崛起中大国，自然对国际规范的不公感受更深。中国的公共外交肩负着建立公平、公正、包容、有序国际秩序的历史使命。然而，鉴于新型国家在国际体系中的处境，这种历史使命仍然通过负责任的建设性合作来完成。

——中国是最大的发展中国家。作为世界上最大的发展中国家，中国公共外交的又一历史使命是提升广大发展中国家的发言权。为此，只能以务实渐进的方式推进。

——中国是共产党领导的社会主义国家。作为共产党领导的社会主义国家，中国的公共外交具有鲜明的制度特色，在国际上秉持公平正义，反对霸权主义与强权政治，具体实施要充分发挥社会主义制度的优越性，政府带动民间，民间推动官方，着眼于建构社会主义核心价值观——不仅要清楚告诉国际社会“我是谁”，而且为消除资本主义制度危机和失效提供有价值的普世性选择。

总之，中国的四重身份从四个方面界定了公共外交的中国特征：从内涵讲，文化优先；从色彩讲，建设性合作；从目标讲，务实渐进；从属性讲，公平正义。这样，中国公共外交正在形成文化优先又防御合作，务实渐进又立场分明，以政府带民间，以民间推官方的模式。

具体操作而言，中国公共外交模式有三大类：

一是外宣模式。国务院新闻办为主导，属于传统模式。

二是奥运模式。这一模式一改以往对外宣传和文化交流的二分法，强调在同一个平面上，通过对中国传统文化符号的现代性重构，构建现代中国的国家形象。奥运模式有三大特点：（1）以传统文化符号作为中国国家形象的主要符号。（2）以“奇观美”作为展示中国现代文化的主要手段。（3）开始以西方世界熟悉的中国人作为公共外交活动的主要人物。[12]

三是孔子学院模式。从这一模式可以看出，对外交往作为公共外交手段更加灵活，并开始尝试政治主导、文化传播和商业运作相结合的方式。

总结分析上述模式，可以发现中国公共外交模式实践中的特色：

一是政府驱动。中央政府统筹、各部委联动。具体分工如下：

——外交部：公共外交＋公共事务

——教育部：孔子学院、人文交流

——文化和旅游部：文化外交（国家年、汉语年、文化交流年、旅游年）

——其他部委、团体（中国人民对外友好协会、全国青联等）配合

在中央层面，全国政协扮演了十分独特的角色。传统上，政协没有外交职能，但因公共外交强调与国外市民社会和民众接触，代表中国市民社会的是全国政协。全国政协可以发挥与全国各界群众、政治力量联系广、代表性强的特点，发挥政协人才优势、政治优势，广泛开展与国外机构、社会团体和民众的对话、交流与访问，提升中国国际形象。全国政协外事委员会在赵启正、韩方明领导下，成立察哈尔学会，出版《公共外交季刊》，该学会和刊物已成为中国最具影响力的公共外交学术团体和刊物。

除中央政府外，中国地方政府也积极行动起来，抓住公共外交时代来临的机遇，发挥各地优势，结合各自特色，开展形式多样、活泼可爱的公共外交。上海市政协还率先成立上海公共外交协会。接着，天津公共外交协会、广东公共外交协会相继成立。上海市还与芝加哥、休斯敦开展互换城市形象片活动，引领了城市公共外交新潮流。

二是社会动员。社会团体、国际非政府组织（以下简称国际

NGO）致力于推动国际公共问题的解决，并以自己的传播策略与其他国际行为主体互动，积极有效地实现既定目标。近年来，国际NGO在中国表现活跃，在消除贫困、气候治理、救灾减灾等方面发挥积极作用，其中，乐施会是具有较大影响力的国际NGO之一。乐施会（Oxfam）在哥本哈根、德班气候变化峰会上为中国形象而呐喊，成为社会团体开展公共外交的典型案例。[13]

世界佛教论坛则是公共外交在宗教领域的成功尝试。其他各社会团体也纷纷积极行动起来，在政府指导和配合下，开展各种公共外交活动。

三是商业运作。新华社、中央电视台等机构通过网络、媒体，开展商业运作，成为中国公共外交扩张的代言人。

相比于过去的被动应对外交危机，现在的中国公共外交更具有主动意识。有学者就此概括为：

> 进入新世纪以来，中国在借鉴他国经验的基础上逐渐形成了以危机反应、战略沟通项目和文化外交为主要内容的符合中国实际的公共外交模式。相比较而言，公共外交的危机反应更多的是一种被动的应急策略，灾难外交是其主要形式；中国的“战略沟通”项目主要体现在“文化年（国家年)”项目的运作上，把关于中国的信息与中国文化有效地

结合起来，有利于中国形象的展示；孔子学院是目前中国推行文化外交的主要方式，因其双向互动的特点更容易为他国的公众所接受，从而成为中国着力构建的公共外交模式。[14]

应然与实然，总是存在鸿沟。中国公共外交实践及理论，均存在显著的制约因素。

从国际层面而言，观念转变滞后于力量格局，中国崛起的硬实力尚需时日转化为相应的软实力。

从中国与世界关系而言，中国改革开放基本上还是按照以西方游戏规则为主导的全球化逻辑展开的，故长期以来会产生一种路径依赖。

从国内制约因素讲，包括三大方面：

其一，社会制约。传统中国文化是取经文化，传统中国社会是世俗社会，导致公共外交缺乏进取性。比如，佛教反执着，而执着是理论产生的动力；道教消极出世，缺乏现实关怀；儒家重伦理道德，束缚了科学理论建构。

其二，文化制约。第一，文化窒息理论。费孝通先生称，中国文化太强大，没有给宗教留下空间，遑论理论了。第二，传统文化是取经文化而非送经文化。历史上只有“西天取经”的故事或“万国来朝”的壮举，很少有传教士精神，即便郑和七下西洋，也只是传播皇恩浩荡，并未积极输出中国观念。中国世俗文化的内敛性，是限制公共外交理论产生的重要根源。相比而言，美国商业扩张是以传教士为铺路石的，其公共外交具有浓厚的天定命运情结，因而不仅为外交官所践行，甚至为普通民众所传播。

其三，话语与思维体系制约。体现在：

（1）太强调特色，缺乏普世话语。强调特色，表明难以超越西方，反映出近两百年来的心结——既想赶超西方，又怕被西方同化，便在西方化和中国化间走极端、绕圈子。千万不能以文化自觉、文化自信否定普世性。

（2）难以放弃自我，缺乏利他关怀。总想着构建自己的理论体系，外交思维围绕自己而展开，如中美关系、中欧关系、中日关系，很少讨论与中国没有关系的关系——欧美关系，故不可能有公认的话语权。美国的话语权在很大程度上源于公民的“志愿者”意识，所谓“领导源于服务”。中国的国际话语权取得从根本上也取决于中国能够为人类的和平与发展提供什么公共产品。

（3）太实用，缺乏永恒诉求。外交主张过于经世致用，无论是多极世界还是和谐世界，无不充满中国情怀，具有明显的针对性，缺乏普遍、恒定的国际理想。中国当今的世界地位类似威尔逊时期的美国，最大的不同是缺乏“威尔逊十四点声明”、国联之类的远见卓识。

鉴于此，中国国际话语权须从以下方面着手构建：

首先，话语权产生的土壤——培育终极关怀和普世观念。当我们奉行“不干涉内政”原则，秉持“和而不同”理念时，很难有一套全球治理的国际话语权。中国文化是一种取经文化、世俗文化，传统关系主义仍然围绕“我”来展开——首先是包含我，其次以我包容人家，或希望人家包容我。为此，要摒弃以关系主义等农耕文明孕育的天下主义情怀，真正树立起世界观、国际社会观。

其次，话语权产生的动因——培育新教伦理与国际关系精神。国际关系的盎格鲁-撒克逊理论——英国学派、哥本哈根学派，都处于新教体系内。没有真正的非新教体系的国际关系理论，而只有地区性学说，如法国国际关系理论、拉美国际关系理论。中国国际关系话语权，如何从传统世俗社会产生，能否以中国模式表现国际关系精神，是重大考验。

最后，话语权产生的要素——培育独立的去意识形态化学术体系。由于缺乏独立的市民社会，学术围绕官方政策转、围绕热点问题转，甚至一味迎合国内决策者口味，无法培养中国国际话语权产生的要素。为此，应自下而上塑造话语权，即国际话语权源自民间，反映到官方，表达于世界。

总之，建构社会主义核心价值观，是中国公共外交模式的首要挑战。中国公共外交需从构建国际话语权着手，对外展示自身核心价值，以及核心价值的普世性。毕竟，一国的软实力取决于该国多大程度上代表世界先进生产力的发展要求、代表多数国家的多数民意、代表人类共享文化价值观。相应地，一国公共外交发达程度取决于该国对时代本质的把握和对人类普遍意志的折射。中国公共外交模式的可持续发展，要超越国际、国内制约，仍面临诸多挑战。中国公共外交理论建设，更需时日。

第五章
中国共产党与公共外交

圣人无常心，以百姓心为心。

——老子《道德经》

公共外交这一概念虽是个舶来品，但其实践早已有之，且实践至今已逐步从“摸着石头过河”变为一门外交的艺术。中国的一重身份是一个社会主义国家，是由中国共产党领导的国家。进入新时代，政党交往、政党外交不再能概括中国共产党与世界的关系，中国共产党公共外交（以下简称中共公共外交）应运而生。理解中国，就要理解中国共产党，因为中国共产党的领导是中国特色社会主义制度的最本质特征，而公共外交的艺术性很大程度上也体现于此。党的十八大以来，中国共产党积极主动向世界阐明“我是谁，我从哪里来，我要去哪里”等根本问题，以及中国共产党与传统中国文化、未来中国、未来世界的关系。中共公共外交是领袖、制度、理念的三位一体，不断升级换代，引领人类政治文明创新。

第一节 中国共产党公共外交历史回顾

中国公共外交的一个典型悖论，就是外国人（尤其是西方人）喜欢中国历史/文化，不见得喜欢当代中国；喜欢当代中国，不见得喜欢当代中国政治；喜欢当代中国政治，不见得喜欢中国政府；喜欢中国政府，不见得喜欢中国共产党。代表性的现象有三：

美国人对共产党的理解源自无神论：美元上印着“我们信仰神”（In God We Trust），反感无神论；共产：私有财产神圣不可侵犯；苏联记忆：邪恶帝国。中国—中东欧国家合作（17+1）唤起欧洲人共产主义阵营的历史记忆，这是以德国为首的欧洲国家反感的潜意识。20世纪60年代输出革命的历史记忆迄今让东南亚人警惕中国共产党。

这种历史状况正在被超越。

党的十九大报告指出，中国特色社会主义最本质的特征是中国共产党领导，中国特色社会主义制度的最大优势是中国共产党领导。因此，理解中国，就要理解中国共产党。在新时代，阐释好中国共产党——你是谁，你从哪里来，你要去哪里，阐明中国共产党与中国传统文化、马克思主义的关系，如何团结各国政党对内致力于以人民为中心的执政理念，对外共同构建人类命运共同体，就显得尤其重要、必要且紧迫。

中共公共外交经历了从被动到主动，从借力到发力的过程转变，形式也经历了从领袖魅力、制度魅力到理念魅力的转变。

1、领袖魅力

延安时期，美国记者斯诺《红星照耀中国》一书，剔除中国共产党的神秘色彩，展示了毛泽东为代表的中国共产党领袖风采，该书是中共公共外交的开端。它适应了中共公共外交的需要：成功地向西方公众展示了中国共产党的真情实貌，拉近了中国共产党与西方公众的距离；激励和指引了一批国际友人同情并投身中国革命事业；促使美国政府重新认识中国共产党的力量和作用，在一定程度上影响了美国政府的外交决策；极大地促进了中共公共外交事业的发展。[1]《周恩来外交文选》指出，“外交是通过国家和国家的关系这个形式来进行的，但落脚点还是在影响和争取人民，这是辩证的”[2]，这也体现出中国共产党领袖对于公共外交的重视。

2、制度魅力

新中国成立后，“一边倒”外交让中国共产党与苏联、东欧社会主义国家共产党命运与共。20世纪60年代的中苏之间展开了国际共运和马克思主义理论的论战，旷日持久，历时十年，又称“十年论战”，中国共产党独立自主的形象在国际上深入人心。改革开放后，果断停止意识形态和革命输出，中国共产党的形象积极正面起来，经历80年代末的政治风波考验，中国共产党参加了共产党和工人党国际会议（1998年），把握现代与传统的平衡，国际形象也有所改善，但迄今仍未完全消除“不公开”“不透明”“神秘”“专制”的误解，这与改革开放以来我们党发生的重要变化不相符合，也与我们党在中国和世界上实际发挥的作用不相匹配。

有鉴于此，从2010年3月至2012年5月，中联部与中央纪委、中宣部、中组部、中央党校、中央党史研究室、中央编译局等单位合作，先后邀请120多个国家的280人次高级外交官、100人次媒体记者和20余名知名学者以不同形式走进中纪委、中宣部、中组部、中联部、中央党校、中央党史研究室、中央编译局。活动中，除安排他们听取各部门职能情况介绍、参观办公场所、观摩工作流程外，还安排各级干部特别是部门负责人与他们互动交流、回答提问。

“走进”系列活动促进了外界对中国共产党执政地位和执政理念的理解，有助于消除外界对党的部门和干部的“神秘感”，激发了外界进一步了解和研究中国共产党的兴趣。[3]《中国共产党为什么能》《习近平谈治国理政》等系列著作在国际上逐步流行起来，展示了中国共产党的制度魅力。

3、理念魅力

以 2017 年 11 月底 12 月初举办中国共产党与世界政党高层对话会为标志（自 2014 年 9 月以来，中国共产党已经连续举办 3 届“中国共产党与世界对话会”），中共公共外交积极主动，超越政党层面，高举人类命运共同体旗帜，彰显世界大同的初心。其目的与意义包括：一是希望与世界各国政党共商共议、平等交流，为应对人类社会面临的发展难题和共同挑战，携手构建人类命运共同体凝聚更多的动力和智慧。二是希望与各国政党相互借鉴治党治国经验，共同提高执政和参政能力。我们党是开放包容的，既向世界介绍我们的经验做法，也向世界学习。三是为各国政党相互沟通、深入交流提供契机，推动各政党在涉及人类前途命运等重大战略问题上形成更多的共识。

高层对话会前后，还配套举行了第三届中非政党理论研讨会、第二届中国—中亚政党论坛、第十届中美政党对话、中国—中东欧政党对话会、金砖国家与发展中国家政党对话会、中国共产党与世界政党高层对话会专题会议、纪念马克思诞辰 200 周年专题研讨会、第四届中非青年领导人论坛、第二届中拉政党论坛、首届上海合作组织政党论坛。中共公共外交越来越聚焦于执政理念的分享、共鸣及人类政治新理念的层次。

党的十九大报告将“三个自信”（道路自信、制度自信、理论自信）上升到“四个自信”（增加文化自信），中国共产党执政合法性与传统中华文化实现了很好结合，中华文明延续不断也诠释了中国共产党长期执政的合理性。中共中央总书记习近平高举“不忘初心，砥砺前行”旗帜，带领中国人民实现中华民族伟大复兴的中国梦，是中国共产党“全心全意为人民服务”宗旨的时代化。《道德经》第49章很好诠释了以人民为中心的执政理念：

> 圣人无常心，以百姓心为心。善者，吾善之；不善者，吾亦善之；德善。信者，吾信之；不信者，吾亦信之；德信。圣人在天下，歙歙为天下浑其心，百姓皆注其耳目，圣人皆孩之。[4]

“一带一路”倡议和人类命运共同体理念更是写入党章，彰显新时代中国共产党的国际理念。中国共产党与世界政党高层对话会的召开，标志着中共公共外交超越政党外交层面，超越中国特色—普世价值对抗层面，寻求人类价值观的最大公约数，因而多次被写进联合国有关决议。

中国的崛起，是近代大国崛起进程中唯一非宗教国家的崛起，不以西化为目标；中国的崛起，是唯一未被西方殖民的文明国家崛起；中国的崛起，是唯一既复兴古老文明，又复兴西方另类意识形态——社会主义思潮的崛起。种种中国崛起的特殊性决定了中国崛起的复杂性、艰巨性，也预示着中国崛起的历史使命。

笔者在《海殇?：欧洲文明启示录》一书中曾指出，中华民族的伟大复兴，不是“复古”——复古解决不了今天中国面临的问题，也不能应对世界挑战；更非“接轨”——西方难言先进，且自顾不暇，一些国家还希望中国创出一条崭新的道路来与中国接轨；而是复兴、包容、创新的三位一体：通过合理地复兴我们的原生文明——催生中华文明中海洋文明的种子而走向海洋，合法地包容西方文明——通过摈弃西方普世价值神话而塑造人类共同价值体系，合目的地创新人类文明——通过引领“海洋时代2.0”以实现人类文明永续发展，从根本上确立中国作为世界领导型国家的道统。

第二节　中国共产党对西方政党政治的超越

公共外交的宗旨随着时代的变化也在悄然发生着一些变化。过去，中国对外较多强调自身特色，提倡求同存异、和而不同。以 2011 年 9 月发表的《中国的和平发展》白皮书为标志，中国开始强调人类共同价值与人类命运共同体，而非一味强调特色与不同。党的十八大报告再次延续了这一思路。中国公共外交的新使命旨在折射世界多元性而求得广泛国际认同，让世界各国从中国的成功中找到自己的因素，从中国的包容文化中找到自己的影子，增强其对中国的认同感，将“中国威胁论”转化为“中国机遇论”。对于中共公共外交而言，其实质是中国梦，不仅不排斥他国梦，还是世界梦。中美建立起新型大国关系，关键就是实现中国梦与美国梦的相通性。

目标的变化，带来思路的变化。长期以来，我们基于国内传统，开展公共外交时外宣的痕迹重了点，有点国内政治的国际化味道。随着新媒体的发展，中共公共外交日益放下身段，深入民间，充分挖掘新媒体在互动建构中的独特作用，强调与国内外民众平等地沟通对话。正是认识到公共外交并非主体的单方面宣示，而是主客体互动建构过程，新时期的公共外交提倡反客为主，主动配合国内外民众理解中国政策、认识中国国情、了解中国诉求，而非一门心思去设法影响对方。新时期的公共外交，是中国人民与世界人民共同绘制人类美好生活的互动建构过程，是中国梦与世界梦的交融。

思路的转变，也意味着姿态的调整。如今，国际社会对中国最大的担心是中国如何运用不断增强的实力，公共外交的重任也就日益趋向如何讲好中国故事，表明中国并非另类。要从回答

“我不是什么”“我不做什么”，向讲述“我是什么”“我要什么”转变。中国故事、中国诉求、中国期盼，凝聚成一个词就是中国梦，这个梦不仅是中华民族的伟大复兴，也是中国同世界关系的重构，这将使亿万中国人民从中普遍受益。

因此，无论是泛化的中国公共外交，还是具体到中国共产党的公共外交实践，核心都是向国际社会展示什么样的国家内涵，而非如何为之。实现中华民族伟大复兴的中国梦，正超越中国崛起层面，着眼于崛起之后的中国选择。这种选择，概言之，就是让中国人民从国家崛起中普遍受益，让中国崛起有了精神支柱，让世界明了中国的追求。以增进国内外民众的中国共识、塑造中国新的国际诉求与国际身份为宗旨，中国梦也就成为新时期中共公共外交的主题词。

正如中国不是西方的民族国家，中国共产党并非西方的政党一样，中国共产党对西方政党政治有三大超越：

——时间逻辑。西方政党多采取多党轮流执政，政治周期短，与经济周期不匹配，即便是凯恩斯主义经济政策也不能避免资本主义经济危机，而只是缓解。这也是新自由主义全球化背景下基础设施建设长期被忽视的根源，因为基础设施建设周期长、见效慢、成本高，私人资本没有兴趣，政客们受制于选举政治，着眼于短期利益，也没有兴趣。所以西方对“一带一路”倡议如此热衷又如此排斥，他们干不了，也担心中国动摇其国际根基。

——空间逻辑。All politics is local（所有的政治都是地方性的），而经济又全球化了。这种政治—经济矛盾导致民粹主义泛滥成灾，因为经济全球化导致资源全球配置，产业转移导致产业空心化，就业问题凸显，重效率而非公平，《21 世纪资本论》等书于是流行开来。

——自身逻辑。西方“分”的文化，产生政教分离、三权分立等制度安排，经历文艺复兴、地理大发现，将西方性包装为现代性、全球性进行扩张。美国倡导的新自由主义全球化更是让美国性滥觞于世。这是当今西方民粹主义泛滥的源泉。而中国和合文化将传统的“党”（party），无论是中文语境的“君子不党”还是西文语境的“部分”（part），变成“立党为公、执政为民”，传统政治文化得以创造性转化和创新性发展。中华文化落地生根，全球化本土化成就中国共产党，没有产生精英—大众分离。

总之，中国共产党在中国的执政地位是以传统中华文化为根基，以苟日新日日新的文明为载体，以开放学习的胸襟为保障，以全心全意为人民服务为宗旨，正因为不谋全局者，不足以谋一域，不谋万世者，不足以谋一时，故中国共产党从时间、空间和自身维度上超越了西方政党政治。这是中共公共外交首先要讲清楚的地方。传统、现代、全球是理解中共公共外交的三个维度。

除了“不同”，还要讲清楚“同”，即在地球村里，中国共产党倡导国家治理能力与治理体系现代化，新型政党制度服务于人类命运共同体建设。

看来，中华民族伟大复兴的中国梦，关键词是复兴，有三大问题待厘清：

其一，复兴到何种程度算够？有没有汉唐盛世的哪个年代做一标准呢？最关键的，复兴之后就不发展了吗？不讲清楚中国持续发展是为了人类文明永续发展的逻辑，亦即中国梦的合理性，则无法让世人信服。

其二，中国为何要复兴？中华民族伟大复兴的前提是中国近代被西方打败了，于是在探寻一条自立、自强、自尊的道路。但是，被西方打败的国家多的是，其中还不乏文明古国，它们就不需要复兴了吗？不讲清楚为何复兴的中国才能包容西方，而非重复二元对立的悲剧，亦即中国梦的合法性，则无法让世界心悦诚服。

其三，如何对待他国的复兴？除了近代被西方打败的国家外，西方国家本身要不要复兴呢？如果大家都复兴，地球够用吗？不讲清楚中国复兴了如何帮助他国复兴而回馈世界，亦即中国梦的合目的性，则无法让国际社会欣慰。

这说明，中国梦是在自立、自强基础上的自尊诉求，通过不争论的方式寻求国内对未来发展前途的最大共识，同时打造新的国际身份，寻求国际社会对中国发展的认可，依次承担以下三方面历史使命：

一是正源，也就是要回答中国复兴的源头在哪里的问题，否则就会陷入外界质疑的中国复兴有无尽头。中华原生文明是中国梦的不竭源泉。然而，中华原生文明是农耕型（天人合一是农耕）、内陆型（上善若水、厚德载物，其中的水只是淡水）、地区型（所谓“天下”其实只是东亚），如今加速走向工业（信息）型、海洋型、全球型。中华民族的伟大复兴，其实也是在复兴并超越五千年中华文明成就。同时，世界对中国梦的需要和期盼，是中国梦的不竭动力。通过复兴中国而复兴世界，是中国梦的历史使命。世界对持久和平与共同繁荣的需要，是中国复兴的永恒追求。世界对中国的需要就是中国复兴的限度。在这一过程中，中国梦让中国成为自己——再造中国。

二是正名，也就是解决中国为何要复兴的名分问题。为此，须突破普世价值与中国特色的矛盾，否则中国崛起就只能是相对于西方普世价值的另类崛起。西方的普世价值将近代西方短暂领先世界说成是永恒的，将偶然性说成必然性，将地方性说成全球性，实质就是一种话语霸权。中国梦是在新的历史时期演绎东汉末年到唐朝，将佛教包容为佛学与禅宗的壮举，将西方普世价值包容成人类共同价值，还原世界的多元性。为什么是中国？因为中国是古老文明中唯一延续至今，未被西方所殖民掉的古老文明。中华民族的伟大复兴，是历史上唯一世俗文明的伟大复兴。回顾德国崛起史，马克斯·韦伯以《新教伦理与资本主义精神》一书不仅为德国崛起正名，还为资本主义正名；如今，要为中国崛起正名，同时也为社会主义正名，必须撰写出《世俗伦理与社会主义精神》这样的书，说清楚中国梦的终极目标是开创人类新文明，才能让中国梦为世界之所期、各国人民之所盼。在这一过程中，中国梦通过包容西方，让西方成为自己——再造西方。

三是正道，也就是中国如何对待他国的复兴。我们期待各国的复兴，回归人类正道，否则不仅中国复兴非正道，世界也仍将是一个哲学家赵汀阳所称的“非世界”。[5]中国梦的价值在于为世界转型提供“源于中国而属于世界”的器物、制度与精神公共产品。中国梦在吹响中华文明复兴号角的同时，也在开启全新世界梦的时代。从鼓励其他国家走符合自身国情的发展道路，到国际社会的和平、发展、合作、共赢梦，中国梦为国际社会提供了新的价值追求，是中国与外部世界新的情感纽带，已经引起了国际社会的广泛共鸣。中国梦，通过中国特色而成就世界特色，通过成就世界而成就自己，通过解决中国问题而解决全球问题。在全球化时代实现中华文明从农耕、内陆、地区向工业、海洋、全球转型，定将确立中国作为世界领导型国家的道统。在这一过程中，中国梦通过包容世界，让世界成为自己——再造世界。

2013 年 12 月 30 日习近平在主持中共中央政治局第十二次集体学习时发表讲话指出，要注重塑造我国的国家形象，重点展示中国历史底蕴深厚、各民族多元一体、文化多样和谐的文明大国形象，政治清明、经济发展、文化繁荣、社会稳定、人民团结、山河秀美的东方大国形象，坚持和平发展、促进共同发展、维护国际公平正义、为人类作出贡献的负责任大国形象，对外更加开放、更加具有亲和力、充满希望、充满活力的社会主义大国形象。习近平强调，中国梦意味着中国人民和中华民族的价值体认和价值追求，意味着全面建成小康社会、实现中华民族伟大复兴，意味着每一个人都能在为中国梦的奋斗中实现自己的梦想，意味着中华民族团结奋斗的最大公约数，意味着中华民族为人类和平与发展作出更大贡献的真诚意愿。[6]

这五个“意味着”就在尝试以党的十八大报告确立的 24 字核心价值观为基础：“修身”（个人层面）：爱国、敬业、诚信、友善；“齐家”（社会层面）：自由、平等、公正、法治；“治国”（国家层面）：富强、民主、文明、和谐；在国家层面、社会层面、个人层面的基础上，延伸至全球层面，实现“平天下”内涵：和平、发展、合作、共赢，追求人类共同价值体系，塑造

“传统中国”“现代中国”“全球中国”三位一体式国家身份。

第三节　中国共产党公共外交面临的机遇与挑战

习近平总书记强调，我们面临百年未有之大变局，这是中共公共外交面临的最大机遇。

世界各国普遍遭受民粹主义挑战，传统政党政治、精英政治饱受冲击；一些欧洲国家民粹主义政党甚至成为执政党，不过民粹主义政党打着“人民中心”旗帜，其实更理解并羡慕中国共产党“全心全意为人民服务”的宗旨。

中共公共外交可抓住机遇，讲好中国共产党和中国共产党人的故事，尤其是反腐——将“一带一路”打造为廉洁之路，讲好脱贫、绿色发展故事，庆祝中华人民共和国成立七十周年并迎接伟大复兴第一个一百年。

从中国共产党网站到新一届中共中央政治局常委中外记者见面会，从优秀年轻党员代表中外记者见面会到中国共产党与世界政党高层对话会《北京倡议》，中共公共外交已经收获颇丰，成功向世界展示了自信、开放、鲜活、可爱的中国共产党和中国共产党人的形象。

在民粹主义日益盛行的世界里，中国共产党的群众路线、协商民主和选举—选拔结合、基层治理等，正日益受到国际社会的关注。举例来说，在欧洲，葡萄牙民粹主义最弱，葡萄牙共产党占据议会12%的席位，与它善于向中国共产党学习做群众工作，是分不开的。

当然，中共公共外交也面临不少挑战，变局既是机遇，也是挑战。

其一是名与实。德国总理默克尔执政初期即参观中央党校，向习近平主席表示，中国共产党应该改名儿啊，根本不是我们原来认识到的共产党。习近平主席回答她说：我们又没做错什么，为何要改名呢？的确，中文名不改，英文可以改为 Chinese Gongchandang，正如中国国民党原来从 Chinese Nationalist Party 改为 Chinese KMT 一样。毕竟，“Party”（党）在中外语境中都是与“私/部分”联系在一起的，与我们“立党为公，执政为民”不相符。

其二是内与外。党的十九大报告指出“东西南北中，党政军民学，党是领导一切的”。西方媒体就此指责中国非市场经济国家，造成内外理解的巨大反差。

其三是道与法。一些别有用心的人总是质问：党大还是法大？中国共产党秉承“大道之行，天下为公”理念，彰显“万法归一”之道，不是西方政治话语之“法”所能体现的。

在西方传统政党政治日益受到质疑、诟病的情形下，中国共产党也面临区块链、人工智能、大数据等新技术反权威、反建制等倾向的挑战，必须增强忧患意识，把握新技术革命的脉搏和信息时代、变动社会的矛盾，创造性地开展公共外交。

把握时代之变，谋划未来之局，中共公共外交面临以下任务：

一是把无神论转化为世俗文明，实现中华文明与宗教文明大和解。中国共产党强调的无神论，不是不信神，而是不信单一的神，是以传统中国世俗文明为根基的。当今世界，人工智能、大数据发展对隐私权和伦理道德提出挑战，必须写出《世俗伦理与社会主义精神》这样的巨著，阐释好中国共产党与传统文化、社会主义、全球化的关系。

二是把革命学说转化为人类命运共同体，不干涉他国命运，社会主义初级阶段无产阶级不再成资本主义掘墓人，以中华文化之包容实现马克思主义的中国化，从而为中华民族伟大复兴创造良好的国际环境。

三是把马克思主义还原为人类思想最高峰，而非西方认为的一学说，告别中西“两个马克思”之争与误解，从而为中国共产党寻找传统——传统文化（文化自信）、西方道统（中西大和解，中梵建交）、正统（作为人类思想最高峰的包容性马克思主义）的三位一体。

杜维明先生曾把新加坡包装为儒家资本主义，把儒家包装为儒教，让华人免于被印尼种族灭绝！如能从嵩山论坛弘扬其精神人文主义实现中西大和解，到万寿论坛为政党对话找到文明根基，从新人文主义到新人类主义（超越西方以人类为中心，延展到外太空，超越天圆地方，真正的天人合一）；以世俗文明敬众神又超越一神论的普世价值，善莫大焉。在新人文主义与新人类主义之间，从文明角度解释中国共产党，这就是人类命运共同体理念对中共公共外交的时代意义。

正如历史上将佛教变成中国的佛学、禅宗一样，中国共产党将社会主义中国化、大众化、时代化后，又通过改革开放实现全球化的中国化、大众化、时代化。中共公共外交的长期目标是世界大同，平台是“一带一路”，理念是人类命运共同体。将“一带一路”、人类命运共同体写进党章，对此做了很好的时代注脚。

过去，中国的公共外交集中于阐明中国不是威胁，中国走和平发展道路，但是国际社会对中国的疑惑——“我是谁”“我要什么”，并未根本消除。以国际语言对此予以正面阐释，让国内外民众释怀，这就是中国梦。走好中国道路、弘扬中国精神、凝聚中国力量，成为中国传递给世界的鲜明信息。中国公共外交新主题浮出水面。说明中国、说服世界、互动建构，成为中国公共外交“三位一体”式使命。

党的十九届四中全会通过的《中共中央关于坚持和完善中国特色社会主义制度、推进国家治理体系和治理能力现代化若干重大问题的决定》，将“坚持独立自主和对外开放相统一，积极参与全球治理，为构建人类命运共同体不断作出贡献”作为我国国家制度和国家治理体系具有显著优势的一个重要方面，并呼吁“高举构建人类命运共同体旗帜，秉持共商共建共享的全球治理观，倡导多边主义和国际关系民主化，推动全球经济治理机制变革”。这标志着中国的国际话语权从“中国特色”转到“国家治理”，进而上升到“人类命运共同体”高度。中共公共外交日益赢得国际合法性。

第六章
中国公共外交哲学

要以诚感人、以心暖人、以情动人，拉近中外人民距离。

——习近平

王国维先生在《人间词话》中描绘了读书的三种境界：“古今之成大事业、大学问者，必经过三种之境界。‘昨夜西风凋碧树，独上高楼，望尽天涯路’，此第一境也。‘衣带渐宽终不悔，为伊消得人憔悴’，此第二境也。‘众里寻他千百度，回头蓦见，那人正在灯火阑珊处’，此第三境也。”

公共外交上升到哲学层面，也有类似的三种境界，笔者尝试以三个“声”来表示。

第一节　境界一：润物细无声

润物细无声乃伦理境界。超越外交，回归心灵的沟通。因为说到外交，就有国家色彩、利益驱使、目标导向（俗话讲的“急功近利”），所以我们要超越外交。

国家中心论（state-centralism）广受国际关系理论诟病，常常成为自由主义攻击现实主义的一大“罪状”。但是，这主要从国家与国际社会关系的非对称性而论，公共外交则从全新的角度对国家中心论提出了质疑，将视线转移至国家与国外民众关系上。这是时代发展带给国际关系理论创新的启示之一。

“信息时代的下一次大的革命应该发生在外交领域。”[1]公共外交的勃兴可被认为是这一革命的产物，是建构主义国际关系理论的外交实践，这是我们讨论公共外交对国际关系理论造成冲击的时代前提与理论背景。美国咨询委员会 1998 年发布的关于公共外交的报告《全球化通信时代的公众和外交家》指出：“在信息化、民主化、互联网和全球性市场体系时代下，公众的力量比以往任何时候都要强大。公众通过选举、游行示威以及非政府组织等方式，极大地影响其政府的对外政策。”[2]因此，公共外交是全球化和信息时代新国际体系下的产物；公共外交的崛起可以认为是国家放下往日舍我其谁的高傲身段，舍弃单向思维，与国际社会更好沟通的结局。

公共外交是政府行为，但现在越来越淡化政府色彩，让社会担任公共外交的主角。换言之，要超越传统公共外交，提倡“大公共外交”。尤其是随着中国的世界大国身份日益确立，我国公共外交，尤其是对周边国家公共外交，更多是“以大事小”的仁义问题，而非“以小事大”的智慧问题。

通常来说，政治分为两个平行的层面：理论层面和政策层面。理论层面是国际关系的抽象面，旨在描述、解释和预测国际现象和规律；而国际范畴的政策层面（外交决策面）是通过决策者的行为构想、创造或再造世界的一面。

理论层面的政治就像库恩（Kuhn）的革命科学论，各种理论范式互相竞争主导地位。[3]因此，国际体系的变化，可能产生其他选项与国际关系前提竞争支配性地位。基于这一思想，决策层面与理论层面的融合并非不可能：只要决策者相信自己生活在霍布斯的国家属性中，那么理论层面的任何范式变化都没有意义。[4]换言之，理论家可以说服决策者采取某种行为，决策者也可以让理论家相信他们的行为是出于因果推演而不是个人臆断，任何理论都不能千篇一律地推导出决策者的相应政策，从而证明某种理论绝对正确。

那么，接下来的问题是，什么样的前提可以取代霍布斯的前提假想。在当前的争论中，有两个选项引起了学界和西方决策层的广泛兴趣：一是马克・扎克尔（Mark W. Zacher）等[5]提出的“网络共同体”（network community），另一个是托马斯・里斯（Thomas Risse）所说的“语言共同体”（language community）。

西方很多学者认为，网络共同体以信息为主导，它与语言共同体的有机组合，可构成一个自立的国际体系前提。这种以信息和语言为国际体系前提的设想具有符合现实需要的重大价值。托马斯·里斯在《国际组织》上发表的《让我们争论》一文就把信息交流引入美国的言论。[6]无独有偶，美国兰德公司的两位高级研究人员戴维·伦菲尔德和约翰·阿奎拉则更进一步提出了“心灵政治”（noopolitik）的概念，心灵政治把网络共同体与语言共同体前提合二为一，为观察国际关系提供了一个选择性框架。[7]事实上这一计划得到了美国政府决策层的直接支持，是由美国主管防御、控制、通信和情报的助理国务卿办公室（OASD/C3I）发起并由兰德公司国防研究院予以实施的。该计划的目的是希望决策者改变对国际体系的看法，着眼于决策层面。兰德公司的报告指出：

> 在全球化和信息时代，有必要建立一个新范式，事实上它已经出现，我们称之为“心灵政治”（noopolitik）。我们认为这是一个与心灵域（noosphere）结合的国家政治，是心理上最广泛的信息领域。心灵政治是信息时代的外交决策行为，强调观念、价值观、规范、法制和道德的主导性，通过“软权力”而不是“硬权力”起作用……国家和非国家行为体都受心灵政治的支配。但是它不以国家为中心，它的力量在于促使国家和非国家行为体协同互动（con-jointly）。心

灵政治的驱动力不是统计学上的国家利益。虽然国家利益仍然起作用，但心灵政治的定义比以国家为中心的要素具有更广泛的社会性，融合了更宽泛的全球性利益。权力政治（realpolitik）增进国家权力，而心灵政治增进国家和非国家行为体的网络权力；权力政治使国与国之间相互争斗，而心灵政治则鼓励国家合作。[8]

心灵政治概念的诞生给国际关系客体和“权力政治”造成的重大冲击，可以从伦菲尔德和阿奎拉呈给美国和平研究所的另一份报告中关于“权力政治”与“心灵政治”的区别中初见端倪[9]（见表6.1）：

表6.1　权力政治与心灵政治的区别

权力政治	心灵政治
以国家为分析单元	错综复杂，非国家行为体
（资源等）硬权力为首要地位	软权力为首要地位
零和博弈的权力政治	双赢与双输都有可能
无政府体系，高度冲突	利益和谐、合作
有条件的联盟（威胁导向）	联盟网络对安全至关重要
国家自我利益为首要地位	分享利益为首要地位
政治是对优势地位的无尽追求	明确追求一种终结目的（*telos*）
本质无所谓道德与否	道德准则至关重要
行为由威胁和权力驱使	共同目标驱使行为者
非常警惕信息流动	倾向于信息分享
均势乃稳定国家的法宝	责任均衡
权力蕴于民族国家	权力蕴于“全球结构”（global fabric）

可见，“心灵政治”是外交决策者心灵或思维中的决策构想，它突出合作优势，强调“市民社会”（civil society）组成的“非国家行为体”是信息时代的国际主角。[10]这是对传统权力的“达尔文式”定义的否定，是对“软权力”概念的深化，也使得西方国际关系理论的权力概念与东方社会的理解日益接近，从而预示了东西方国际关系体系的某种融合趋势。在西方政治学中，“‘权力’基本上是指一个行为者或机构影响其他行为者或机构的态度和行为的能力”。[11]这一定义主要是从权力施予方（权力主体）给出，没有考虑权力接受方（权力受体）的感受。实际上，权力的最终效果不仅要考虑权力主体的能力，而且要考量权力受体对此权力的接受程度。这是古代东方朝贡国际体系与近代欧洲国际体系权力法则的重大区别。顺便指出，比较美国在二战结束后与冷战结束后的国际地位，我们可以发现，权力主体与权力受体两方面都应兼顾。公共外交即是美国着眼于其权力受体的重大努力。

为此，要树立大国心态，以“观乎人文，以化成天下”的理念开展对周边国家的公共外交。成功的中国公共外交恰如春雨，是润物细无声的。这是对公共外交提出的时代挑战之一，也促使公共外交向社会化外交转型。

第二节　境界二：大音希声

大音希声乃宗教境界。超越公共，回归个性。公共外交的英文是 public diplomacy，其中的 public 的三种含义：一曰公众，我们长期将 public diplomacy 翻译为公众外交，并且迄今中国特色的公共外交将国内公众对外交的理解、支持等公共事务作为公共外交的主要内涵。二曰公开，即反对秘密外交，公开自己的主张、公开信息资源、公开捍卫自身形象。三曰公共，即利用公共资源进行，强调“有交无类”，体现对象的无差异性。如今，全球化进入 2.0 时代，即从公司全球化到公民全球化的转换，比如，8 亿多网民越来越多地拥有“全球公民”身份，而非“中国人”之单一属性。

面对消费驱动、个性化产品时代，标准技术化、大规模信息化公共外交不受欢迎。如何用公共资源消费个性化信息、情感，让受众感到独特的魅力？这就要求我们的公共外交聚焦于人。国际关系学是人学在国际层面的体现。[12]公共外交是国际关系的人性回归。为此要反客为主——公共外交并非主体的单方面宣示，而是主客体互动建构过程，即主动引导对方民众构建积极的中国观，而非一门心思去设法影响对方。传统国际关系理论存在人性的空场，即往往只见国家不见人。笔者由此提出国际关系的人性说以超越国际关系，认为国际关系理论的提法应让位于国际关系学，因为后者更能回归作为社会科学的人学本质，即国际关系学是人学在国际层面的体现。作为一种社会科学，国际关系学不是科学（真理），而是文化（人学）；而文化是多元的，人是多元的，是反对单向度进化论的。以此分析，将还原西方作为一种文化与地方性概念，从而打破西方国际关系理论作为普世性理论的神话，最终以国际关系理论的主体性超越国际关系本身。

对国际关系理论进行研究和批判不只是简单的去美国（西方）化和实现中国化问题，而是反观国际关系理论自身，思考其先天不足与终极趋向，以呼吁国际关系理论研究的正本清源与返璞归真，即国际关系返回自然、自在状态，彻底超越自我实现的预言。越来越多的事实表明，超越美国国际关系理论不仅是可能的，而且为现实所呼唤，因而是必然的。时代的发展，要求我们超越国际关系的国家性，探讨国际关系理论的人性本质。

对国际关系理论的批判，就是为了还原国际关系学存在主体性问题，即国际关系并非只是国家间关系或跨国关系，更是人的关系。社会科学的主体是人！为此，是要将国际关系学从西方视其为国家理论的国际延伸或国家学说的国际抽象中解放出来，还原其本质——人学；国际关系学是人学在国际层面的体现。对国家的抽象不应以丧失人的主体性为代价。人是目的而非手段，这一点并不因为上升至国际层面而有所改变。西方国际关系理论的根本问题即在于其停留在国家学说层面上，以至于现实主义成为永恒的冲动。因为西方是民族国家形成的先导，其殖民化的过程又推动了世界各地的民族解放运动，在其他国际体系下成立新的民族国家。在西方发家史上，葡萄牙崛起于第一个民族国家的诞生，大英帝国崛起于第一个现代国家的诞生，美国崛起于第一个全球性国家的诞生，这就是西方国际关系学忽视人学而推崇国家学的原生性基础。国际关系学是人学，这一点，不是在国际关系理论中点缀人权或人道主义干预之类的幌子所能表达的。从本质上说，国际关系理论是吃人的理论——见国家不见人，以国家的面目出现，以权力的法则进行，以道德的关怀为幌子。

国际关系学为何仍然是社会科学，就在于国际关系学中的人性。国际关系学中的人性，之所以没有彰显，原因在于国家性对人性的扼杀。人学本性，这是超越国际关系、恢复国际关系本质的必然要求。

这就激励我们去探讨中国或东方思维与西方之不同，如何导致国际关系思想与理论的差异，研究中国国际关系理论缺失的根源——如今，理论或科学早已成为西方话语霸权的一部分。思考以下问题至关重要：（1）为何国际关系理论提法必须让位于国际关系学？（2）国际关系学为什么仍然是社会科学？（3）国际关系学何以为社会科学？（4）为什么国际关系学仍然是一种人学？

西方国际关系理论的上述本质是其社会科学属性的折射。西方社会科学家对社会科学进行了历史梳理，其最主要发现之一就是：社会科学的最主要概念来自基督教。被我们认定是“科学”的东西，在时下不少西方科学家看来，是西方传统文化的一种近代延伸。社会科学中的“科学”二字，不是真理，而是文化。这便是西方社会科学观念的新发现。[13]因此，国际关系学作为社会科学的一种，也不是科学（真理），而是文化（人学）；而文化是多元的，人是多元的，是反对进化论的。相应地，中国人有“人物”这个词，翻译成西文只剩“人”字。这个难译之处，恰巧表露出“人物”概念的文化特殊性。中西方文化之不同，为中国国际关系理论超越西方提供了基础与可能性。

当年马克思在《关于费尔巴哈的提纲》中开宗明义地批评旧唯物主义“对事物、现实、感性，只是从客体的或者直观的形式去理解，而不是把它们当作感性的人的活动，当作实践去理解，不是从主观方面去理解”。[14]中国公共外交如何超越美式公共外交简单将外国民众视为客体、他者乃至另类的阶段——尤其是周边国家民众长期对中华文明有较高认同，是中华文明的继承者而绝非简单的他者——确立“我们”（中华文明）的认同，以大爱包容之，展示文明国家的风范，达到“大音希声”的境界，这是对我国公共外交提出的时代挑战之二，也促使公共外交向人性化外交转型。

第三节　境界三：此时无声胜有声

此时无声胜有声乃艺术境界。超越公共外交，回归价值观的普世性。老子在《道德经》第 17 章中说，“太上，下知有之”，亦即，最好的统治者，人民并不知道他的存在。与此类似，中国公共外交的最高境界也是让人感觉不到这是外交，感觉不到中国。21 世纪以来，“公共外交”一词在中国日益风靡。笔者算是较早在国内学术界关注“公共外交”的学者之一，一方面对西方公共外交理论进行了一系列译介与阐释；另一方面也亲身投入中国公共外交的实践之中。

近二十年来，中国公共外交的研究数量不断增加，然而，是否已实现了关键性的突破？“公共外交”一词来源于美国，受此影响，西方国际关系理论长期以来是中国公共外交研究的主流路径。在此影响下，公共外交研究不接地气、脱离实践的现象始终存在。一些学者没有进行理论原创的自觉、勇气和能力，一方面对他人的原创努力嗤之以鼻；另一方面自己则不加甄别地“收纳”西方理论，手持所谓的“普世理论”大棒对中国实践指手画脚。

公共外交之于中国是一个舶来品，但对于中国这一重视实践与应用的民族而言，如何结合实际国情进行转换也是一门艺术。笔者认为实践公共外交这门艺术的前提是了解“四特中国”：

第一，特长的历史。戴高乐曾说过，中国是一个比历史还要悠久的国家。这句话看起来是矛盾的，当然，戴高乐所说的历史指的是《圣经》，就是耶稣诞生时的西方历史。公元前 221 年，秦始皇已经统一了中国，一直到今天，中国的政治，基本上还是郡县制，像海南，秦始皇的时候就已经统治到了。对于西方来讲，中国的历史这么长，是很难以想象的。举一个例子来讲，笔者之前写过一篇文章，是中西方关于西藏问题的十大认知差异，这里面就讲到这样一个故事：所有历史上的帝国，在一战、二战以后纷纷解体，解体以后，这个帝国里的民族就纷纷独立出来，转变为民族国家，像奥斯曼土耳其帝国、奥匈帝国，一战以后都解体了。而中华帝国，也就是清帝国，被推翻了以后，西藏也应该独立，这是按照他们的历史经验来想象的，而后来西藏没有独立，他们认为是因为被中国共产党吞并了，他们是这么理解的，他们这样的理解，是完全按照他们的历史规律来理解的。

比如说中美必有一战这种观点，《大国政治的悲剧》这本书出了新版本，新版本引用了阎学通与约翰·米尔斯海默的对话，国际化理论是西方的、基督教设计的理论，因为它所有比照的对象都是它自己的历史，对于美国来说，它就那么一点历史，顶多比照到罗马，但是中国在罗马之前就已经存在几千年了，所以它没有办法用它的参照系来衡量中国今天所发生的事情。也就是说，中国有着特长的历史，而且不是一般意义上的长，是因为她的文明是统一连续性的古老文明。文明的延续性非常重要，笔者去过四大文明古国中的埃及、印度，另外还去过土耳其。去埃及你会发现埃及的文明是断的，今天的埃及人和古代的埃及人根本不是一回事，自己的文字都不懂；印度更是这样，印度从来都没有统一过，连大英帝国都没有把印度统一，所以为什么印度的元首不是英国女王，就是这个原因，因为它没有被英国完全统一过！印度最有名的建筑是泰姬陵，那是阿富汗国王建的，那是穆斯林的，这难以想象。印度这样一种没有统一过、间断的文明与历史和中国真的是不一样的。所以处处要提醒这个世界，中国的历史比你还要悠久，你穷尽你的脑瓜都难以想象，因为你就这么一点历史，而且你那些比我更长的文明，可惜都断了，还是不行。

特长的历史，而且关键还是延续的历史，就像罗马帝国一样，至今还没有解体，这是难以想象的。

第二，特大的规模。特大的规模是什么意思？比如说，人类开始实现工业化，最开始在英国，那个时候英国才有几百万人口，接着是比利时，然后传播到整个欧洲大陆，那也只有几千万人口，从几百万到几千万，传到了美国以后，工业化在人口数量方面达到了亿级，而中国一加入，十几亿。中国的手机用户13亿，网民数量8.6亿，微信用户10亿，相当于三个美国的人口！大家知道，学数学、学物理时会讲到模型是有边界的，这个模型在什么样的数量级范围内才会起作用，比如说爱因斯坦说牛顿，在宏观世界，你是王，但到了微观世界，我才是王，你是谬误。因为它已经超越了那个边界。现在的科学知识，基本上都来自西方——德先生、赛先生。这一整套知识是关于西方历史经验的总结，而且它开创了现代化的历史才几百年，民主才多少年？就算是追溯到古希腊也只有两千多年的历史，你能够用它来形容一个五千年的文明吗？从数量上，中国已经超越西方的模型了，无论这个模型是多么的客观、多么的科学，就像牛顿定律在微观世界就不适用一样，西方的模型到了中国这里，就是不行，这里有你不能形容的特大规模。

别看今天的印度和中国的人口差不多，但是印度只有三分之一的网民，而中国有近三分之二的网民，有些人还有好几部手机，所以每个人都被互联网连接起来了。而印度这个所谓的最大的民主国家，怎么样呢？连平等问题、种姓问题都没有解决，所以用西方的话语体系来衡量，说印度是民主国家我们不是民主国家，这是多么的幼稚！就是说我们已经超越了西方形容的东西，现在整个的科学体系，尤其是政治学，完全是西方的，是一种地方性的知识、经验的总结。

所谓的普世价值，它有三个神话，第一个神话是把它偶然的成功说成必然的，说工业化一定是发生在他们那里的，包括马克思在内，什么东西都是必然的，从奴隶社会、封建社会到资本主义社会，都是一种线性进化的过程，马克思也是西方人，不是我们自己人，他不姓马。第二个神话是把短暂的说成永恒的，把他们短暂的领先说成永远的领先。西方领先多少年？其实只有250年。500年前谁领先呢？西方真正领先是从1753年开始，而1773年瓦特发明蒸汽机，那是工业革命的源头。西方说自己一直领先，有谁承认呢？第三个神话是把地方性的说成全球性的，没有参与到全球中来。因为什么？因为整个世界几乎都被欧洲殖民，包括美国，但是中国，没有完全被殖民。我们说的半殖民地半封建社会，这个说法是有问题的。中国哪有一半的地方被殖民？上海也只有租界的地方被殖民了，北京哪有被殖民了？笔者在欧洲工作过，去欧洲议员的办公室，他就看地图，地图上，整个非洲是我的，拉丁美洲是我的，澳洲更不用说，都是我的后代，看到亚洲，就有点郁闷，最大的国家中国，没被干掉，印度，干掉了，俄罗斯呢，它本来就是自己的一部分，本来就偏向西方的文化，所以古老文明里，只有中国没有被殖民。

那么日本呢？日本也很古老，但日本不是世界级的文明，中日关系之所以不好，这是有心理上的原因的。在亚洲只有两个国家没有被西方殖民，一个是泰国，一个是日本，不仅如此，日本认为，欧亚国家里唯一没有被成吉思汗的帝国征服的只有日本，所以它说它不仅没有被西方征服，也没有被成吉思汗帝国征服。但其实是什么原因呢？因为神风几次救了它，神风突击队还要申请世界文化遗产。日本人的这种优越感是发自内心的。刚刚讲了，我们的规模不是西方的普世价值所能涵盖的，普世价值是有边界的，所以到了中国，发现这不是普世的。以前黑格尔讲过，什么东西到了中国都是例外的，西方用来判断的那些东西已经不灵了。

第三，特世俗的社会。什么叫世俗的社会呢？因为中国没有宗教。费孝通先生说，中国因为文化太发达，以至于没有宗教，任何一种宗教都不可能有足够的空间去占据支配性的地位。《大国崛起》这个纪录片里，大家看得很清楚，从葡萄牙、西班牙一直到后来的美国、苏联，没有一个没有宗教，苏联尽管是共产主义，但是它毕竟是以东正教为主的。但中国没有一个一家独大的宗教，而儒家文化不是一种宗教，它是一种文化，这对西方来讲是很郁闷的。西方就产生了很多疑问，首先，你没有宗教为什么到现在还不崩溃呢？有什么秘诀吗？其次，你现在有这么多的权力，你怎么用你的权力呢？很多亚洲国家说，如果要在中美之间选择一个做领导，它们一定会选择美国，一是因为在历史上美国没有侵犯过我的领土，二是因为美国是有宗教信仰的！他们认为中国没有宗教会变得很可怕，你没有宗教，那么你发展的目的是什么呢？你的终极关怀是什么呢？中国说崛起、复兴，那你复兴的目的是什么？你复兴到什么程度算够呢？唐宋吗？有没有个说法？如果你复兴到了唐宋那样的程度还想继续发展呢？你说中国要复兴，但凭什么你复兴呢？你说你被西方打败了，但是被西方打败的国家很多，凭什么你复兴呢？你复兴了将来还想干什么？你复兴了，我要不要复兴呢？如果大家都要复兴，地球受得了吗？还有，西方要不要复兴呢？

现在中国的对外传播要照顾其他国家的心态，不愿意用我必胜你，而是说我是应该胜你的，中国是成功的，人家很羡慕，羡慕完了就嫉妒，嫉妒完了就该恨了。凭什么你就这么成功啊？中国告诉你说我走的是符合我国情的发展道路，我真的没有灵丹妙药。那么其他国家怎么想呢？你没有灵丹妙药，你又很成功，那意味着只有你能成功，我就没法成功。中国现在鼓励其他国家走自己的道路，但是很多国家走不了自己的道路，大部分国家被西方殖民掉了，根都没有了，怎么走自己的道路？

第四，特殊的崛起。中国将来所创造的财富就像《共产党宣言》所说的那样是相当于人类一切财富的总和，那一天的到来也并不是神话。资本主义时代，农村从属于城市，东方从属于西方，创造的财富是一切人类财富的总和，这是《共产党宣言》里说的。比如说我们现在培养的工程师数量，每年有800多万大学生毕业，其中大部分都是理工科的，可以说有将近500万是工程师。一年培养500万个工程师，笔者在工厂里待过，一个工程师少说也有5个徒弟。一年500万个工程师，2 500万个徒弟，十年就是2.5亿个徒弟！有人说，我们的教育水平不行。但是三个臭皮匠顶一个诸葛亮！而且中国的教育水平差吗？尤其是本科，绝对不会比外国差。

中国的故事是世界性的大学问，因为用中国5 000年的文明，也很难解释中国今天所发生的一切，而西方的理论也解释不清楚，其他的更不用说了，所以说，中国的故事不是我们自己的事情，而是整个世界整个人类共同的事情。只要你把“道”讲清楚了，他比你传播得更快。所以，将来做中国的学问是大学问，许多哈佛大学毕业生的毕业论文都是关于中国的，并且做得比你的还要漂亮。在传统的中国和近代的西方科学体系里都很难把中国的成功故事包括不成功的事情讲清楚，如此说来，讲中国故事是人类知识体系的一个巨大的挑战，简单用我们的东西或者他们的东西都很难概括。

以前的话语体系很简单，就是西方成功了，因为工业化，工业化是它成功的秘诀，大家都可以来学它，所有的国家也只有学它才能成功，这是他们的逻辑。学西方就是学成功，因为只有一条成功的道路，亚洲四小龙、日本都是在效仿西方的过程中成功的，由此我的成功的背后所承载的价值和制度当然就是普世的，因为没有其他的道路。终于，现在飞来了一只黑天鹅，说不好意思，天鹅不一定都是白的啊。非洲的黑人兄弟说，黑天鹅也是很漂亮的，我们也是黑天鹅。这在西方看来就很糟糕了嘛！因为中国的存在把西方的普世价值的神话给打破了，就是因为你证明不走西方的道路或者是学习西方但是走自己特色的道路也是可以成功的。

中国公共外交应像人文交流那样，达到“此时无声胜有声”的境界。现在的中国公共外交受到太多崛起、复兴的理念影响，具有太多的中国情结，应超越中国，超越崛起，回归人类文明沟通与融合，而这首先有赖于核心价值观的建构及其包容性。从历史长时段考察，笔者曾分析中国国际话语权面临的“三五”困境：

第一，5 000 年来未有之形势。中国是具有全球影响力的世界大国，历史上却从未成为真正的全球性国家。中国历史上GDP 曾占世界的三成，而今天占一成，不可同日而语，但历史上中国从未领导过世界，所谓的“天下体系”也只是东亚国际体系。这意味着传统中华文化不能自动转化为现代话语权。农耕文明不适应如今海上贸易与相互依存的时代。

第二，500 年来未有之大变局。现代知识体系是西方话语体系。中国要提升话语权，是与 500 年来的现代知识体系接轨和解构的问题。通过接轨赢得的话语权是有限的。那么解构呢？的确，500 年来西方知识体系难以为继，世界多样性已然成为事实，中国国际话语权面临大发展机遇，然而终究难以企及西方在世界所取得的垄断地位。

第三，50 年来未有之困境。50 多年前的中苏论战是文斗，此前的朝鲜战争是武斗。两者使中国分别与两个超级大国划清界限，赢得了新中国的国际话语权。这表明，以前的话语权是靠打出来、辩出来的。现在，改革开放基本上还是按照以西方游戏规则为主导的全球化逻辑展开的，故长期以来已经产生一种路径依赖。世界进入新战国时代，礼崩乐坏，中国无力独自打造新的国际话语权，也无法简单从西方那里争取话语权。

为应对上述“三五”困境，中国应实施三“大”：

第一，大复兴。为应对 5 000 年之困境，中国应实现文艺大复兴，即恢复先秦时期诸子百家时代的多元思想文化，还原儒家文化作为传统文化一家之言的自然状态，同时挖掘传统中华文化之现代普世性内涵。在此基础上，将内陆文明升级为海洋文明，超越文明形成的地域限制，培养“全球中国”新身份。

第二，大和解。为应对500年之困境，中国应与西方实现大和解，实现普世价值的双赢。西方价值中有普世性，中国价值中也有普世性，世界各种文化价值普世性总和才接近于真正的普世价值。可持续发展观作为人类新的普世价值观，是实现中西大和解的媒介。

第三，大包容。为应对50年之困境，中国应走包容性崛起之路，最大限度包容对手、包容他者、包容时代。其关键是，着力阐释好中国和平发展道路的普世性，走出“传统—现代”“中国化—西方化”“国内—国际”的二元悖论。

如是分析就是为了说明中国崛起的道统性成为公共外交的软肋。[15]因为，中国公共外交不仅要解决自身的核心价值观建构问题，而且要解决自身价值观的普世性问题。党的十八大报告提出“倡导富强、民主、文明、和谐，倡导自由、平等、公正、法治，倡导爱国、敬业、诚信、友善，积极培育和践行社会主义核心价值观”，基本承接了孔子“修身、齐家、治国、平天下”的逻辑，但缺乏“平天下”的价值诉求。坚信应该对人类做出较大贡献的中国，当以文明自觉探寻中国和平发展道路的普世性，以文明自信推动人类文明进步。为此，中国公共外交应淡化特色，学习“不可思议的印度”折射世界多元性而获得广泛国际认同，让世界各国从中国的成功中找到自己的因素，从中国的包容文化中找到自己的影子，增强其对中国的成就感、认同感——“于我心有戚戚焉”。中国公共外交的使命是完美阐释中国崛起的道统，即不仅在于复兴传统中华文明，同时在于开创中美“新型大国关系”，从而合理继承人类现代文明，而且在于实现中欧“文明G2”，从而合法继承西方文明，更在于合目的性地开创人类文明新范式，实现“传统中国”“现代中国”“全球中国”身份的三位一体。[16]汤用彤先生说过：中国接受佛学，第一阶段是求同，第二阶段是别异，第三阶段是合同异以达到更高的同。中国对待主导世界500年的西方价值体系，尤其是普世价值观，也可采取并且正在进行类似过程：求同——中西价值相似性，别异——价值普世性与普世价值之争，合同异以达到更高的同——“新人文主义”。唯如此，才能达到“桃李不言，下自成蹊”的境界。这是对公共外交提出的时代挑战之三，也促使公共外交向文明对话转型。

近代以来，中国经历了针对自身传统的文化解构过程，时至今日，一些人仍缺乏解构西方“普世价值”的理论自觉。没有价值理念的拨乱反正，如何做好公共外交与民间外交?

实现这三重超越，就是超越公共外交本身，确立中国的世界大国、文明国家、全球中国三重身份，进入公共外交2.0时代——这，就是中国的公共外交哲学。

第七章
中国公共外交的国内基础

中国梦归根到底是人民的梦，必须紧紧依靠人民来实现，必须不断为人民造福。

——习近平

中国梦的历史使命是再造中国，实现中华民族的伟大复兴，也同样是中国践行公共外交的国内基础。中国梦将不仅仅是实现“传统中国”“现代中国”“全球中国”身份的三位一体，也同样是对内建设“和谐社会”，对外追求“和平发展”与“和谐世界”理想的三位一体。中国梦的理念，将努力超越传统西方国际关系理论范式，用中国人的思维对人类文明事业的进步，做出自己独到的贡献。本章将从中国梦的历史谈起，进而阐释其三重内涵及对它的误解。

中国自古有梦：人与自然关系的天人合一梦，人与国关系的天下为公梦，国与国关系的天下大同梦，不一而足。中华民族向来是会做梦、敢做梦、做好梦的民族。

为何现在才提倡中国梦呢？

根源在于近代西方的入侵。鸦片战争以来，中华民族梦被西方的普世价值梦打断了，切割为国家梦、民族梦：中华之崛起、民族之振兴，成为洋务运动、民主革命、社会改良人士孜孜以求的梦想，概括起来就是民族独立、国家富强、社会现代化三个层面，实现动力就是德先生（民主）、赛先生（科学）。赶超、接轨成为实现中国梦的主要逻辑；“中学为体、西学为用”，甚至“西学为体、中学为用”成为实现中国梦的路线之争。然而，那本不是中华民族梦——民族独立、国家富强原本不是个问题，只是被西方打败后的反弹；现代化其实是重演西方过去的成功。

现在，中国才有资格，而且必须做自己的梦。

先说资格，也就是可能性。中国梦的时代背景在于文明代差的消失。经过一百多年和西方的碰撞，现在中国跟西方在很多方面第一次处于同一起跑线上，面临的很多问题是一样的或类似的——发展的可持续问题、生态环境问题等。以前是西方着眼于解决“西方的问题”，中国着眼于解决“中国的问题”——国家统一、改革任务未完成，现在各国都在改革，处在改革变动的时代，如布热津斯基所说处于“全球大觉醒时代”。在这一时代背景下，中国梦应运而生，不仅要探讨中华文明的伟大复兴，而且要探讨中华民族如何为人类做出较大的贡献。现在，发达国家提倡大数据时代、第三次产业革命、开发深海时代、向太空进军，中国不仅没有落伍，反而还有局部领先优势。在这种情形下，中国的发展不只是解决中国的现代化问题，不只是为其他发展中国家、新兴国家提供借鉴（当然是“桃李不言，下自成蹊”），也为西方走出危机提供启示，为解决人类的可持续发展提供中国式答案和西方之外的另一种选择，为国际社会提供“源于中国而属于世界”的器物、制度、精神各层面的公共产品。这，就是中国梦的文明担当。

再说必须，也就是必要性。中国不做自己的梦，就会做美国梦，做普世价值梦。改革开放之初，邓小平同志讲世界上有东西南北四大问题。然而中国近代以来基本上围绕东西方来看世界，把中国视为东方的当然代表，在体用间徘徊，完全漠视印度作为东方另一源头的现实，原因就在于印度近代被西方完全殖民后分裂了。如今，更是将美国作为西方的代表，基本上是漠视欧洲，东西方关系就简化为中美关系。中国成为世界第二大经济体后，中美关系更简化为老二—老大关系。在这样的思维逻辑下，对美国的误判，就是对中国与世界关系的误判。美国梦关注机会平等，不太计较结果；关注效率，不太计较公平；关注消费，不太计较可持续。近代以来的赶超思维、接轨逻辑集中在老大—老二思维上，就是追赶美国梦。泱泱大国、巍巍中华，沦为与美国一般见识，不能说不悲哀。当然，美国梦有其天定命运动力、美国例外论支柱，也有其可贵可爱之处，最大的迷惑性就是淡化国家关怀，倡导普世成功。至于一些人笃信的普世价值，将价值的普世性包装为普世价值，如今连西方面临的问题都解决不了，遑论中国式问题！

更紧迫的挑战来自国内。改革开放 40 年来，中国整体从全球化中获益良多，然而民众、行业获益不一，冲击相同——环境污染、诚信下滑……让每个中国人都担心中国的未来。利益分化之严重、价值混乱之怪相，急需凝聚社会共识，包容共生向前看。人是需要有点精神的，国家也是需要有点理想的。中国梦，就是以中国精神、中国力量、中国道路，实现软硬道理的有机结合——发展就是硬道理，希望就是软道理，两者缺一不可。

故此，中国梦不同凡响：纵向看，中国梦不再是独立、富强的补偿性发展；横向看，中国梦将超越美国梦、普世梦。中国梦的境界，从起点的“不受制”——独立，到后来“你有我也有”——国强民富，发展到现在“我有你不见得有”——中国特色，终将变成“你，值得拥有”——中国梦。

中国梦何以告慰先人，说服今人？

可以告慰先人的是，我辈已实现你的梦；可以说服今人的是，此梦非彼梦。更大的挑战是说服世界。中国不仅自己做梦，也替别人做梦。中国梦与各国人民追求美好未来的梦想是相通的。

当然，由于中国的多重身份，中国梦的内涵十分丰富，实现也绝非一蹴而就。从中华民族的伟大复兴维度讲，中国现在做的梦，是实现人民幸福、国家富强、民族振兴的三位一体；从中国作为新兴国家、社会主义国家和世界性大国的多重身份讲，中国现在做的梦，是实现新兴国家崛起梦、社会主义信念梦、世界领导型国家梦。

如此说来，古今中外皆庆幸有中国梦。成为你自己，这就是中国梦的要旨。中国梦的时代性、世界性、历史性，决定了今天的中国才能，也应该提倡中国梦。

马加力老师提出：“在当今中国乃至国际社会的语境中，中国梦应该是相对清醒的思想意识、比较清晰的远景图画和坚定不移的理想信念。”的确，思想意识—远景图画—理想信念，就是分析中国梦的三大维度。

思想意识，中国梦超越了“古今中外”的思维定式；

远景图画，中国梦是实现“两个一百年”的形象表述；

理想信念，中国梦与世界梦相通。

如果说，中国崛起是改革开放以来外部世界感受中国的最鲜明特征，也是过去十年国际社会最流行的政治词汇[1]，那么，中国梦正在成为今日中国的新气象，并可能成为国际社会最流行的政治词汇之一。

让世界明了中国的追求，就是从回答崛起过程中“我不是什么”“我不做什么”，向崛起之后“我是什么”“我要什么”转化，关键是实现“中国，让世界更美好”的承诺。中国在追求实现中国梦的同时，也在推动其他国家的人民实现自己的梦，这些“梦”共同汇聚成世界梦，实现“各美其美，美人之美，美美与共，天下大同”（费孝通语）。从这个意义上讲，中国梦，也就是世界梦。这就是中国公共外交要传递的主要信息；更进一步说，中国公共外交的使命，是阐释好中国梦的世界意义。

此梦非彼梦。中国梦并非虚无缥缈，而是有明确的愿景、现实的路径和可靠的条件，正在靠中国人踏踏实实去实现。还是魏楚雄老师说得好：“我们这里所说的梦，应该是一种终究能实现的、阳光灿烂的美丽远境。”“两个一百年”目标，即到中国共产党成立 100 年时（2021 年）全面建成小康社会；到新中国成立 100 年时（2049 年）建成富强民主文明和谐美丽的社会主义现代化强国，实现中华民族伟大复兴，就是中国梦的现实表述，是国家梦、民族梦、社会梦的有机统一。

要实现“两个一百年”目标，须处理好以下几对辩证关系：

一是整体性—个体性。中国梦属于全体中国人民，也属于每一个中国人。如何处理整体—个体的关系？换言之，如果一些中国人的梦与另一些中国人的梦矛盾，怎么办呢？这就要既注重同等机会，也追求整体效果。

二是同时性—差序性。钟伦纳老师提出：“中国梦的实现，要兼顾‘个人—家庭—国家—全球’的健全发展。”这一点，笔者非常赞同。中国梦的实现进程有先后，是层次性实现共同富裕、美好生活。

三是和谐性—特色性。如果所有中国人的梦都一样，则太单调了。梦想本身是五彩缤纷又各具特色、总体和谐的。中国梦，不仅不扼杀个人的梦，反而通过包容、提炼，成为各种梦想的集大成者。

近代以来“改变自己，影响世界”的逻辑，正在朝着“塑造世界，塑造自己”的逻辑转变；把中国自己的事情办好，就是对国际社会的最大贡献，它让位于积极参与全球治理、地区治理过程中实现国家治理体系和治理能力现代化。实现中国梦，离不开世界梦。

化中国梦为世界梦的途径关键有三：

其一，己欲立而立人。中国是发展中国家的佼佼者，中国梦对广大发展中国家产生强大吸引力。中国要实现中国梦，也要帮助其他发展中国家实现脱贫致富、提升国际地位的共同梦想。为此，中国秉承真、实、亲、诚理念，倡导正确的义利观，着力打造命运共同体，就是化中国梦为发展梦。所谓命运共同体，通俗地说，就是同甘共苦，最终追求共同的归宿和身份。共同利益，只是同甘；共同安全，才是共苦。

其二，己欲达而达人。中国是新兴国家的领头羊，对其他新兴国家产生极大的示范、鼓励。中国梦也是新兴国家的发展梦。发展中国家和新兴国家在中国外交中地位越来越重要，因为随着中国在全球产业链中从低端迈向高端，与发达国家竞争性上升，而与发展中国家、新兴国家互补性增强——发展中国家承接中国产业转移的后方市场，新兴国家则承接中端市场，与发展中国家中的新兴大国合作具有推动国际关系朝民主化、法治化方向发展的战略意义。

其三，己所不欲勿施于人。中国梦是东方文明复兴梦。对周边国家，中国秉承亲、诚、惠、容理念，着力打造责任共同体；对发达国家，秉承互利共赢、相互尊重理念，着力打造利益共同体。中国不会重复国强必霸的历史循环，不会将自己的意志强加于人，而是正在展示传统文化的忠恕之道，努力开创新兴国家关系，提出亚洲新安全观，倡导和谐地区、和谐世界。亚洲是中国和周边国家的共同家园，各方有责任共同维护好和平、繁荣、稳定的局面。要做到这一点，关键是实现中国与周边国家的“政策沟通、道路联通、贸易畅通、货币流通和民心相通”这“五通”。中国与发达国家的竞争性有所上升，但合作性仍有待发掘。中国提出与美国建立新型大国关系，并倡导与欧洲国家共同开发第三方市场，就是避免零和博弈，实现中国梦与美国梦、欧洲梦的共赢。

以中国梦实现世界梦有无指标？谭中老师指出：“我们现在还没有达到，但希望将来有一天世界人民和中国人民一样，谈起中国梦来都津津乐道，憧憬着一种胜景，不是‘谈虎色变’而是‘谈梦色颐’，那样的话，就是真正化‘中国梦’为‘世界梦’了。”

总之，以中国梦实现世界梦，既是意愿，也是必然。中国梦与世界各国追求美好生活的梦是相通的，其理念就是——用我的梦托起你的梦。中国梦，让世界更美好。

第一节　中国梦的历史由来

党的十八大闭幕后，习近平总书记代表新一届中央领导集体提出中华民族伟大复兴的中国梦构想，引发广泛热议，国内外学术界对此做了大量探讨，越来越多的研究注意分析中国梦的国际内涵与世界意义，但比较多地呈现出如下视角：其一是宣传式的，强调中国梦是和平梦、发展梦、合作梦、共赢梦，用中国梦对中国外交原则做一包装，但外界质疑中国梦是中国的强军梦、霸权梦等，缺乏有效回应。其二是理念式的，强调中国梦与包括美国梦在内的世界其他国家人民美好梦想是相通的。但如何相通？不相通又怎么办？有待进一步深入分析。其三是对抗式的，强调中国梦是中国特色梦，具有中华民族伟大复兴的特殊内涵，是中国人的梦，甚至认为中国梦优于美国梦。问题是，中国梦是否具有普遍性内涵？如何处理中国梦的中国精神层面——社会主义核心价值观与普世价值的关系？中国梦是否也是外国人、外国企业来中国热土的寻梦历程？这些都需要很好的回答。

在 2013 年 12 月“中国梦的世界对话”国际研讨会上，国际友人曾问：“中国梦强调国家富强、民族振兴、人民幸福。如果这些目标与中国同样倡导的世界和平与发展事业相矛盾时，孰轻孰重呢？”“中国不是说更是一种文明而非一民族国家吗，怎么中国梦内涵只涉及国家、民族与人民层面？中国梦的国际内涵何在？”类似的问题还有很多。提问的方式还是较友善的。

中国梦提出后，引发国外汉学家和中国问题观察者热议，他们提出如下代表性看法或问题：其一，中国梦鼓励他们自己做自己的梦或发现自己的梦。比如，墨西哥也有墨西哥梦。其二，中国梦的提出表明中国开始脱美国化，中国不仅在走中国道路，展示中国精神，而且在显示中国软实力。其三，中国梦是复兴梦，是否恢复朝贡体系和天下主义，值得观察。其四，中国梦的国际表达是否是和谐世界？其五，中国梦对世界意味着什么：机遇还是威胁？

国内研究中国梦多围绕中国梦的国内层面展开，其国际层面多与美国梦、欧洲梦或其他国家梦做比较，越来越多的研究注意以世界眼光考察中国梦，代表性观点有：

(1) 中国梦具有世界历史意义：第一，中国梦是和平发展之梦。第二，中国梦是造福世界之梦。第三，中国梦是推动人类进步之梦。(王伟光)

(2) 中国梦具有三方面国际内涵：第一，中国梦是世界梦的重要部分。第二，中国梦对世界梦的实现路径有着重要启示。第三，中国梦是世界梦的希望之光。(俞正梁)

(3) 中国梦具有文明担当：中华文明源远流长又与时维新的"和谐"价值理念，特别是由此而展开的人与自然和谐、人与人和谐、身与心和谐等思维与行为模式不仅为中国梦抹上了浓浓的文明底色，更为"让世界变得更好"提供了一种新的文明图景。(辛鸣)

(4) 中国梦的世界价值：中国梦有利于推动世界各国加强合作共赢，并为世界梦的实现奠定坚实的经济基础与和平的国际环

境。（项久雨）

国内外研究者、观察者多从新一代中国领导人的执政理念，从国内角度看中国梦，其国际内涵与世界意义多作为国内内涵的延伸而推断。这说明，他们仍然从传统视角看待中国，理解中国梦。

其实，中国并非普通国家，中国梦并非简单的创新。习近平总书记在中共中央政治局第十二次集体学习建设社会主义文化强国时强调："中国梦意味着中国人民和中华民族的价值体认和价值追求，意味着全面建成小康社会、实现中华民族伟大复兴，意味着每一个人都能在为中国梦的奋斗中实现自己的梦想，意味着中华民族团结奋斗的最大公约数，意味着中华民族为人类和平与发展作出更大贡献的真诚意愿。"

可以说，中国梦是中国社会的新契约，也是中国与世界的新契约，需要解决的关键问题是在传统中国、现代中国之外全球中国的新身份，以及中国强大后如何与世界相处，实现全球中国与世界各国的共赢、共通、共享、共鉴，真正做到中国梦与各国梦"梦梦与共、天下大同"。习近平总书记在党的十八大闭幕后举行的记者见面会上，就是从五千年中华文明火炬传递到这代人手上，从鸦片战争一百七十余年的欧风美雨涤荡至今，从中国共产党人奋斗历程的三重历史观，提出中国梦的。

换言之，中国梦必须从五千年中华文明以及人类文明发展历程的历史高度来研究认识。

“中国是一个佯装成国家的文明”，这是美国的汉学家白鲁恂的著名论断。的确，中国不是传统西方国际体系下的民族国家，中国梦不是民族国家梦。从中国自身属性看，要将中国作为文明型国家来看待，中国梦超越国家富强、人民幸福，以民族复兴的方式呈现文明复兴的内涵。

然而，时下的中国正面临百年未有之大变局，这就是中华民族五千年文明史上，首次实现从农耕型走向工业（信息）型、从内陆型走向海洋型、从地区型走向全球型的伟大文明转型，这也是中国梦作为中华民族伟大复兴的应有内涵。中国已成为世界最大的工业制造国，但农耕思维仍然跟不上工业化、信息化、城镇化步伐；中国传统理念“上善若水、厚德载物”中的“水”只指淡水，如何包容汹涌的海水，建设海洋文明与海洋强国，考验史无前例；中国古代的天下观只是涵盖东亚，如今“全球中国”身份正在形成，中国梦也是世界梦。这三重文明转型，就是中国梦的文明内涵，将开启新一轮西学东渐，中国与世界互动、互通、互鉴的新历程。

从中华文明视角看中国梦比较容易理解，为什么又要从人类文明史视角探寻中国梦的伟大历史意义与世界价值呢？这是因为，从人类文明史看，中华文明不是简单复兴、转型，更面临创新的伟大使命，即为人类文明的可持续发展做出中华文明应有的贡献。纵观人类文明史，各种古老文明中，只有中华文明是唯一延续至今、从未间断的古老文明。环顾世界，各种古代文明或被西方殖民化，或被海洋文明所征服，只有中华文明幸免于此，仍熠熠生辉，且蒸蒸日上。汤因比在《人类与大地母亲》一书中感慨，西方文明要向中华文明取经，以回归自然——自然乃人类母亲，改变“人是万物的尺度”观念。

越来越多的事实表明，全球治理不能只指望技术、制度，越来越有赖于文明的转型与创新，也就是要在吸取人类一切优秀文明成果的基础上，走出一条包容西方、兼顾南北的“新人文主义”。笔者在《海殇?：欧洲文明启示录》一书中指出，这种“新人文主义”有三个维度：推动人类可持续发展以证实其合理性；推动国际社会的包容性，尤其是西方包容东方，北方包容南方，实现持久和平、共同繁荣，以证实其合法性；推动各种文明成为自己，追求和而不同，推动国际关系民主化，从根本上消除海洋文明对内民主、对外专制，对内多元、对外普世的对立，真正还原世界的多样性，以证实其合目的性。

反思今天，起源于西方的资本主义文明在全球的扩张，产生并日益加剧着三种紧张关系：人与社会关系紧张——后冷战时代的冲突和危机还在继续，随资本主义工业化而来的现代性矛盾并未因冷战的结束而消除；人与自然关系紧张——现代工业文明彻底打破了自然的和谐与宁静，人类成了自然的主人和敌人；人与人关系紧张——现代化带来了“迷心逐物”的现代病，席卷世界的金融危机，就起源于华尔街从金融衍生品中追逐超额利润的过度贪婪（叶小文语）。

总之，中华文明面临复兴、转型、创新三位一体的历史使命与时代担当。中国梦不是单纯的现代化梦，更不是西方梦、美国梦，而是文明梦——通过开创人类新文明而复兴、转型中华文明的文明梦。既要从中华五千年文明发展历程，也要从人类文明史视角，才得以看清中国梦的历史意义与世界价值。

传统上，我们把文明分成物质、制度、精神三个层面，这与中国梦的三大支柱——中国力量、中国制度、中国精神，正好契合。

从物质层面看，中华民族比历史上任何时期都接近实现中国梦。这就是两个“一百年”所描绘的壮丽蓝图。通过参与全球化实现中国梦，既超越“中等收入陷阱”，又超越“修昔底德陷阱”。

从制度层面看，党的十八届三中全会通过的《中共中央关于全面深化改革若干重大问题的决定》提出，到 2020 年各项改革要取得决定性成果，各项制度要逐步完善起来。这就将中国梦的阶段性制度创新成果赋予国际比较竞争优势的内涵。

从精神层面看，今天，我们强调道路自信、理论自信、制度自信，坚持走自己的道路又不故步自封，兼收并蓄又不失去自我，融会贯通又不失中国特色，这才是中国成功的法宝。体现在社会主义核心价值观上，就是继承、包容、创新的三位一体。

继承：继承传统中华文明核心价值——爱国、敬业、诚信、友善，这是公民个人层面的价值准则，也是社会主义核心价值观的“修身”层面。

包容：包容西方普世价值——自由、平等、公正、法治，这是社会层面的价值取向，也是社会主义核心价值观的“齐家”层面。不过在现时代，小家融成大家，形成现代社会。

创新：创新人类价值——富强、民主、文明、和谐，这是国家层面的价值目标，也是社会主义核心价值观的“治国”层面，是对传统、现代价值观的创新。

展望未来，待我精神立国，完全成为自己后，核心价值观将更简练、更普适，将上升到“平天下”层面，使之包括和平、多元等内涵，塑造人类共同价值体系以及“传统中国”“现代中国”“全球中国”三位一体式国家身份。

社会主义核心价值观要继承传统，包容现代，开创未来，是一过渡、折中和凝练的过程。这是中国政治建设和社会建设的大事，表明中国在道路自信、理论自信与制度自信基础上形成价值自觉，是中国对社会主义事业从制度、道路到价值建设的最新贡献，也是传统中华文明与现代文明融合的时代成就。

长期以来，国内外有种错误认识，认为中国的成功在国内靠摸着石头过河、国际上靠搭全球化便车，缺乏自身价值观，因而这种成功具有偶然性、不可持续性，由此滋生中国威胁论、中国责任论、中国强硬论等种种言论。因此，必须讲清楚中国成功故事背后的价值根源。中国梦为此开了个好题，社会主义核心价值观则进一步将中国梦理念化。

正如习近平主席在联合国教科文组织总部演讲时指出的："实现中国梦，是物质文明和精神文明均衡发展、相互促进的结果。没有文明的继承和发展，没有文化的弘扬和繁荣，就没有中国梦的实现。中华民族的先人们早就向往人们的物质生活充实无忧、道德境界充分升华的大同世界。中华文明历来把人的精神生活纳入人生和社会理想之中。所以，实现中国梦，是物质文明和精神文明比翼双飞的发展过程。随着中国经济社会不断发展，中华文明也必将顺应时代发展焕发出更加蓬勃的生命力。"

综上所述，可将中国梦与世界梦关系做一文明解读，如表7.1所示：

表 7.1　中国梦与世界梦关系的文明解读

	中国梦	世界梦
物质文明	中国力量：两个“一百年”，中国成为世界第一大经济体；中国比历史上任何时候更接近中华民族伟大复兴梦想	改变 500 年来大国崛起发生在西方内部的循环历程，推动非西方国家产出超过西方国家
制度文明	中国道路：《中共中央关于全面深化改革若干重大问题的决定》，到 2020 年，各项改革取得决定性成果，各项制度逐步定型、完善起来——中国制度具有国际比较优势	西方自由民主制度不再是人类的唯一选择和历史的终结，而是开启多元制度文明新时代
精神文明	中国精神：社会主义核心价值观从修身、齐家、治国向平天下层面迈进	打破普世价值神话，还原世界多样性

从历史经验看，美国梦的提出前提就是美国经历了 1890—1920 年代的文明创新，即在继承欧洲文明基础上实现了“源于美国而属于世界”的文明创新，建立起以自由价值观为核心的价值体系，以法制、科技、金融为三大支柱的国家治理体系，开创了美国 120 年的霸权时代。按照世界霸权周期 130 年的平均律，10 年之后将实现人类文明的范式转移。从文明的复兴、转型与创新三方面看，希望寄托在中国身上。前提条件是中国梦要解决好三大核心问题：从物质文明层面，重大科技创新如何突破？从制度文明层面，国家治理体系与治理能力如何实现现代化？从精神文明层面，如何建立起社会主义核心价值体系？

因此，中国梦不只是中华民族的伟大复兴，而是通过民族复兴实现文明的转型与创新，并在这一过程中，确立中国作为世界领导型国家、中华文明作为人类领导型文明的地位，通过包容西方文明、引领人类新文明，而实现人类文明从西方向东方、从北方向南方的范式转移，开创人类文明可持续发展的美好未来。

“历史的终结”提出者福山在21世纪理事会上曾说过：“人类历史上从来没有一个像中国这样的国家，国家治理如此成功，却在理论建设上如此失败。”换言之，理论的贫困成为中国的最大威胁。肯尼斯·沃尔兹在总结为什么美国赢得冷战的胜利时，将根本原因归结于“因为美国有社会科学”。以美国梦的提出为标志，美国战后提出一整套有别于欧洲的学术与思想体系，使美国实现思想立国，也让现代文明的火炬从欧洲传到美国。如今，中国梦的提出，其理论意义就在于实现人类文明范式从美国转移到中国。中国学者在研究公共外交时，对这一从美国来、到中国去的舶来品，也应在学习借鉴人类文明成果的基础上，用中国的理论研究和话语体系解读中国实践、中国道路，不断概括出理论联系实际的、科学的、开放融通的新概念、新范畴、新表述，打造具有中国特色、中国风格、中国气派的哲学社会科学学术话语体系。中国梦的提出为此开了题。如何破题、解题，成为中国学术界的最重大使命。

第二节　中国梦的三重内涵

本书开篇提出中国具有多重身份，而这也是中国梦内涵的重要积淀。

（1）社会主义梦：中国的中国。例如，中欧之间一直存在意识形态的隔阂，社会制度的误解是重要方面，这反过来折射出中国梦的社会主义内涵。欧洲本是社会主义发源地，但是对中国特色社会主义却存在较多误解。一些东欧国家甚至把中国视为苏联式的共产主义国家。更多的误解集中在民主、人权等基本价值观方面。欧盟在民主、人权问题上缺乏灵活性，而中国强调的是倾听“人民的心声”，是程序民主与实质民主的统一，区别于欧洲绿党和自由党所推崇的程序民主。其实，中国梦作为社会主义梦的主要表征是国内追求共同富裕、国际追求公平正义，这与欧洲梦殊途而同归，共同服务于人类的可持续发展事业。

（2）东方文明复兴梦：亚洲的中国。中国是古老文明中少有的未被欧洲完全殖民的国度，因此这也导致了中西方对于普世主义看法的对立。近年来，西方学者发现了“中国悖论”——中国没有实行西方的民主和法制，甚至还不是完全的市场经济体，为何经济能够实现三十年超常增长？这是西方学界、媒体经常纳闷的。因为按照他们的普世价值观，中国奇迹无法解释，不可持续。他们有些人于是笃信，中国经济接下来辉煌难再，将陷入“中等收入陷阱”，这样他们才不会为“中国悖论”所纠缠。另一些人则从偶然论角度解释中国的超常增长——代表性言论有补偿性增长说、中国幸运说、中国是全球化的搭便车者说等等。所幸的是，少数西方精英已在修改其普世价值观——西式民主并非经济持续繁荣的必由之路，或修改其对中国的看法——中国经济仍持续繁荣并非偶然，而是中国实行了中国特色民主的结果。终于，他们认识到，西方已无法继续垄断民主和普世价值的话语权了。换言之，中国梦在复兴中华文明的同时，也宣告了所谓普世价值只是西方的话语霸权。

（3）现代化梦：世界的中国。又可细分为：

1）发展中国家现代化梦：世界的中国（Ⅰ）。中国梦的成功实现，必然鼓励其他发展中国家走符合自身国情的发展道路，破除了西方发展模式、制度与价值为普世发展模式、制度与价值的神话，激励发达资本主义国家内的社会主义信念，鼓舞世界各国走社会主义道路的自信、选择社会主义制度的自信、坚定社会主义理念的自信。

2）新兴大国（现代化模式）梦：世界的中国（Ⅱ）。中国是最大的新兴国家。中国梦是新兴大国梦的典型体现，必将鼓舞新兴大国群体崛起势头，鼓励中国与其他新兴大国一道，推进国际关系民主化，推动国际秩序朝更公平、合理和包容的方向发展。

中国梦的提出，宣告“历史的终结”的终结。中国梦的实现过程，也就是世界社会主义运动从历史低谷逐步走向复兴的过程。这是由中国梦的多重意义决定的。

一个世纪以来，美国总统林肯的“民有（of the people）、民治（by the people）、民享（for the people）”理想，鼓舞了以孙中山先生为代表的革命先驱们。现在，中国梦再次被国家领导人提及。一言以蔽之，中国梦的三大内涵就是源于中国（of China）、属于中国（by China）、为了中国（for China）。

先说源于中国。

中华民族在历史上以博大精深的中华文明为人类做出了不可磨灭的历史性贡献。近代以来，中华民族走上救亡图存的艰难之路，对世界的贡献远不如昔。

“中国应当对人类做出较大的贡献”的理念，经历改革开放后终于有了眉目，这就是中国模式的现代贡献。在全球治理中，摈弃西方政治负面遗产，为世界展示更符合国情的模式选择，为不少发展中国家所渴望。除“中国制造”外，中国的发展道路、治理模式鼓励中国提出更多“源于中国，属于世界”的倡议、构想和选择，丰富世界发展模式。换言之，世界需要中国梦，中国梦是时代发展的必然要求。

再说属于中国。

中国梦首先属于中国。我们不做其他国家的梦，尤其不做美国梦。美国模式危害甚大，不可持续，决非中国效仿的对象。属于中国，意味着它是特色梦、亚洲梦、普世梦的三位一体，即首先成为“中国的中国”，并以中国特色社会主义道路延续世界社会主义梦想；其次成为“亚洲的中国”，是让亚洲不因西方入侵而处于时空体系的错乱之中；最后成为“世界的中国”，这要求中国建成现代文明国家，并在此过程中展示中华传统价值、中国模式的普世性。

最后说为了中国。

中国不做美国梦，但不排斥美国梦，也不排斥欧洲梦、印度梦等。恰恰相反，中国的成功鼓舞着其他国家去实现各自的梦想。中国梦与世界梦是完全融合的。中国不做脱离世界的狭隘民族梦，世界也不做排斥中国的“西方中心”梦。

中国梦的三重内涵具有合目的性，具体体现在其时代意义、世界意义和历史意义上。

（1）崛起之后：中国梦的时代意义。

实现中华民族伟大复兴的中国梦，实现了从中国崛起的他者表述向自我定位的转变。其宗旨，就是让中国百姓从国家崛起中普遍受益，让中国崛起有了精神支柱，让世界明了中国的追求。

这，就是中国梦的时代意义。

让中国人民从国家崛起中普遍受益，就是让中国崛起带来全体中国人的全面幸福感、成就感，而不是以牺牲中国人的健康权、发展权等为代价的崛起。从这个意义上讲，中国梦，也就是中国人的梦，是中国人追求美好生活的梦。

让中国崛起有了精神支柱，就是在器物、制度贡献外，追求与展示中国精神与软实力，增强中国崛起的底气，阐明中华文明复兴对于人类文明发展史的伟大意义。从这个意义上讲，中国梦，也就是中华文明复兴梦。

让世界明了中国的追求：中国梦，也就是世界梦。这是由中国梦作为社会主义梦的属性决定的，因为社会主义并非民族国家的使命，而是全人类的共同事业。

（2）从特色到普遍：中国梦的世界意义。

自鸦片战争以来，中华崛起之梦想集中于国强民富的目标，自强不息是崛起梦的主题词，赶超逻辑是实现崛起梦的主要路径。当今中国梦，以中华民族的伟大复兴为内涵，超越了民与国的层面而提升为文明关怀与人类意识，厚德载物是复兴梦的主题词，文明转型是实现复兴梦的主要路径。

过去，我们强调特色，是马克思主义中国化、坚定走自己道路的自信表现，也是中国传统文化低调、务实的风格所致，本质上讲，也是基于中国国情、党情、世情，实现十三亿中国人梦想、五千年文明复兴无先例可循、无退路可走的清醒认识。

但是，中国特色观常造成错误理解，一些国家给中国特色扣上了中国例外论、中国威胁论、中国强硬论、中国责任论等帽子，挑拨中国与世界的关系。我们对此应予以正面回应。己欲立而立人，己欲达而达人。作为世界大国与文明古国，中国不仅要实现自身的现代化，也要帮助其他后发国家实现现代化，不仅要成为世界强国，也要让世界强国寻找到维护自身地位、生活水准、国家尊严的非零和之路，实现包容性崛起，彰显中国和平发展的普遍关怀与世界意义。

这样，中国梦的世界意义有三：中国人的梦，丰富了人权的内涵，人的幸福、价值与权利从此打上了中国的鲜明印记而非西方的普世折射；中国发展模式与道路选择，丰富了大国崛起的内涵，鼓励其他国家走符合自身国情的发展道路，现代化、全球化从此打上了中国的鲜明印记而非西方的话语垄断；中国梦也是和平梦、发展梦、合作梦、共赢梦，丰富了国际关系内涵，国际体系、国际规范从此打上了中国的鲜明印记而非西方规范的延伸。这是中国梦作为社会主义梦在国际层面的集中体现。

除了时代意义和世界意义外，中国梦还具有鲜明的历史意义。

（3）从单向接轨到双向建构：中国梦的历史意义。

中国的崛起，是近代大国崛起进程中唯一非宗教国家的崛起，不以西化为目标；中国的崛起，是唯一未被西方殖民的文明国家崛起；中国的崛起，是唯一既复兴古老文明，又复兴西方另类意识形态——社会主义思潮的崛起。种种中国崛起的特殊性决定了中国崛起的复杂性、艰巨性，也预示着中国崛起的历史使命。

不能简单用“崛起”来描述中国发展之态势，因为它是大国崛起、民族复兴、文明转型的“三位一体”。这正是中国梦提出的历史背景。没有文明转型，大国崛起不可续，民族复兴不可济。大国崛起的逻辑是融入、参与全球化，顺势而为，乘势而上；民族复兴的逻辑是文化自觉、文化自信，回归道统，回归自然；文明转型的逻辑是以中国梦实现世界梦，通过实现中华文明转型而推动人类文明转型。

中国与世界的关系从单向接轨转变为双向建构。中国在变，世界也在变。没有离开世界的中国，也没有离开中国的世界。中国在不断适应世界的变化，世界也在不断适应中国的变化。我们因此提出中美致力于建立新型大国关系。中国公共外交，就是要做好世界各国，尤其是美西方的心理调适，让它们心悦诚服接纳中国。

作为地球上仅有的未被西方殖民、延续不断且世俗化的古老文明，中国梦在吹响中华文明复兴号角的同时，也在吹响人类社会主义运动复兴的号角，开启全新世界梦的时代。

第三节　对中国梦的误解

中国梦是实现中华民族伟大复兴的宏伟构想，但也免不了受到质疑，其中最典型的有如下十大误解：

误解一：中国梦就是中国的梦。受西方思潮影响，一些人有意无意地把人民与国家对立起来，认为中国梦就是中国的梦。一些外媒更是将中国梦翻译为 China's Dream（中国的梦），而非 Chinese Dream（中国人的梦），甚至认为中国梦的实现是以牺牲民众利益为代价的。其实，这就是对梦的狭隘理解，也是对中国的狭隘解释。

误解二：中国梦要取代美国梦。美国梦（American Dream）是美国软实力的重要组成部分。目前，美国梦和欧洲梦都在褪色。中国梦的提出，自然给外界强化了中国软实力威胁的口实。尤其是，在将中美关系定位为老二与老大关系的错误理念下，担心中国梦要取代美国梦。其实，这是对中国包容性文化的误解。中国不会妨碍其他国家实现其梦想。

误解三：中国梦是一种新乌托邦。尽管在英文中乌托邦是褒义词，但是，在中国语汇里，乌托邦被描绘为无法实现的梦想。一些外国人从梦的佛教起源出发，污蔑中国梦是精神鸦片，麻醉中国人的变革意识，掩盖社会矛盾。其实，中国是世俗化社会，强调知行合一。中国梦兼顾理想与现实，绝非宗教安慰。

误解四：中国梦表明中国抛弃共产主义理想。一些外媒将中国梦与中国的国家身份联系起来，认为中国梦表明中国着眼于中国，抛弃共产主义理想。其实，中国是共产党领导的社会主义国家，共同富裕是社会主义制度确立的基本奋斗目标。中国梦不仅不排斥共产主义理想，反而更务实地实现社会主义共同富裕目标，可以说中国梦也是中国各族人民、世界各国人民共同富裕梦。

误解五：中国梦抛弃摸着石头过河。一些人将梦想与现实对立起来，认为中国梦的提出表明，中国更重视顶层设计，抛弃摸着石头过河的改革路径。其实，梦在心中，路在脚下。中国梦不排斥改革开放的中国实践，反而是其系统化升华。

误解六：中国梦就是宪政梦、人权梦、民主梦……中国梦最大限度凝聚中国共识，包容各种合法、合理、合情的诉求。然而，一些人乘机将中国梦狭隘地等同于自己的主张，或将自身诉求通过中国梦加以强调，认为中国梦就是宪政梦、人权梦、民主梦……这本身没有错，但单方面强调会以偏概全，或欲速则不达，反而曲解了中国梦的丰富内涵。

误解七：中国梦就是现代化之梦。现代化是中国近代以来的民族梦想。但一些人以现代化名义希望中国全盘西化。其实，现代化不足以概括中国所发生的巨大变化，也无法描绘中国与世界关系的巨大变化。中国梦不只是西方现代化模式、理念在中国的实践，而是中国结合自身国情，实现马克思主义中国化，开创出的中国特色社会主义道路。

误解八：中国梦就是复兴梦。一些周边国家认定中国梦就是要恢复汉唐盛世，甚至复活朝贡体系。这种误解，会引起不必要的猜疑，助长一些人乘机将中国梦与中国威胁论画等号。其实，中国是文明古国，中国梦的深远意义是文明复兴，通过文明复兴和转型推动人类文明转型，实现持续发展。中国梦也是中华梦(Chunghwa Dream)，这就是中国梦的文明担当。

误解九：中国梦就是中国崛起梦。一些人将中国梦与中国崛起画等号。其实，中国梦超越崛起，着眼思考崛起之后的中国诉求、中国定位、中国情怀。中国梦的提出，表明我们对内要改变单纯以经济建设为中心的局面，以务实的理想主义坚定我们走中国特色社会主义道路的信心与决心，对外要致力于推进国际关系民主化，实现东西方大包容、南北大均衡，实现和谐世界的世界梦。

误解十：中国梦是中国的自由民族主义。一些外媒将中国梦说成是狭隘的民族梦，是民族主义的又一种表达方式。其实，中国梦不仅不排斥其他国家梦，而且将有助于各国，尤其是发展中国家，实现自己的梦。

外界对中国梦纵有千般误解，这一构想的提出还是实现了三大超越：

其一是超越了“古今中外”思维定式。鸦片战争以来，中西、体用的思维定式，严重束缚了国民心态；甲午战争后，中华民族更一度走向全盘西化的邪路。文化自信与文化自觉，只有落实到“四个自信”——道路自信、理论自信、制度自信、文化自信上，才真正得以体现。中国梦的提出，就是中国作为国民、民族和国家自信、自觉的最终体现。在今天的中国，仍然纠缠于中国特色—普世价值的二元对立。为超越这“中学为体、西学为用”的思维定式，告别东西方，关注大南北，恢复中国本为世界领导型国家的道统，就是中国梦的应有之义。

其二是超越了“百年国耻”。180 年来的现代化梦，造成中国“超英赶美”的狭隘与躁动。中国梦的提出，超越了西方梦、美国梦、现代化梦，开始真正属于中国、也只有中国配享的光荣与梦想。张四齐老师提出的中国是否重复西方走向海洋的扩张之路等问题，笔者在《中国海洋强国梦不走西方老路》（2013 年 1

月 11 日《人民日报》海外版）一文中已经做了回答。中国梦不仅不排斥西方，而且主张中欧携手，开创新人文主义（参见拙著《海殇?：欧洲文明启示录》第九章）。当然，应然与实然总是有差距。张老师的诘问仍有待现实检验，但认识上的超越是迈出的最关键一步，接下来是如何做到知行合一。

其三是超越了“复兴”。中华民族伟大复兴的中国梦，尽管冠以复兴——所谓复兴，一是强盛，二是威望——其实超越了五千年中华文明，正在实现三大文明转型：从农耕向工业（信息）文明转型，从内陆向海洋文明转型，从地区向全球文明转型。之所以说转型，是因为“天人合一”“量入为出”等理念在今天空手套白狼的虚拟时代需要确立新的价值规范；是因为“上善若水、厚德载物”的思维局限于淡水——海水夹杂的血腥味深深烙刻在西方列强入侵中国的记忆里；是因为“四海一家”的时代已经让位于“四洋一家”的时代；是因为“天下”观需要升级为全球观。当然，文明转型并非否定传统文明特质，而是传统中国、现代中国、全球中国的“三位一体”。

总之，中国梦的提出及其实现，表明中国真正走出近代，超越国家心态、崛起冲动、复兴情结。中国梦不仅属于中国人民，也属于世界人民。正所谓天下无外，中国梦也无外。正如魏楚雄老师所说的，“中国梦”不仅应该像一座灯塔，照亮大多数中国人的心扉、指引他们欢欣鼓舞地朝此梦境前进；同时，它还应该像一个巨大的磁场，把世界上绝大多数民众吸引过来，让他们感受到“中国梦”的美好与温暖。只有这样，一个能为中国大多数人和世界大多数人所理解与接受的梦想，才是真正的“中国梦”。

第八章

中国公共外交的国际表达

志合者不以山海为远，道乖者不以咫尺为近。故有跋涉而游集，亦或密迩而不接。

——葛洪《抱朴子》

公共外交的核心目标在于提升国家吸引力。这种吸引力可以从两个方面去理解：一方面是你做得很好，确实很吸引人，也就是说你在客观上具备了一定的吸引力；另一方面是别人必须主动地承认和接受你的吸引，也就是要被你所吸引。这就是中国公共外交的国际表达逻辑，中国梦如何对接各国梦，共同成就世界梦？中国公共外交的国际表达如何做到“源于历史，属于未来”，“源于中国，属于世界”？“一带一路”、人类命运共同体的提出是新时代中国公共外交的标志性倡议、理念，展示了世俗伦理与社会主义精神。

第一节　世俗伦理与社会主义精神

从大国崛起的角度，国际社会常常将今天的中国与当年的德国相提并论。这当然基本上是误导舆论，因为中国是自成体系的文明母体，自秦朝以来就是大一统的国家，而德国直到19世纪下半叶才实现统一，是基督新教国家。然而，就其冲破现有话语体系角度而言，两者还真有些类似。

反推德国崛起的历史，可能有助于跳出西方中心论逻辑。德国是先实现精神启蒙，而后实现政治立国的，政治立国也因精神立国而得以最终完成。在欧洲，“文明”是英、法等先进发达国家的专利——英、法才是文明的，其他都属野蛮。德国最早成为西方文明的反抗者。在西欧文明史观之下，德国是一个半野蛮的地区，是欧洲的战场、教皇的奶牛，不得不仰仗西欧鼻息。文化自觉运动的狂飙突进，虽然主要发生在文学领域，其实质则是一场思想范式的战争。歌德的《普罗米修斯》和海涅的《亚当一世》都表达出了强烈的反抗精神，作家和历史学家们对古日耳曼英雄赫尔曼和条顿堡森林战役的重述和建构，则更明确地将这种反抗精神指向所谓的文明。这表面上是德意志民族的文化寻根，深层却隐喻着对西欧中心论的抵抗。

正如柯林伍德所说，德国人是在“努力从过去寻找成就，并从过去的成就中辨别出自己过去的精神”。赫尔德在《人类历史哲学的概念》中提出与文明相对的文化概念，强调了文化主体的民族性和边界的有限性。赫尔德的界定全面突破了只有英、法才是文明的，其他都属野蛮的观念，为德国崛起奠定了基础。斯宾格勒的《西方的没落》进一步将文化界定为精神层面，而文明为物质层面。他将世界上每一个高级文化的历史都区分为“文化阶段”与“文明阶段”。他认为西方文明已经进入文明阶段，丧失原有的文化创造力，只剩下对外扩张的可能性。因此，“文明是一种先发国家的自我标榜，它们以此垄断了‘善’的话语权”。就这样，《西方的没落》以文化解构文明，以“德意志中心论”取代“西方中心论”，成功让德国人从精神上站起来。在斯宾格勒之外，另一位德国人马克斯·韦伯此前就将德国人从精神上站起来赋予更多的宗教内涵和历史必然性。在《新教伦理与资本主义精神》一书中，韦伯揭示了资本主义领先世界的奥秘：新教，而德语地区是新教发源地，因此德国崛起是引领资本主义先进文明的自然结果。

中国的斯宾格勒、韦伯在哪里？换言之，中国崛起如何开创人类崭新的文明形态而不只是民族复兴？这是中国的学术自信、学术自觉必须解决的问题。笔者在《海殇?：欧洲文明启示录》

一书中对此做了初步探讨。然而，更多的问题仍有待回答。概括起来，中华民族伟大复兴的中国梦，关键词是复兴，有三大问题待厘清：

其一，复兴到何种程度算够？复兴之后还发展吗？不讲清楚中国持续发展是为了人类文明永续发展的逻辑，亦即中国梦的合理性，则无法让世人信服。

其二，中国为何要复兴？不讲清楚为何复兴的中国才能包容西方，而非重复二元对立的悲剧，亦即中国梦的合法性，则无法让世界心悦诚服。

其三，除了近代被西方打败的国家外，西方国家本身要不要复兴呢？不讲清楚中国复兴了如何帮助他国复兴而回馈世界，亦即中国梦的合目的性，则无法让国际社会欣慰。

这说明，中国梦是在自立、自强基础上的自尊诉求，通过不争论的方式寻求国内对未来发展前途的共识，同时打造新的国际身份，寻求国际社会对中国的认识，对中国模式的认可，对中国价值的认同。

第二节　“一带一路”

根据党的十九大通过的《中国共产党章程（修正案）》决议，推进“一带一路”建设写入党章。“一带一路”作为党中央做出的重要战略决策，连接中外、融通古今，从文明史观的角度切入，“一带一路”的内涵可以被阐释为“一二三四五六七八”，即一个概念、两个组成、三个原则、四大丝路、五个方向、六大走廊、七大地区、八大领域。“一带一路”的逻辑在于融通了中国梦和世界梦，再造中国、再造世界；其建设将分三阶段逐步推进，由高标准自由贸易区建设成网到区域一体化格局，最终建成利益共同体、责任共同体、命运共同体。

“一带一路”作为党的十八大以来以习近平同志为核心的党中央提出的重大战略决策，写进党章，彰显了中国共产党为人类进步事业而奋斗的初心。这一伟大倡议顺应和平、发展、合作、共赢的时代潮流，以构建新型国际关系和人类命运共同体为使命担当，承载着丝绸之路沿途各国发展繁荣的梦想，赋予古老的丝绸之路以崭新的时代内涵。它将两千多年的古代丝绸之路复兴，激活丝路沿线国家尤其是在西方话语体系下被压抑的国家的历史记忆与现实认同，在学术上，它是习近平新时代中国特色社会主义思想的有机组成部分，超越了西方传统学科分类不断细分的藩篱，是一门跨学科、涵盖“古今中外、东西南北、理论与实践相结合”的学问；在实践上，它以构建和平之路、繁荣之路、开放之路、创新之路、文明之路来解决当下现实人类社会面临的和平赤字、发展赤字与治理赤字，具有强烈的现实关怀与引领意义。

“丝运即国运”，瑞典的斯文·赫定在《丝绸之路》一书中指出“中国人重新开通丝绸之路之日就是这个古老民族复兴之时”。从人类历史上看，无论是15世纪的葡萄牙、16世纪的西班牙、17世纪的荷兰、18—19世纪的英法，还是20世纪的美国，大国崛起一定会提出引领世界未来的合作倡议和价值理念，而当今中国正在实现民族伟大复兴，这超越了传统大国崛起的逻辑，“一带一路”意在打造人类命运共同体，这开创了21世纪人类新文明。

穷则变，变则通，通则久。在新的历史语境下，“变”是改革开放，“通”是“一带一路”，“久”则是人类命运共同体。“带”是中国特色的说法，是指经济发展带。“路”跟“道”是连在一起的，“道”的解释是“道生一，一生二，二生三，三生万物”，所以“一带一路”是和平之路、繁荣之路、开放之路、创新之路、文明之路。

中国外交史学者章百家曾用“改变自己，影响世界”来概括20世纪中国外交发展的基本线索：“改变自己是中国力量的主要来源，改变自己也是中国影响世界的主要方式。”[1]今天，中国提出并号召世界共商、共建、共享“一带一路”，在世界上积极打造对话而不对抗、结伴而不结盟的伙伴关系，进而建立以合作共赢为核心的新型国际关系，打造共建人类命运共同体的新型全球化，推动全球治理体系的变革，已经成为国际形势的稳定锚，世界增长的发动机，和平发展的正能量，全球治理的新动力。这正是我们要建设“一带一路”的内在逻辑，即通过中国倡议、中国方案、中国智慧来塑造和引领全球化和全球治理。

1、再造中国

“再造中国”是邓英淘（2013）提出的概念，立足对西部大开发的考察，致力于寻求新的发展方式以超越胡焕庸线，实现国内一体化、东西方协调发展的“多数人的现代化”。他从当今国内区域经济布局与发展的现实角度出发，为超越传统的经济发展模式展开了广阔前景。从时间角度上审视，“再造中国”的客体应包含传统中国之文明、现代中国之发展、全球中国之贡献三重维度，也与1901年梁启超在《中国史叙论》一文中首次描绘中国的“中国之中国”“亚洲之中国”“世界之中国”三重身份遥相呼应。

与此对应，今日之中国，身份有三：一是“传统中国”（traditional China），即传统农耕文化、内陆文明孕育的“文化共同体”。二是“现代中国”（modern China），即近代以来随着“天下”观破灭后被迫融入西方国际体系而塑造的现代“民族国家”身份。中华人民共和国国名中除“中华”外，“人民”“共和国”都是近代西方概念。“现代中国”身份仍在建构中，民族融合与核心价值观建构挑战尚在。三是“全球中国”（global China）。它是指随着中国的改革开放，那些利益和观念国际化、全球化的部分，即坚持传统文化，又包容价值普世性，而处于初级阶段的全新国家身份。比如，8.6 亿网民越来越多地拥有“全球公民”身份，而非“中国人”之单一属性。[2] “一带一路”肩负着推动中华文明转型的历史担当、推动实现新时代中国特色社会主义的现实担当和实现伟大复兴中国梦的未来担当，正从重塑传统中国、现代中国、全球中国的层面“再造中国”。

总而言之，“一带一路”正从时间维度、空间维度、自身发展维度上“再造中国”。

首先，时间上“一带一路”具有“三五效应”：一是五十年未有之变局。中国正在经历改革开放以来经济社会发展模式的转型，以引领新型工业化、城镇化，以超越以美国为首的西方模式。二是五百年未有之变局。当今世界正面临航海大发现以来以西方中心为主导的传统全球化的挑战，中国的“一带一路”是走出近代、告别西方的新型全球化的倡导，以互联互通打造人类命运共同体。三是五千年未有之变局。中华文明的伟大复兴正在实现由内陆到海洋，由农业到工业、信息，由地区到全球的转型。

其次，从空间维度上，“一带一路”正在打造陆海内外联动、东西双向互济的开放格局。

最后，从自身发展维度上，“一带一路”正彰显中国模式魅力，为解决全球问题提供中国方案。它是中国奉献的国际合作倡议与公共产品，互联互通的引领将提升中国在全球治理中的制度性话语权。

随着中国综合国力的不断提升，我们更要按照习近平主席的要求，将传统中国、现代中国与全球中国三重身份认同实现创造性转化与创新性发展。

2、再造世界

中国古人云：“以天下之目视，则无不见也。以天下之耳听，则无不闻也。以天下之心虑，则无不知也。”“一带一路”倡议的提出，既展示了中国坚持开放发展的坚定态度，更彰显了中国“兼济天下”的大国担当，开创人类共赢的美好前景。“一带一路”将近代西方开创的威斯特伐利亚国际体系上溯到两千多年前形成的文明体系，告别了西方中心时代，以文明共同复兴的逻辑超越了现代化逻辑，从而“再造世界”，重塑海洋时代 2.0 下的世界经济地理、文明秩序版图。“一带一路”建设正在超越西方中心论，打造东西互济、南北包容、陆海联通的新世界，开创天地一体、人机交互、万物互联的包容性横向全球化。

总而言之，“一带一路”放眼欧亚大舞台、世界大格局，打通西域与西洋，超越古代“以空间换取时间”大战略，超越近代塞防与海防之争，开创21世纪陆海兼顾、东西呼应的全方位开放格局，推动欧亚大陆回归人类文明中心。中国的丝绸之路复兴计划提出时间晚于欧盟、美国与其他国家，却超越了其他国家的倡议，与古代的大一统政治历史传统、现代的独立完整的国防工业体系与当代在资金、技术、人才、模式等方面的底气密不可分。21世纪的特征是陆海联通、万物互联，是高铁＋第二次地理大发现＋新型城镇化的时代，中国在以上多个领域均崭露头角。“一带一路”是全球化在美国/西方化失势后，作为世界经济增长火车头的中国，将自身的产能优势、技术与资金优势、经验与模式优势转化为市场与合作优势，将中国机遇变成世界机遇的方案。和平、繁荣、开放、创新、文明的“一带一路”与创新、协调、绿色、开放、共享的发展理念一脉相承，体现着中国梦与世界梦的融通，为推进开放、包容、普惠、平衡、共赢的经济全球化擘画美好蓝图、指明前进方向。

总之，“一带一路”是中国服务型大国崛起，具有历史合法性、现实合理性、未来合情性，是丝绸之路的中国化、时代化、大众化，是再造中国与再造世界双重逻辑的统一。习近平总书记在党的十九大报告中强调，要以“一带一路”建设为重点，坚持引进来和走出去并重，遵循共商共建共享原则，加强创新能力开放合作，形成陆海内外联动、东西双向互济的开放格局。党的十九大关于《中国共产党章程（修正案）》的决议明确提出，将推进“一带一路”建设等内容写入党章。这是习近平新时代中国特色社会主义思想在外交领域的鲜明创新，充分体现了在中国共产党领导下，中国高度重视“一带一路”建设、坚定推进“一带一路”国际合作来推动构建新型国际关系、共建人类命运共同体的自信与决心。“穷则独善其身，达则兼济天下”，共商、共建、共享“一带一路”倡议，不仅将为中国的开放发展创造更大的空间，也将为各国发展和全球经济注入强劲的动力，为构建人类命运共同体，建设持久和平、普遍安全、共同繁荣、开放包容、清洁美丽的世界做出中国应有的贡献。

第三节　人类命运共同体

从人类历史上看，大国崛起一定会提出引领世界未来的合作倡议和价值理念。“一带一路”及其背后的人类命运共同体理念就承载着这一使命。

2017 年 3 月 17 日，联合国安理会一致通过关于阿富汗问题的第 2344 号决议，呼吁国际社会凝聚援助阿富汗共识，通过“一带一路”建设等加强区域经济合作，敦促各方为“一带一路”建设提供安全保障环境、加强发展政策战略对接、推进互联互通务实合作等。决议强调，应本着合作共赢精神推进地区合作，以有效促进阿富汗及地区安全、稳定和发展，构建人类命运共同体。

此前的2月10日，联合国社会发展委员会第五十五届会议协商一致通过“非洲发展新伙伴关系的社会层面决议”，呼吁国际社会本着合作共赢和构建人类命运共同体的精神，加强对非洲经济社会发展的支持。这是联合国决议首次将“构建人类命运共同体”理念写入。这表明，人类命运共同体理念正成为广泛的国际共识，标志中国逐渐占据人类道义制高点。

人类命运共同体思想继承和弘扬了《联合国宪章》的宗旨和原则，是全球治理共商、共建、共享原则的核心理念，超越西方消极意义上的同一个地球、地球村等，形成积极意义上的休戚与共，就是不仅要在物质层面上，还要在制度、精神层面上求同存异、聚同化异，达到天下为公、世界大同的境界。

从人类文明史看，人类命运共同体理念的提出，能为国际社会确立“三同”，化解“三异”。

- 以共同使命化解国家利益冲突。“让和平的薪火代代相传，让发展的动力源源不断，让文明的光芒熠熠生辉，是各国人民的期待，也是我们这一代政治家应有的担当。中国方案是：构建人类命运共同体，实现共赢共享。”习近平主席的讲话表明，人类命运共同体理念是和平、发展、合作时代主题的高度浓缩和升华，着眼于各国共同发展而非纠缠于国家利益的分歧和冲突。

● 以共同目标化解全球化争执。和平与发展，是人类经历一个多世纪血雨腥风的探索得出的宝贵启示。然而，当今世界充满不确定性，人们对未来既寄予期待又感到困惑。世界怎么了？我们怎么办？当前，这种担心尤其体现为对全球化前途的迷茫：传统全球化失去目标。人类命运共同体赋予国际社会以更宏伟的目标，超越了西式全球化的狭隘。

● 以共同身份化解价值观分歧。中国提出人类命运共同体思想，继承了人类社会孜孜以求的传统，并在 21 世纪使之升华，引领了全球治理、国际合作的新方向，体现了中国的天下担当。2017 年 1 月习近平主席在联合国日内瓦总部演讲时指出："纵观近代以来的历史，建立公正合理的国际秩序是人类孜孜以求的目标。从 360 多年前《威斯特伐利亚和约》确立的平等和主权原则，到 150 多年前日内瓦公约确立的国际人道主义精神；从 70 多年前联合国宪章明确的四大宗旨和七项原则，到 60 多年前万隆会议倡导的和平共处五项原则，国际关系演变积累了一系列公认的原则。这些原则应该成为构建人类命运共同体的基本遵循。"命运共同体思想的深远意义是告别意识形态和价值观的对立，追求人类共同价值观。各国具有差异性，世界具有多样性，但共同的历史记忆、共同的处境、共同的追求，将各国紧密相连，形成共同身份与认同，塑造共同未来。西方有“人人为我，我为人人”名言，东方有“各美其美，美人之美，美美与共，天下大同”思想。“命运共同体”之道具有穿越时空的普遍意义。正如习近平主席2015年9月在第七十届联合国大会一般性辩论时的讲话指出的：“‘大道之行也，天下为公。’和平、发展、公平、正义、民主、自由，是全人类的共同价值，也是联合国的崇高目标。”

共建人类命运共同体，是五千年中华文明、崛起的中国对事关人类最基本问题的响亮回答。这个最基本的问题，就是我们从哪里来、现在在哪里、将到哪里去。命运共同体的核心要旨就是，世界命运应该由各国共同掌握，国际规则应该由各国共同书写，全球事务应该由各国共同治理，发展成果应该由各国共同分享。命运共同体思想是利益共同体、责任共同体思想的升华，最初着眼于周边：安身立命之所，发展繁荣之基，后来多用于发展中国家，强调南方意识，最高境界是人类命运共同体，从现实世界延伸到虚拟空间——网络空间命运共同体，从传统领域拓展到全球公域——要秉持和平、主权、普惠、共治原则，把深海、极地、外空、互联网等领域打造成各方合作的新疆域，而不是相互博弈的竞技场。

人类命运共同体的关键词是人类、命运、共同体——人类：

超越国家身份，体现天下担当；命运：升级合作共赢，体现命运与共；共同体：超越地球村，树立大家庭意识，塑造共同认同。

具体而言，可从三个维度讲好人类命运共同体故事：

一是历史维度。天下大势，合久必分，分久必合。今天的“合”，就是超越国家的狭隘、国际差异，树立人类整体意识。中国提出人类命运共同体思想，继承了人类社会孜孜以求的传统，并在21世纪使之升华。

二是现实维度。政治上建立伙伴关系。建立平等相待、互商互谅的伙伴关系。国家之间要构建对话不对抗、结伴不结盟的伙伴关系。大国要尊重彼此核心利益和重大关切，管控矛盾分歧，努力构建不冲突不对抗、相互尊重、合作共赢的新型关系。

三是未来维度。命运共同体思想也是对中国与世界关系的宣示：世界好，中国才能好；中国好，世界才更好。更长远的意义则是告别普世价值的虚伪，追求人类共同价值观。命运共同体着眼于人类文明的永续发展，推动建立文明秩序，超越狭隘的民族国家视角，树立人类整体观。超越国际秩序和意识形态差异，寻求人类最大公约数，塑造以合作共赢为核心的新型国际关系，倡导和平发展、共同发展、可持续发展。

命运共同体理念引发普遍共鸣。德国总理默克尔在北约峰会和G7峰会结束后表示：“从某种程度上来说，我们能够完全依赖别国的时代已经结束了。我在过去几天里体会到了这一点。我们欧洲人必须真正地将我们的命运掌握在自己手里。”

总的看，建设命运共同体有三个阶段：

阶段一：寓命于运。命运要掌握在自己手里，世界的前途命运必须由各国共同掌握，这是建立共同体的前提。中国应积极倡导建立“同呼吸，共命运”的安全伙伴关系，超越“安全上靠美国，经济上靠中国”的“亚洲悖论”及双边军事联盟体系。

阶段二：寓运于命。命运要联通起来，各国自主选择社会制度和发展道路，尊重各国推动经济社会发展、改善人民生活的实践，实现安全与经济协同发展。

阶段三：寓异于同。各国具有差异性，世界具有多样性，但共同的历史记忆、共同的处境、共同的追求，将各国紧密相连，形成共同身份与认同，塑造共同未来。正如费孝通先生所言，各美其美，美人之美，美美与共，天下大同。

“理念引领行动，方向决定出路”。“一带一路”倡议正在践行其理念，化为各国的共同行动，体现中国“知行合一”哲学。人类命运共同体理念体现在“一带一路”倡议中，就是要鼓励各国走符合自身国情的发展道路，命运掌握在自己手里，减少对其他国家尤其是美西方的依赖。以我“四个自信”助推沿线国家的“四个自信”，让世界走出近代、告别西方，从而也彻底消除美西方颜色革命思想土壤。

在“一带一路”倡议下，探索中华文明如何实现与欧亚非大陆古老文明共同复兴之道，可以说承载着21世纪的“张载命题”。

为天地立心，就是激活“和平合作、开放包容、互学互鉴、互利共赢”的丝路精神，开创以合作共赢为核心的新型国际关系，探寻21世纪人类共同价值体系，建设人类命运共同体。

为生民立命，就是鼓励各国走符合自身国情的发展道路，与“一带一路”沿线国家开展先进、适用、有利于就业与绿色环保的产能合作，支持其工业化进程，让合作成果更多惠及“一带一路”沿线人民，实现共同发展与繁荣。

为往圣继绝学，就是实现人类永续发展，各种文明、发展模式相得益彰、美美与共，开创中华文明与欧亚非古老文明共同复兴的美好前景。

为万世开太平，就是推动人类的公平正义事业，缔造“一带一路”地区的持久和平，实现全球化时代的“天下大同”。

人类命运共同体思想告别了近代“外国的月亮比中国圆”的虚幻，回到“我们共享一个月亮”的事实。历史上，我们同是丝路人；如今，我们同是带路者。

习近平主席2017年5月14日在“一带一路”国际合作高峰论坛开幕式上发表的主旨演讲指出：“我们正处在一个挑战频发

的世界……和平赤字、发展赤字、治理赤字，是摆在全人类面前的严峻挑战。”

为解决这三大赤字，习近平主席在演讲中回溯到两千年前的丝路文明，号召我们不忘初心，不让浮云遮目，坚定信念——各国之间的联系从来没有像今天这样紧密，世界人民对美好生活的向往从来没有像今天这样强烈，人类战胜困难的手段从来没有像今天这样丰富，提出“和平之路、繁荣之路、开放之路、创新之路、文明之路”。这在中国经历近四十年改革开放所探索出的创新、协调、绿色、开放、共享的五大发展理念基础上，展示了解决世界性难题的中国方案。

和平之路：丝绸之路是和平的产物。今天，“一带一路”通过倡导发展导向的全球化，树立共同、综合、合作、可持续的安全观，标本兼治、统筹协调、综合施策，正在消除冲突、动荡的根源。

繁荣之路：丝绸之路是繁荣的标志。古丝绸之路沿线地区曾是“流淌着牛奶和蜂蜜的地方”，“一带一路”正在再现这种繁荣景象，通过“经济大融合、发展大联动、成果大共享”，给世界经济发展带来福音。

开放之路：丝绸之路是开放的结果。“一带一路”正在打造“开放、包容、普惠、平衡、共赢的经济全球化”，是应对保护主义的最有力方案。

创新之路：丝绸之路是创新的宝库。“一带一路”着眼于21世纪的互联互通，创新合作模式、创新合作观念，引领国际合作方向。

文明之路：丝绸之路是文明的象征。“一带一路”将人类四大文明——埃及文明、巴比伦文明、印度文明、中华文明，串在一起，通过由铁路、公路、航空、航海、油气管道、输电线路和通信网络组成的综合性立体互联互通，推动内陆文明、大河文明的复兴，推动发展中国家脱贫致富，推动新兴国家持续成功崛起。一句话，以文明复兴的逻辑超越了现代化的竞争逻辑，为21世纪国际政治定调，为中国梦正名。“一带一路”所开创的文明共同复兴的秩序可称为“文明秩序”。

针对国际社会对“一带一路”各种各样的担心，习近平主席在演讲中承诺：“中国愿同世界各国分享发展经验，但不会干涉他国内政，不会输出社会制度和发展模式，更不会强加于人。我们推进‘一带一路’建设不会重复地缘博弈的老套路，而将开创合作共赢的新模式；不会形成破坏稳定的小集团，而将建设和谐共存的大家庭。”

做到这一点，就在开创人类新文明，开创国际合作的新纪元。“一带一路”坚持“共商、共建、共享”原则，强调开放包容，超越近代殖民主义、帝国主义、霸权主义，创造没有霸权的时代，开创东西和谐、南北包容的未来。

人类命运共同体是“一带一路”思想所构想的最高目标，通过三部曲实现。

首先，“一带一路”思想的小目标是打造周边命运共同体。我国有 14 个陆上邻国，与 6 个国家隔海相望，安定的周边环境对于中国的稳定发展至关重要。中国周边外交一向秉持“亲、诚、惠、容”理念，坚持以邻为善、与邻为伴，坚持睦邻、安邻、富邻，非常重视中国安身立命之所、发展繁荣之基的周边地区。习近平同志在和平共处五项原则发表 60 周年纪念大会上指出：“当今世界正在发生深刻复杂的变化，和平、发展、合作、共赢的时代潮流更加强劲，国际社会日益成为你中有我、我中有你的命运共同体。”正是通过“一带一路”建设，中国能够积极推动同周边国家和地区建立起紧密的经济联系和区域合作关系。无论是“守望相助，弘义融利，心心相印，风雨同舟，勇担责任”中非命运共同体，还是中国—东盟命运共同体、亚洲命运共同体、中拉命运共同体、中巴命运共同体等，都是通向人类命运共同体的一小步。此外，互联互通是中国通过“一带一路”打造周边命运共同体的具体途径，习近平在“加强互联互通伙伴关系”东道主伙伴对话会上的讲话中将“一带一路”比喻为亚洲腾飞的两只翅膀，而其血脉经络就是互联互通。

其次，“一带一路”思想的最高目标离不开利益共同体和责任共同体意识的塑造，其具体表现为公正合理的全球治理体系。相互依存的发展使世界各国命运更加紧密相连，习近平在中共中央政治局第二十七次集体学习时强调，随着全球性挑战增多，加强全球治理、推进全球治理体制变革已是大势所趋。在金砖国家领导人第七次会晤中，习近平同志提出“国际经济规则需要不断革故鼎新，以适应全球增长格局新变化，让责任和能力相匹配”，“推动国际经济秩序顺应新兴市场国家和发展中国家力量上升的历史趋势”。在习近平同志看来，公正合理的全球治理体系的特征是：以共同利益为基础、以合作解决分歧以及重视共同发展的实现。为达到这一目标，需要在现存全球治理体系中扩大新兴国家代表权，提升发展中大国的制度话语权，弘扬“共商、共建、共享”的全球治理理念。

最后，“一带一路”思想的最高目标已经得到了广泛的国际认可。2017 年 1 月 18 日，习近平在瑞士出席“共商共筑人类命运共同体”高级别会议时，呼吁各方共同促进建设人类命运共同体的伟大进程，坚持对话协商、共建共享、合作共赢、交流互鉴、绿色低碳，建立一个持久和平、普遍安全、共同繁荣、开放包容、清洁美丽的世界。同年 2 月 10 日联合国社会发展委员会协商一致通过“非洲发展新伙伴关系的社会层面决议”，呼吁国际社会以“人类命运共同体”的理念协助非洲经济社会发展。这是“人类命运共同体”第一次被写入联合国决议，也标志着其作为一种共同的发展愿景获得了广泛认可。

总之，命运共同体思想继承和弘扬了《联合国宪章》的宗旨和原则，是全球治理共商、共建、共享原则的核心理念，为“一带一路”建设塑造了灵魂，超越消极意义上的“人类只有一个地球，各国共处一个世界”，形成积极意义上的“命运相连，休戚与共”，就是不仅要在物质层面上，还要在制度、精神层面上求同存异、聚同化异，塑造“你中有我、我中有你”的人类新身份，开创天下为公、世界大同的人类新文明。天下大势，合久必分，分久必合。今天的“合”，就是超越国家的狭隘、利益差异，建立以合作共赢为核心的新型国际关系。命运共同体着眼于人类文明的永续发展，推动建立文明秩序，超越狭隘的民族国家视角，树立人类整体观。这是从人类文明高度理解“命运共同体”思想应有的启示。

第九章
公共外交的超越

国之交在于民相亲，民相亲在于心相通。

——习近平

天下无外的传统思想、为人民服务的当代情怀，塑造了超越公共外交的文化底蕴与社会特质，这是新时代中国公共外交倡导民心相通，超越公共、超越外交的缘由。

第一节　民相亲

民相亲是公共外交需要做到的第一层超越，旨在获得受众的认可，这关乎公共外交的客体问题。中国特色的公共外交把国内外民众对中国政策的理解与支持作为主要任务之一。当然，公共外交的客体主要是外国民众。可以说，公共外交是全球化时代的国际统战，秉承“团结友华派，争取中间派，孤立顽固派”原则。外国民众中对华友好、对中国文化感兴趣的要巩固，对华敌视的暂缓争取——毕竟形势比人强，事实胜于雄辩，自然会化解顽固派的中国心结，重点是争取中间派、犹豫派。

展示中国形象，是中国公共外交始终努力的方向。2013 年底，习近平在中共中央政治局第十二次集体学习建设社会主义文化强国时指出：“要注重塑造我国的国家形象，重点展示中国历史底蕴深厚、各民族多元一体、文化多样和谐的文明大国形象，政治清明、经济发展、文化繁荣、社会稳定、人民团结、山河秀美的东方大国形象，坚持和平发展、促进共同发展、维护国际公平正义、为人类作出贡献的负责任大国形象，对外更加开放、更加具有亲和力、充满希望、充满活力的社会主义大国形象。”提升中国形象就是通过战略沟通塑造对方政治、舆论精英的中国观，通过文明对话培养对方知识分子、文艺人士的中国意识，要让友华派、中间派、顽固派形成对华印象的最大公约数，并让友华派带领中间派、感化顽固派，让外界客观、全面、动态地认识中国新形象，理解复杂中国的内政外交。为此，要推进中国特色的新型智库建设，并推动智库积极“走出去”，按照大传播理念，发挥好新兴媒体作用，加强国际传播能力建设，精心构建对外话语体系。

俗话说，“到什么山上唱什么歌”。中国公共外交在不同国家和地区也应结合当地的民情及对华态度，设计不同的策略、重点。对发展中国家，要树立正确的义利观，真诚地帮助它们走符合自身国情的发展道路，在国际上积极回应它们的期待；对发达国家，多传播中国全面深化改革带给它们的巨大机遇，展示中国的现代化也是借鉴、折射西方现代化的成就，增强其对中国崛起的认同感、成就感；对周边国家，要秉承“亲、诚、惠、容”的外交理念，创新人文交流方式，促民心相通，培育客观友善的周边舆论环境。总之，应向国际社会强调建立以合作共赢为核心的新型国际关系，提升中国的软实力。

近悦远来，共襄盛举。作为一个开放包容的国际合作平台，“一带一路”成为当今世界广泛参与的国际合作平台和广受欢迎的国际公共产品，也是中国进行公共外交的重要舞台。第二届“一带一路”国际合作高峰论坛，更是吸引了 150 多个国家、90 多个国际组织的近 5 000 位外宾。凡益之道，与时偕行。彩云长在有新天。推进“一带一路”建设，为促进世界经济增长、深化地区合作打造更坚实的发展基础。历史已经并将继续证明：世界好，中国才能好；中国好，世界才更好！“天涯共此时”的体悟，并不会局限于高峰论坛期间，而将贯穿在各国人民对美好生活的向往成为现实的过程中。各国同呼吸、共命运，合力构建人类命运共同体，最终将实现“太平世界，环球同此凉热”。

中国公共外交经历过低谷，也从中吸取过教训，更懂得民相亲的重要性。以 2003 年“非典”时期中国国际形象在世界范围内的变化为例，起初中国处理公共卫生事件不力，导致“非典”在我国广东、香港等地一度失控，并传播至东南亚等地。国际社会对此颇有抱怨，共有 19 个国家元首、政府首脑等高级代表团因“非典”取消或推迟对中国的访问，中国与世界的交流一度处于改革开放以来的最低水平，导致中国国际形象危机。后经吴仪副总理、温家宝总理和胡锦涛主席先后参加国际会议和出访，才一度挽救了中国的国际声誉。

今天，中国日益融入世界。中国的国际形象不仅关系到中国的国际信用从而影响直接投资和对外贸易，而且从长远讲与中国的“软国力”密切相关，已经成为中国的无形资产。我国几代领导人都很重视民间外交或公众外交，从周总理、邓小平到江泽民，民间外交在中日邦交正常化过程中也扮演了十分积极的角色。但对公共外交却重视不够。“三个代表”中的重要一条是中国共产党要始终代表“最广大人民的根本利益”。中国外交如何做到这一点呢？这就要求我们的驻外机构首先要保护好每一个中国公民、侨民在海外的民间利益；其次，外交要为打造良好的中国国际形象服务，不仅要着眼于本国公民的根本利益，而且要赢得国际社会最大多数人民的民心。现时的需要催促我们在日常对外交往中要积极主动地开展公共外交活动，并把它上升到国家战略的高度来推行。

“国家形象是国家力量和民族精神的表征，是主权国家重要的无形资产，是综合国力的集中体现。”[1]国际形象是已作用于国际社会的国家形象。在亲近、友好程度不同的国家眼里，对一国国家形象的评价不一，因而用国际形象比较科学，即主流国际社会对一国的总体印象。国际形象树立难而破坏易，即世人一旦建立起某种对中国的印象，不会轻易改变。

国际社会对中国国际形象的认知，是一个互动的过程，存在对方和我方两方面的原因。对方原因包括：不了解中国国情、意识形态的隔阂、不信任等；我方原因有：不重视外部世界的反应、不善于推销自己等。这源于中国“取经文化”而非“送经文化”的传统和中国人的内敛品质，同时受不干涉内政的外交传统影响。

改革开放以后，“中国威胁论”成为影响中国国际形象的主要制约。其中也蕴含着一个悖论：以中美关系为例，如果中国不威胁到美国，美国对中国的看法就比较正面。中国处于弱势，尤其是像抗战期间，中国较容易得到美国同情，中国形象较正面。因此，问题的关键在于改变中国强大了就会威胁人家的逻辑，增强对中国的信任。这就要求我们研究中国和平崛起的可能，以做负责任大国的姿态积极主动地参与国际事务。

长期以来，中国外交一度高度集中在国家之间的“高级政治”领域，所谓发展“大国关系”，重视领导人之间的“高层互访”等就是这方面的例子，注重国家安全等高级安全问题。再如，中美政治关系（政府间关系）被当作中国外交的“重中之重”。这当然是必要的，也是重要的。但随着全球化的发展，各国外交均在调整，许多国家外交部进行着大幅度的改革（比如日本与西欧国家，还有一些发展中国家），这些国家的外交越来越积极地面对非传统的、不属于“高级政治”但恰恰是最重要的新型问题。

可喜的是，我国已有学者认识到，“非典”问题正是这样一个不属于传统“高级政治”或“高级安全”但却全面冲击“高级政治”的问题。[2]对于传统外交来说，几乎用不着去关心诸如一种传染性疾病的外交后果。但从“低级政治”、非传统外交的角度看，诸如“非典”这样的世界性疾病，早已成为许多国家外交主题中的应有之义。因为“非典”已经涉及许多国家的安全，也就是社会安全与人的安全。

中国是“非典”疾病的高发地区，而中国外交则受到了“非典”的严重冲击。这种冲击对过分集中于“高级政治”的中国外交以良性警示。中国外交应从“非典”危机的外交后果中汲取教训，着手开始改革。

一个国家的外交应更多地以公众为中心，维护一个国家、社会与每个公民的安全、利益、价值与形象，而不再仅仅是狭义的国家安全。当今世界，经济全球化、政治多极化、文化多样化、社会信息化加速发展，公共外交主体日益多元化。王莉丽提出“多元公共外交”概念[3]，认为多元公共外交作为一个系统，主要由政府、媒体、智库、企业等多元化的行动主体构成。其中，政府是多元公共外交系统的宏观政策和行为规则制定者，智库是思想的源泉和具有很强公信力的行为主体，媒体是舆论扩散器和媒介镜像的构建者。新时代的公共外交面对很大困难和不确定性，需要加强议程设置和舆论互动，潜移默化地影响和改变受众认知与态度，以文化为基础进行内容构建，强化新媒体传播力，从独白转向对话。

新型的外交体制不仅能有效地处理传统国家之间的关系，而且必须能有效面对全球化世界存在的一系列重大非传统问题。中国外交的改革就包括如何面对原来中国对外关系并不存在（或者存在但并不重要）的问题。

总之，“非典”对中国的影响，从国际层面讲，前期是冲击中国国际形象，现在正塑造中国新的外交风格，长期将丰富中国的安全理解。在中国经济日益走向世界，中国社会也日益开放的情形下，中国仍然存在一定意义上的国际形象危机，或者说中国的国际形象与中国的国际地位和中国对世界所做的贡献不相称，国际社会应该更能接受中国。“非典”爆发后国际社会对中国的排斥和抱怨对此敲响了警钟。“非典”对中国国际形象与国际声誉的冲击虽然具有突发性、短期性，但寓意深远。中国应该从应急性的“危机外交”转向重视平常状态的公共外交，从关注精英政治转向关注面向公众的政治。

第二节　心相通

“海内存知己，天涯若比邻”——当不同国家民众间相互理解，心灵上的沟通则成为公共外交需要完成的第二层超越。

国之交在于民相亲，民相亲在于心相通。自“一带一路”倡议提出以来，沿线各国开展了形式多样、领域广泛的公共外交和文化交流，增进了相互理解和认同，为共建“一带一路”奠定了坚实的民意基础。志合者，不以山海为远。从千年前的驼铃声中走来，和平合作、互利共赢的愿望从未被山海阻隔；向新千年的愿景走去，开放包容、互学互鉴的理念让世界携手同行。

然而，既然说心相通是公共外交的第二层超越，这就意味着有一定的难度。人们普遍认为国之交自然民心相通，但有时在国际交往中却事与愿违。

近年来，中德经贸关系密切，政治文化交流深入，两国关系进入历史最好时期，中国民众对德国的好感度继续保持较高水平，但德国民众对中国的国家形象评价却比较低，且这种评价呈持续下降的态势。这说明，国家经济相互依存不见得带来民众间的好感。对国家形象的认知，从来都是两个国家互动的过程。中国的多重国家身份——作为发展中国家的中国，作为新兴大国的中国，作为东方文明型国家的中国——限制或制约了中国国家形象的传播，甚至造成国外民众对中国形象的负面认知。

第一，作为发展中国家，中国的国家实力尤其是软实力发展的局限影响德国对中国国家形象的认知。虽然中国经济与 40 年前相比发生了天翻地覆的变化，但是，中国在发展过程中对内面临贫富差距、环境、法治、民主等诸多问题，对外面临领土争端、海权归属、经济竞争等许多挑战，这些问题与挑战掣肘了中国国际影响力的发挥，在国际社会容易引起别国的紧张，甚至出现“经济越发展，形势越紧张”的安全困境。[4]第二，作为新兴大国，中国调整与国家实力相匹配的外交政策引起部分德国民众的不适。第三，作为东方文明型国家，中国在国际话语权争夺中的弱势地位制约了中国国家形象的积极传播。作为历史上唯一世俗文明的崛起，在西式话语霸权和宗教文明体系下，中国往往陷入“做也不是，不做也不是”（Dammed if you do，dammed if you don’t）的境地。[5]

凡此种种，均说明从民相亲到心相通这一层超越道阻且长，也是中国公共外交需要进一步努力的方向。

第三节　情相怡

公共外交就是在认识你自己、成为你自己之后表达你自己的举措，而在这一过程中，中国公共外交则需要进行第三层超越，即达到情相怡。表达好中国，正是中国公共外交的主题。公共外交的生命力在于知行合一。随着中国梦和社会主义核心价值观的相继提出，中国公共外交迈入自信、自觉的发展阶段。这也是“四个自信”在公共外交领域的体现。中国公共外交的春天已经来临，有逐步迈入大公共外交时代之势。公共外交实现第三层超越，达到情相怡的境界，需要运用好中国智慧。

今天，“中国智慧”这个词比较多地被提及，为什么要强调“中国智慧”？笔者试着从三方面来理解：一是传统维度。中国文明五千年延续不断，博大精深，充满智慧，这确实是历史上其他文明少见的。二是现代维度。现代中国学习了西方，学习了各种世界文明，可以说是兼收并蓄，融会贯通。比如察哈尔学会把“察哈尔”这个古老的名称复活了，变成现代智库。“一带一路”复兴两千年前的丝绸之路，激发了很多国家的丝路梦想。“一带一路”倡导文明的共同复兴，一下子激发了世界各国，尤其“一带一路”沿线国家对美好生活的向往。历史智慧奠定了中国公共外交的自信。三是全球维度。当今世界面临着西方基督教滥觞于世的挑战。简单说，美国外交是把异质思想皈依掉，实现普世价值；而中国历史上强调赢得民心，尊重而不只是容忍差异，这是中国公共外交有别于西方国家的地方。

因此，中国公共外交的智慧至少包括四大方面：

一是历史智慧。历史上，中国无“公共外交”之名，但有其实，比如强调“国之交在于民相亲，民相亲在于心相通”，“相知无远近，万里尚为邻”等等，不同于西方公共外交着眼于“mind”，而是强调赢得人心（heart）。

二是文化智慧。中华文化灿烂辉煌，为公共外交提供不竭智慧源泉。中国人的“和主义”基于古代的天下观。中国公共外交不同于美国公共外交，强调国家利益极少，而是“计利当计天下利”，主张“寓利于义”。走遍了世界，只有中国首都北京在天安门城楼上写这么一句话，中华人民共和国万岁，世界人民大团结万岁。美国能写吗？美国人强调公共外交的 public 特指公共资源，中国人把“public”变成了一个最高境界，天下为公，所以讲的是大公共外交，转变为今天“一带一路”里的核心思想，就是人类命运共同体，一下子让中国站在了道义制高点。笔者觉得古老的文明才能够展示出这样的智慧。古代各种文明相互学习和借鉴，国际政治的主题就是要学会包容。西方文化强调“容忍”，一定程度上无法容忍的时候就要爆发了。费孝通先生说“美美与共，天下大同”。笔者很难找到一句话来概括中国这样的包容心态。

孔子曰，远人不服，则修文德以来之。既来之，则安之。中国的公共外交是道德内省型，不同于西方的以自我为中心。软实力很好地体现了基督教的思想：我是正确的，你很难理解我，我换一种方式来诱惑你、让你皈依。而中国的外交强调，正确与否要靠历史和人民来检验，所谓“桃李不言，下自成蹊”，不能自说自话，这明显体现出了与美西方外交的差异。

三是政治智慧。毛主席说，人民群众是最好的老师。公共外交要做人民的工作，你把人民当作学生还是老师，这在公共外交来讲含义完全不一样。中国的政治能够把本国的民众和外国民众当成老师，即孔夫子说的“三人行必有我师”，不同于西方思维“三人行我必为师焉”。政治协商制度、统战很大程度上是尊重差异，把不同的矛盾通过协商的方式来解决。政治智慧有很多，比如外交这个概念，西方讲的外交是政治主权，维护国家利益、提升国家形象的行为，中国人讲的外交和外事，很大程度上是希望别的国家尊重不同国家的道路选择，不是强调国家利益最大化，更不是以国家利益为中心。

四是社会智慧。俗话说：天下兴亡，匹夫有责。中国公共外交强调全民参与，每个中国人都是中国梦和公共外交的主体。除了政府与民众外，中间还有一层“社会”。社会组织、团体的外交也叫公共外交。地方的领导团体也是公共外交的主体，这一下子体现了中国公共外交的社会智慧。

历史智慧也好，文化智慧也好，政治智慧和社会智慧也好，中华文明博大精深，笔者只是列举一二，供大家批评参考。结论有两个：第一，中国不是简单的民族和国家，我们是文明型国家。第二，公共外交超越了外交本身，也超越了 public 的含义。今天我们讲的公是天下，是人类，是命运共同体，这本身是大的包容。从更高境界讲，公共外交姓共，不姓国，这就是中国公共外交的大智慧。

在谈论情相怡时，不能绕过的一个问题就是如何讲好中国故事。要想讲好中国故事，也需要实现三重超越：

第一重超越，就是从中国故事到中国梦、中国精神。撒切尔夫人说：“中国只会输出产品，没有什么价值观，所以不用担心中国的崛起。”中国国内也有很多人说：“中国的崛起只是摸着石头过河摸出来的，彼岸还是在西方，还是在普世价值。”还有的人说：“可能是搭便车搭来的。”其实，中国的成功背后蕴含着很多精神、灵魂，所以中国梦把中国成功的故事提升到了更高的境界。这是第一重超越。

第二重超越，以前老是强调中国特色的东西，这种特色的东西里面有没有一种普遍的意义？总是特色的东西，有时候人家认为中国是例外的，是另类，别人无法复制也无法分享，那么对中国梦也不会产生认同。我们需要把这个问题讲清楚。

第三重超越，从传统文化到发展道路，从发展模式到核心价值，比如说孔子学院，他就说对你中国的文化很感兴趣。但是能不能将对古人的兴趣变成对今天孔子的兴趣？老是崇拜两千多年前的孔子，今天的孔子坐在我们这里，我们正在阐述中国梦，所以要让世界从了解中国到理解和认同中国，从了解中国古代的文化到明白中国未来的追求，这是一个巨大的飞跃。

俗话说“功夫在诗外”。讲好中国故事，要超越“中国”，超越“故事”，超越“讲”，关注他人，关注时代，关注世界。

（1）超越“讲”。

正如需求创造供给的道理一样，要讲先问。要学会问，学会倾听，激发对方听我讲的兴趣，然后才能有针对性地讲，更好与对方互动。我们常常说国际舆论场“西强我弱”，其实“为而不争，故莫能与之争”。正如李光耀当年所言，只要我新加坡成功了，不怕你不承认我！中国的持续成功，使得各种中国崩溃论、威胁论等不攻自破。不要急吼吼、气鼓鼓去讲，而是要好好地说。同时要超越中西方、以美为镜，避免陷入中西二元对立、“老大—老二”陷阱。如试图证明中国模式优于美国模式，只会招致更多攻击和反感，或只盯强者，老是想着迎头反击，往往图一时之快，却得罪了周边，吓怕了弱者，正好上了人家的当。比如，美国学者葛来仪在亚太安全对话上每年都提九段线，根本不指望中方回答，而是借炒作发声、毒化舆论。对此，我们完全可以跳出来讲自己的故事——中国军队维和贡献等，而非顺着西方原罪论逻辑挣扎，试图证明自己的清白，既浪费时间又暴露弱点。欧洲人就很担心中国成为又一个美国，我们驳斥美国常常以其人之道还治其人之身，就可能产生中国正步美后尘的错觉。

讲好“一带一路”故事，首先就是要听——听听沿线国家的需要、期待，然后探讨如何满足这些需要、期待，表明“一带一路”是时代发展的必然，是世界所期待，改变全球化更多有利于海洋国家、沿海地区的局面，倡导包容性全球化；同时，强调“一带一路”作为合作倡议与国际公共产品对世界的贡献——世界上有 9 亿人没有用上电，光印度就有 3 亿，而“一带一路”推动电网的互联互通，帮助他们脱贫致富。这比睚眦必报，急于去辩驳“一带一路”不是中国的马歇尔计划，效果要好得多。

（2）超越“中国”。

只有对你感兴趣，才对你的国家感兴趣。拳拳爱国情怀常常让我们觉得一言一行皆代表中国，往往很不放松、自然。其实，讲好中国故事，首先要讲好自己的故事，要以个人魅力折射中国魅力。同时，中国人自古有天下担当，需超越中国，关注他人，善交、广交朋友。世人对中国日益好奇，但好奇之外是疑问——中国成功对我意味着什么？中国失败对世界意味着什么？唱红中国，老外可能比我们还大胆、还起劲儿，韩国的《超级中国》、美欧的中国纪录片就是很好的例子。中华民族伟大复兴的中国梦，让我们心中有梦想，肩上有使命。当然，外国人心中也有梦想，肩上也有使命。基于这一认识，笔者最早提出“中国梦也是世界梦”，反响就很好。

“一带一路”故事，要少强调中国——“丝绸之路”概念就是德国人提出来的。少强调张骞、郑和，要强调古丝绸之路是各国共同打通、维护的，“一带一路”的魅力就在于激发了文明古国的往日辉煌，共商、共建、共享21世纪丝绸之路，达到共同发展、共襄盛举的目标。

（3）超越“故事”。

中国故事是多方面的，既有成功，也有教训，关键是故事背后的道。道在，自信在。超越自信，养成自觉，关键在讲好中国故事之道。不只是我自豪我自信，关键还得让别人自信，鼓励他们走符合自身国情的道路。与其抱怨“有理说不出”，不如倡导

“有道来分享”。中国故事是解决发生在中国的世界性问题，与其他国家的故事具有共通性。讲好解决人类共同或类似问题的中国道路、中国智慧之外，更侧重讲“我行，你也行”“我错，你不要错”。外国人不只是讲好中国故事的听众，也可成为讲中国故事的主人。

以此精神，“一带一路”故事可以放在国际层面讲，体现对联合国 2015 年后发展议程的贡献，体现联合国教科文组织、联合国开发计划署等的前期贡献，表明“一带一路”激发了欧亚大陆互联互通的百年梦想，推动梦想成真。讲好“一带一路”故事，要多强调“和平合作、开放包容、互学互鉴、互利共赢”的“丝路精神”，尤其是命运共同体理念，以此引领 21 世纪国际社会价值。正如亚投行创立之初强调“green，lean，clean”原则，“一带一路”要强调绿色丝绸之路，尊重国际规范，体现 21 世纪价值观。一句话，从“我的”转化为“我们的”，才是“一带一路”传播之道。

总而言之，中国公共外交需要通过讲好中国故事达到情相怡的第三层超越，需探索传播之道、树立传播自信；舍国家之短、取文明之长，淡化中国，最终把我们要讲变成他们要讲。

第十章 中国公共外交的实践

小国的目标是国民自由、富足、幸福地生活，而大国则命定要创造伟大和永恒，同时承担责任与痛苦。

——托克维尔

按照中国公共外交的现实实践，主要分为对周边国家、对西方国家和对发展中国家开展公共外交三个部分，因其实施对象不同，其具体实践的途径和目的也有所差异。

第一节 周边国家公共外交的文明担当

公共外交存在外交层次——公共外交，战略层次——战略沟通，文明层次——文明对话三种形态。中国周边国家公共外交，尤其是东亚公共外交，应消除近代以来民众认知的时空错乱，亦即传统上以中国为中心的纵向等级秩序与西方传来的以主权国家为核心的横向秩序之间的矛盾，着眼于通过文明对话塑造现代东亚文明意识。与此同时，中国应复兴传统文明，实现全球化时代的文明转型，推动创新人类文明，争取周边国家对我文明道统的认可，这是以“亲、诚、惠、容”为四大支柱的周边国家公共外交的文明担当。

“中国是一个佯装成国家的文明”，这是美国汉学家白鲁恂的著名论断。因此，中国的公共外交，就不只是一个国家的行为，而应包括外交、战略、文明三个层次。

外交层次。着眼于外国普通民众，主要使命在于解释内政与外交政策、提升国际形象、培育和发挥软实力。这是公共外交作为外交的分内职责。对发展中国家的公共外交，比较符合这一层次，其中对外援助和正确的义利观分别是其重点和难点。

战略层次。战略沟通（strategic communication），着眼于外国精英，主要使命在于取得战略理解、塑造战略共识。和平崛起、中美建立新型大国关系是典型的战略沟通。因为中美存在结构性矛盾，战略互疑是关键，民众认知受制于精英塑造，对美公共外交的着眼点尤其应放在战略沟通、形成战略认同层面。

文明层次。文明的对话与交流，着眼于挖掘中外社会集体记忆与文化意识的共同点、包容性，形成和而不同、殊途同归的社会共识。公共外交的精髓是对话而非告诉（inform），而对话的理念是双向沟通，是分享观念，而非单向输出观念。这一点，对于周边国家和文明古国，如欧洲与中东地区，尤其如此。对周边国家公共外交的重点是文明对话，恢复东亚文明道统；对其他文明古国，则着眼于借古喻今，推动文明互鉴与和谐。

这三个层次，体现了中国公共外交的“三个世界”理论：对第一世界（美国），战略沟通为主；对第二世界（周边国家、欧洲、中东），文明对话为主；对第三世界（发展中国家），公共外交为主。因此，可将中国公共外交图谱归纳为表 10.1。

表 10.1　中国公共外交图谱

层次	形态	重点	难点	对象国
外交层次	公共外交	对外援助	正确的义利观	发展中国家
战略层次	战略沟通	战略共识	减少战略互疑	美国
文明层次	文明对话	道统、和谐	借古喻今	周边国家、欧洲、中东

周边国家公共外交，既具有中国公共外交的一般性，也具有其特性，最大的特性就是文明的道统之争。正如欧洲的“三个罗马”之争——西罗马帝国（以罗马为中心）、东罗马帝国（以君士坦丁堡为中心）、俄罗斯帝国（以圣彼得堡为中心），争夺罗马帝国与基督教的道统。东亚也存在文明的道统之争——中国认为自己是中华文明的道统继承者，朝鲜与韩国认为清兵入关后中华

文明道统转移到了朝鲜半岛，日本自称文明道统日落于西而日出于东（故而自称“日出之国”，认为“崖山之后无中国，明亡之后无华夏”）。

传统东亚文明母体——中国，被质疑不能继承文明道统，这是中国周边国家公共外交面临的历史困境。换句话说，梁启超先生所谓“中国之中国、亚洲之中国、世界之中国”在脱节，这是中国周边国家公共外交的主要挑战。古人云，“正人先正己”。面对周边国家对中国的疑虑和误解，最好的办法仍然是“远人不服，则修文德以来之。既来之，则安之”。拿今天的话来说，就是以理服人，以文服人，以德服人（习近平语）。

文明的道统之争反映在公共外交话语体系下，便是日韩自称自己是民主国家（美国的盟国），按照西方横向逻辑（民族国家思维）来解释历史（比如认为朝贡体系并非厚往薄来而是一种殖民体系）等。究其实质，是民众认知的时空错乱，亦即传统上以中国为中心的纵向等级秩序与西方传来的以主权国家为核心的横向秩序之间的矛盾，这就有赖于探讨东亚公共外交的使命了。

东亚有三怪：不是东亚国家，却自视为东亚国家，这就是美国；是东亚国家，却不承认自己是东亚国家，这就是日本；是东亚国家，但民族国家统一任务尚未完成，这就是中国和朝鲜半岛。

因此，东亚国际关系的症结是国家身份问题没有根本解决：中国崛起是中华民族的伟大复兴吗？日本“正常化”是要恢复大日本帝国荣耀吗？韩国的半岛和平繁荣政策是要复兴大韩民族主义吗？即便各自国家将这些列为国家发展目标，但并未得到东亚区域内其他国家的认同，更没有得到美国的承认。

从纵向而言，东亚国际关系的和谐，是有深厚历史基础和现实需要的；而其不和谐，同样是有深刻历史背景和现实原因的。在全球化和地区化时代背景下，各国国力此消彼长导致各自心理上的震动和失调。

中国，常常是从未来看现实——预支崛起的未来，督促日本正视历史；或从大历史看现实——中国在鸦片战争前还是世界首屈一指的中央王国。

日本，则常常从小历史看现实——明治维新以来，日本就是亚洲的优等生，民主优越感与现代化优越感往往使日本人看不起中国。现实中又以显微镜看中国，发现中国崛起问题多多，因而并不看好中国的未来。问题是，日本的“明治维新红利”还能用多久？面对中国快速崛起，日本的战略焦虑愈发溢于言表。

韩国，却常常以现实看历史，对现实大国的举动，常常表露其历史的无辜——日本在靖国神社和慰安妇问题上的表现更唤起了韩民族对日本殖民历史的记忆。韩国对中国崛起的不安，也是片面的历史记忆在发酵。

总之，从时间维度说，中日、韩日、中韩关系的纠葛是身份问题：古代中国、现代中国，近代日本、现代日本，近代韩国、现实韩国……这些身份交织在一起，至今束缚东亚国际关系思维：或以“古代中国”藐视“现代日本”，或以“现代中国”鞭笞“近代日本”，或以“现代日本”俯视“现代中国”，或以“现实韩国”警惕“近代日本”，形成时空体系的错乱。中日、韩日关系乱局，就乱在认识、心理没有回归现实。其实，中日韩三国都没有长大：韩国没有站起来，半岛没有统一，军队的战时指挥权还在美国人手里；日本也没有站直，不停鞠躬；中国则站得太直了，以至于时常后仰，步伐不稳，助长了国际社会的“中国威胁论”。东亚国际关系纠缠于历史和心理，是没有自信、没有成为自己的表现，也是东亚整体上尚未自立于国际社会的写照。

从横向上看，东亚国际关系并非限于双边、三边范畴，而是受东亚格局左右，还有着广阔的时代背景，折射出当今世界的矛盾。

梁启超先生曾以“中国之中国”“亚洲之中国”“世界之中国”来描述中国的国家诉求。其实，日本也存在“日本之日本”“亚洲之日本”“世界之日本”三个层面的国家诉求，韩国也存在“韩国之韩国”“韩国之韩半岛”“世界之韩国——中等强国”的多层次诉求，这些都折射出各自国家的国家情结与理想。中国人批评日本的狭隘历史观和民族心理，展示的是“世界之中国”风范，因为靖国神社问题、慰安妇问题昭示的是日本试图推翻战后体制合法性的大是大非问题。中日东海之争，无疑是“中国之中国”对抗“日本之日本”；亚洲区域合作的中日主导权之争，又提醒我们“亚洲之中国”与“亚洲之日本”的较量；日本“入常”问题，则寄希望于“世界之中国”与“世界之日本”的磨合；朝鲜核问题，考验的则是“韩国之韩半岛”观。

中国、韩国要真正理顺中日、韩日关系，就急需调整自己的日本观，从“日本之日本”“亚洲之日本”“世界之日本”三个层面重新认识日本。日韩也要正确处理“中国之中国”“亚洲之中国”“世界之中国”关系，而非简单概之以“中国威胁论”。对于韩国的半岛统一大业，中日都应理解和支持；同样地，对于中国的统一大业，韩日都应给予理解和支持。

中日韩关系健康发展的关键是要厘清中日韩战略利益。概言之，中日韩间的战略利益有三：相互支持各自国家诉求（中国之中国 vs. 日本之日本 vs. 韩国之韩国），推动东亚地区合作（亚洲之中国 vs. 亚洲之日本 vs. 韩国之韩半岛)，维持国际体系和平稳定（世界之中国 vs. 世界之日本 vs. 世界之韩国——中等强国)。中日韩战略互惠关系的未来，就在于在这三方面进行战略合作，具有很大的发展空间。

从世界层面看，中日韩关系离不开美国。中美日韩国家意志、目标的重叠或矛盾之处，决定了三边关系的未来根本走向：实现国家意志（目标）的空间手段与方式选择——开放式合作还是针对第三方的结盟；实现国家意志（目标）的时间手段与轻重缓急——远交近攻还是睦邻、安邻。

中国、日本、韩国和美国的关系，本为债权人与债务人的关系，中日韩间的重大共同利益之一就是同为美元资产的主要持有者，面临着如何应对美国霸权的未来挑战——中国全面崛起，要冲出亚洲，走向世界，最大和最后的障碍是美国霸权；日本“正常化”的最后障碍也是美国霸权（日美同盟)；韩国要完成半岛统一，最终将处理韩美同盟和驻韩美军问题。但是，由于中日交恶，韩日龃龉，造成美国操控中美日韩关系的局面。

反观美国，和中国、日本一样，美国也存在“美国之美国”“亚洲之美国”“世界之美国”三种身份。因此，根据排列组合原理，中美日三边关系共有 3×3×3＝27 种模式。目前的模式是“世界之美国”联合“亚洲之日本”对付“中国之中国”，其黏合剂是共同的价值观，因而中国感觉到美日同盟的挑战，对美日同盟的看法负面居多，三边关系也是不稳定的。美日同盟修订，希望成为“亚洲之美国”联手“亚洲之日本”，并发展成为“世界之美国”联手“世界之日本”来对冲、引导“亚洲之中国”局面。

东亚身份冲突呼吁东亚成为东亚，创立东亚现代文明身份。中共中央周边外交工作座谈会提出“亲、诚、惠、容”理念就是重要步骤。对日，是中国与世界关系的检验，因为日本是近代以来西学东渐的载体，也是大陆文明向海洋延伸的节点。因此，如何对待日本，是如何对待周边国家，如何对待西方的直接检验——连日本都可以宽容，英法联军有什么不能宽容的。

中日间民众感情隔阂高度受制于政治争端，这从一个侧面表明，周边国家公共外交定位，不能是雪中送炭，而是锦上添花。持久的文明交流，润物细无声，是周边公共外交的特殊要求。

周边国家公共外交，尤其是东亚公共外交，应着眼于通过文明对话塑造现代东亚文明意识。与此同时，我应复兴传统文明，实现全球化时代的文明转型，推动创新人类文明，争取周边国家对我文明道统的认可，这也正是以“亲、诚、惠、容”为四大支柱的周边国家公共外交的文明担当。

第二节　对西方国家公共外交的存异

所谓西方国家，本身即是一个极为泛化的概念，指世界上经济较为发达，主要以基督教为宗教信仰的国家，本节主要以欧洲国家为代表进行论述。

在笔者看来，中欧之间最严重的认知分歧源于世界观的冲突。中欧相互误解常常源于对关键词、思维单元的不同认知。关键词和思维单元深深影响了认识的形成，直接塑造了相互误解的根源，即文化、历史记忆所影响的经历、想象及价值。

中欧尽管在“和谐”等传统概念的认识上有着相似之处，但却在诸如“世界/宇宙”、“全球”以及“治理”等受近代文化影响大的概念上看法不同。这些还只是整个中欧认知差异中的冰山一角。从历史的角度看，在文明的轴心时代，中欧在诸如“人类”“社会”“自然”等方面有着相近的理解。到了现代，正如尼采所发现的，欧洲失去了原有的平衡：过多的狂热与不稳定（酒神精神），理性与秩序（日神精神）却相应减少。

换句话说，现代的欧洲文化过于强势，太过霸道，具有强烈的征服欲望并且常常以自我为中心。英国历史学家诺曼·戴维斯在他关于欧洲历史的经典著作中这样解释道，与持久但却在地理和智识发展上安逸乏味的尼罗河、印度河、美索不达米亚和中华文明不同，地中海文明却被持续不断的运动刺激着，这些运动带来了不确定性和不安全感。不确定性促使各种思想不断发酵，而不安全感又带来积极的行动。[1]

中欧文明不同的演化路径以及对中国/世界的看法不同也可以追溯到情感地缘政治，正如法国学者多米尼克·莫伊西指出的，一般意义而言，当今亚洲的主要特点是富有希望，阿拉伯—伊斯兰世界则充斥着羞辱，而西方世界被恐惧所包围。恐惧是缺乏自信的表现，相比之下希望是对自信的表达，而羞辱则是自信心受损并对未来失去希望……在全球化时代，最初那一套还原的、老一套的视角将会成为去理解“他们”的明晰的托词。[2]

尽管很多人理所当然地认为欧式的全球化具有广泛的代表性，但是欧洲价值观并不等同于普世价值观。随着“沉默的大多数”不断地觉醒，全球的文艺复兴也将具有全球性而不是西方化。真正意义上的全球化正在慢慢形成，现代性的东西也越来越多。中国与欧洲也在各自的文化语境中分享越来越多的普遍价值。

未来中欧关系会渐行渐远还是日益趋同？让我们通过一个案例研究来比较两个关键概念：“全球治理”与“和谐世界”（见表10.2）。实际的情况也许远远没有我们想象的那么悲观。

表 10.2　“全球治理”与“和谐世界”的比较

	主体	客体	方式	目的	思维
全球治理	政府&独立主权国家行为体	国际社会（基于国内/管理）	1. 多边主义 2. 制度化的规范和机制 3. 协调/规范	程序（良性管理）	1. 空间逻辑：合法性来自未来的需要 2. 以西方为中心 3. 国家与社会、国内与国外相分离
和谐世界	世界和谐三层含义（基于国内社会的和谐）： 利益和谐 权力和谐 价值和谐		1. 多样性 2. 国际关系民主化 3. 学习/包容	本质（持续和平与共同繁荣）	1. 时间逻辑：合法性来自传统的理想类型 2. 重塑国际秩序 3. 国家与社会、国内与国外的整合

比较“不干涉内政”和“规范性力量”可以看出，中欧双方的国际理念是互补的而不是矛盾的。中国不干涉内政原则的提出是基于中国的传统文化而不是一种权宜之计，它的实质是尊重不同国家根据不同国情而选择的不同发展道路，因为并不存在万能的发展模式。中国的责任就是通过平等对话和相互合作来帮助其他国家和地区寻求自身价值并推动其自身模式的发展。当然，不干涉内政原则并不意味着对失败的国家或失败的体系置之不管。如果一个国家的国内事务与国际社会的和平、繁荣及福祉息息相关，它将不再是纯粹的国内事务。这个时候一种恰当的、合法的多边或双边干涉是必要的。这样看来，中国的“不干涉内政”的

原则立场与欧盟的“榜样帝国”[3]在本质上没有区别，只不过是不同文化下不同国际责任的表现而已。

今天的世界面临着众多史无前例的全球性挑战。重新恢复“利益协调一致”或者“均势”原则并不是出路所在。例如，美国提出了所谓的“G2”框架——全球治理的必要条件而非充分条件，遭到全世界的误解和反对，因为它仍旧根植于美国例外论的旧思维。

迄今为止，全球化本质上是西方化。但普世主义并不是真正意义上的西方普遍性。层出不穷的问题使得全球治理变得困难，但却使和谐世界成为必需。真正的全球化与普世主义需要全球的文艺复兴。伴随着“沉默的大多数”的觉醒，全球的文艺复兴将会给世界和欧洲带来深入发展全球化的机会。

这样，在全球化新阶段，中欧关系也将会从相互补充（中国化/欧洲化）逐渐走向整合（全球化）。因此，“全球中国”（global China）将会与“全球欧洲”（global Europe）共享更多的价值。

长期以来，中国对欧公共外交，重批驳而弱说服，重解释而弱建构，抽象宣传有余而形象传播不足。表现在：宣扬古代中国有余，描绘当代中国不足；传播文化中国有余，阐释政治中国不足；批驳意识形态中国有余，建构价值中国不足，因而始终未能很好地向欧洲人表达清楚“我是谁”“我和你为何形异实同”。改变欧洲人中国观的，更多的是中国实力增长和世界变化本身，而非我对欧公共外交的成功。[4]

造成上述局面的根源，是未能很好地把握欧洲力量的本质及中欧关系的实质。

先说欧洲力量的本质。战后以来，尤其是《里斯本条约》生效后，欧洲力量主要体现为欧盟。欧盟作为独特的（*sui generis*）规范性力量，不能用我们的思维和传统公共外交经验来对待。欧洲理事会主席范龙佩指出："欧盟必须是一个价值的联盟。这是我们在世界上的突出价值，是欧洲在世界上的软实力。"[5]《里斯本条约》第 2 条明确规定，欧盟的目标是在世界上推广和平、价值观及人民福祉。为此，应从欧洲文明的历史视角和价值维度把握欧盟对外行为的根源。

再说中欧关系的实质。近年来，BBC 等各种民意调查结果均显示，欧洲是对华印象最为负面的地区之一。究其原因，不仅是由于欧洲更多承担了西方衰落的代价，中国承载了"非西方世界"崛起的光环，更重要的是，中国崛起作为中华民族的伟大复兴，冲击着数世纪以来欧洲文明滥觞于世所形成的"普世价值"理念。

（1）对欧公共外交面临"变动中的欧洲思维逻辑"与"变动中的中国身份"双重机遇。

1）变动中的欧洲思维逻辑：欧洲优越论退守为普世价值观。

尽管意识形态偏见仍然是制约欧洲对华认识的羁绊，但欧洲人看待中国日益务实；尽管对华认识很不同步，但越来越多的欧洲国家不再视中国为“另类”。尤其是金融危机后，欧洲人已在转变认识：有利于欧洲的，不见得有利于他人；不同于欧洲的，可能也不错，甚至可能比欧洲更好。欧洲开始放弃经济模式与政治体制上的优越感，不再认为自己的经济模式与政治体制是普世性的，但是认为价值观念超越了文化差异性，那些最初由欧洲提出而最终反映在《世界人权宣言》等国际共识上的原则、理念等就是普世价值。[6]这表明，普世价值是欧洲最后的道德或道义优势。在秉承客观主义普世价值观的欧洲人看来，对客观普世价值的拒斥和反对，是一种落后和不开化的表现。

因此，中国不应否定普世价值，否则会造成中欧观念对立；而应首先承认价值观有普世性（universality）——如和平、人性，但普世性价值观只是西方主导世界以来形成的“欧洲中心论”幻觉，不仅现在，历史上也并未真正实现。因为“普世”意味着“历史的终结”——这与中欧均认同的文化多样性、文明多元性相悖。中国的“天下大同”观也并不认为历史会“终结”。中国传统文化秉承相对主义普世价值观，即“坚持价值观念的相对性和多样性，本身就是普世价值的体现”。这表明，对欧公共外交的核心是关于“价值普世性”与“普世价值观”的对话。对欧公共外交，要帮助欧盟寻找到只有欣然接受中国崛起才能更好弘扬其普世价值观的有效途径。

2）变动中的中国身份：民族国家向文明国家回归。

传统中国，是文明国家。近代以来，中国失去传统身份，在碰撞、摸索和曲折中建构梁启超先生所描绘的“中国之中国、亚洲之中国、世界之中国”三元身份。[7]时至今日，中国集发展中国家、社会主义国家、亚洲国家、新兴国家等多元身份于一身。然而，这只是中国转型时期的情形。中华民族的伟大复兴，必将实现文明国家的现代回归。[8]

从文明之阴阳和谐角度看，中欧完全可以建立起“文化G2”：中国（硬件）—欧洲（软件）。纵观世界历史，中国和欧洲文明是迄今保留最完整、最世俗化、最具包容性的古老文明。中欧关系因此成为超越历史窠臼的伟大实验，成为解决全球性问题的文明希望，成为实现世界和谐的关键组合。

（2）对欧公共外交面临“崛起的力量”vs.“规范性力量”、“文明复兴”vs.“普世价值”的双重挑战。

中国崛起，既具有历史上大国崛起的共性，也具有中华民族复兴的独特个性。

——共性。崛起国家引发守成和衰落国家的担忧是正常的，当年的美国也不例外。对崛起的恐惧是国际关系史的常态。其结果，崛起的硬实力往往导致受损的软实力。体现在中欧关系上，面临着“崛起的力量”与“规范性力量”的根本矛盾：前者尚“动”，后者尚“静”；前者主“破”，后者主“立”；前者倡“行”，后者倡“范”。这是对欧公共外交的症结之一。

——个性。中国崛起是文明复兴，正在颠覆西方中心世界观。其结果，普世的成为地方的，神圣的变成虚伪的，自我变成他者。过去，欧洲人认为，中国力量上（GDP）、技术上（R&D）乃至制度上（中国模式）都在赶超西方，但道义上无法企及西方，因为不能提出像西方那样的普世价值体系。现在，“中国软实力威胁论”又在欧洲蔓延，认定中国威胁的真正源泉是走出西方之外的替代选择之路，集中体现在对西方普世价值神话的挑战上。这表明，光培养中国文化粉丝是不够的。普世价值观成为对欧公共外交的症结之二。

对欧公共外交需汲取教训，转变思路，即改变别人，首先要改变自己，尤其在面临西方话语霸权的情形下。中国公共外交，也遵循“改变自己，影响世界”的逻辑。[9]“对亚洲国家的公共外交而言，应少一些华丽辞藻和吸引力的刻意雕琢，而应致力于规范性力量自身建设。无论中国公共外交如何娴熟，外国人不会用中国的而只会用自己的尺度来衡量中国。”[10]

具体到对欧公共外交，要实现从防御到进攻的飞跃，攻防并举。

——防御性：破除不同版本的“中国威胁论”。

在这种话语霸权体系下，中国便处于“三元悖论”困境：无论有无核心价值，无论如何对待普世价值，都成为欧洲的威胁。不破除这种价值悖论，解释清楚“价值普世性”与“普世价值”的关系，便无法说服欧洲人。而无法解除欧洲人的思想疙瘩，就不能让欧洲人对中国崛起放心，就不能让欧洲人心悦诚服地接受中国崛起，也就不能消除欧洲人的担忧——中国崛起是否在重复欧洲历史悲剧？

普世价值体系的历史基础是，西方主导了全球化进程。真正的全球化是在欧洲手上实现的。西方主导的全球化基本模式是后发国家纷纷实现现代化，并凭借后发优势从生产、技术、制度等方面全面靠拢西方、赶上西方。西方推动全球化的预设前提是，后发国家在价值观念上也会如此，从而实现其普世价值的理想。然而，价值是文化的折射，普世价值难以包容文化差异性。正如中国古代的“天下”观自认为代表了“天下”，其实只是东亚体系。西方的普世价值体系也只是世界普世性的西方文化折射。普世价值不只是西方的话语霸权，也是西方的“先发优势”。这种“先发优势”，窒息了中国凭借“后发优势”从道义上赶超西方的途径，导致中国崛起的真正悖论。

因此，破除“中国威胁论”悖论的唯一出路是实现“再全球化”——现在的“全球化”，本质上是西方器物、制度、文化的“全球化”，并非真正的“全球化”。中印共同崛起代表的东方文明复兴，为建设真正的全球化带来了希望。中国普世价值建设的目标是建构“源于中国、属于世界”的核心价值体系，并证明与西方普世价值体系的相通性——对人类普世价值的中西文化折射。[11]

——进攻性：统筹市场营销、战略沟通与文明对话。

市场营销，主要针对欧洲民众，关键是实现“三化”。

其一是市场化。西方人对政府普遍抱有不信任，对中国共产党政府更是充满偏见。这导致我公共外交政府出面的不便。为此应淡化政府角色，更多通过市场运作，依靠传统和新媒体，建立自己的皮尤公司，通过对欧洲观念市场调研，探索公共外交市场化可行之道，并进行量化考核、科学评估。

其二是社会化。欧洲是市民社会发源地和发达地区，对欧公共外交关键是要建立有效的平等对话机制，以精英带动民众，以民众推动精英，以赢得欧洲的观念市场。一些公共外交调研可尝试外包给对方智库或咨询机构，探索以欧洲人喜闻乐见的方式改进中国在欧形象。

其三是国际化。其关键是通过有效营销手段，消除欧洲人对华认识落后于我国际化程度的状况，实现我与欧洲关系从共同利益提升至国际共识，从共享价值提升为共同价值的飞跃。

战略沟通，主要针对欧洲精英，关键是实现“三通”。

其一是通情。对中国的内政外交政策，欧洲精英，不只是政要，还包括一般公务员，要理解中国的国情，设身处地认识到中国在新疆、西藏、港澳台政策上的合情、合理、合法性，及时让欧洲驻华使节和政商学媒界了解、理解中国网络安全、反恐、NGO 法等出台背景、政策含义及其对欧影响。及时通报不仅有利于消除战略误判和外交危机，还增加了战略互信和共识。

其二是通气。中欧关于非洲、中东等事务的磋商，不仅消除了误解，增进了共识，也为中欧第三方市场合作奠定了基础。中欧关于 WTO 改革、气候变化的磋商，为稳定中欧关系，争取欧盟、对冲美国对华战略打压起到十分重要的作用。

其三是通约。中欧发表对对方政策白皮书，通过近百种对话机制，与欧洲各个层级进行宽领域、全方位的磋商和对话，对维护多边主义，反对保护主义，推进全球化和全球战略，起到弥足珍贵的作用，还逐步培育、累积中欧共享价值观，推动构建人类命运共同体。欧盟出台欧亚互联互通战略文件，强调与“一带一路”对接，尽管有收编之嫌疑，但与美国的态度形成鲜明对照。

文明对话，主要针对欧洲文化精英，潜移默化转变欧洲人的“三观”。

首先是转变其世界观。通过文化高峰论坛、文明年等交流，阐明中欧文化互鉴、文明相通的实质，建构面向全球的中欧文明和谐观，帮助欧洲人从内心真正接受一个多极世界、多元世界，不仅承认文化多样性，而且认可价值多样性。

其次是转变其欧洲观。其实质是通过价值观沟通，让欧洲人摆正自己的位置，寻找新的定位，而非气鼓鼓地看待中国崛起，树立“后普世价值”观，即过去欧洲强调的普世价值其实是欧洲价值的普世性部分，并非真正的普世价值。非西方世界的崛起正在塑造其他价值的普世性，共同组成人类普世价值的多元文化图谱。

最后是转变其中国观。通过青年年、中国年等交流，帮助欧洲人树立大历史观、大中国观，以中国认识中国，而非过去的以欧洲标尺审视中国，或以欧洲期待看待中国，还原中国的真实性、多元性、鲜活性。

鉴于欧洲力量本质、中国崛起实质及中欧关系的特殊性，对欧公共外交重点应放在三方面：

其一是缩小中欧之间的中国观差距。欧洲人以自身国际体系观，将中国视为民族国家，看重中国的总量，普遍认为中国是大国。而中国人自己将中国视为文化共同体，看重中国的人均社会发展程度，坚持自己的发展中国家身份。这种认知差距，常常导致中欧间关于威胁和责任的纠葛。根本原因在于欧洲人并没有以中国观中国，以天下观天下。因此，对欧公共外交的首要使命，就是使欧洲人不再坚持以自身感受和期待看中国的习惯思维模式，缩小中欧之间的中国观差距，还原多元而统一、古老而年轻、内外兼修的中国身份。

其二是缩小中欧之间的世界观差距。中国先秦哲学，与欧洲古希腊、古罗马哲学，常常异曲同工。然而，自秦统一中国后，中国进入“大一统”的封建社会，中欧文明走向了不同演绎道路。近代以来，中国欧化、西化影响日甚，轴心时代的文明共同性再次回归。时至今日，中欧世界观不是渐行渐远，而是在趋同，或形异实同。对欧公共外交的第二大使命，就是发掘中欧世界观趋同的实质，正确处理两者在此过程中的差异。

其三是缩小中欧之间的价值观差距。中国人吃饭用筷子，而欧洲人用刀叉，但这只是吃饭的方式不同，大家都在吃饭的实质是相同的。中欧之间常常误将方式、程序的差异放大为实质的不同。比如，中国人重“民心”实质，欧洲人重“民主”程序。欧洲大陆法系对原则性问题的强调，与中国实用主义文化时常产生摩擦。其实，中欧间价值包容性远大于中美：不仅体现在文化多元性、社会世俗性等方面，而且反映在对世界多样性的追求上。

对欧公共外交的第三大使命，就是挖掘两者价值观的共通性以及殊途同归的实质。中欧间缺乏根本的利害冲突，历史包袱轻，文化互补性强，文明共通性广，双方完全能成为文明和谐的楷模。抓住欧洲、表达自己，应该成为中国公共外交的努力方向。

总之，对欧公共外交的使命，就在于通过市场营销、战略沟通、文明对话等途径，潜移默化转变欧洲的世界观、欧洲观，进而达到转变其中国观的目的，阐明中欧文化互鉴、文明相通的实质，建构面向全球的中欧文明和谐观。为此，应淡化核心利益，多讲核心价值；淡化和而不同，多讲殊途同归；淡化政治外交，多讲历史文化。对欧公共外交要心平气和地与欧盟探讨“互利共赢如何引导国际共识”“共同利益如何提升为共享价值”的基本路径，以夯实中欧全面战略伙伴关系的民意基础与价值根基。

换句话说，中国人和欧洲人经常提及和思考的是不同的中国、不同的世界：欧洲人习惯于用老一套的国家主义观把中国当成是一个民族国家，而中国人更愿意视自己为古代文明/文化共同体而不是一个现代意义上的国家[12]；欧洲人从外部的视角突出中国GDP世界第二从而认为中国是一个大国（强国），而中国人却从内部的视角突出中国人均GDP世界排名90左右来看待社会的多元化（发展的不平衡）。视角的不同也就引发了关于中国新兴国家和发展中国家双重身份的争论。

欧洲多样性使得我国对欧公共外交不能采取一刀切的方式，应针对各国对中国崛起的不同层面的担忧和文化传统，开展有针对性的公共外交。

第三节　对发展中国家公共外交的求同

对发展中国家应该“忠恕违道不远，施诸己而不愿，亦勿施于人”。对发展中国家公共外交的恕道，是让发展中国家真正视我为命运共同体，增强我道义感召力，而与发展中国家进行公共外交，更需要注重求同。

中华文明作为世界上唯一从未间断的古老文明，正在实现伟大复兴，开创着人类文明史和全球化史的奇迹。一些西方学者期待中华文明能启迪西方社会走出危机，发展中国家期待学习借鉴中国发展模式，新兴国家期待借助中国力量推动国际秩序更加公正、合理……世界的中国期待，增进了中国公共外交的自信与自觉。以人类命运共同体理念推进中国与世界的和平发展、包容性发展、可持续发展，就成为中国公共外交的时代挑战。

中国公共外交在不同国家和地区也应结合当地的民情及对华态度，设计不同的策略、重点。对发展中国家，要树立正确的义利观，真诚地帮助它们走符合自身国情的发展道路，在国际上积极回应它们的期待。

中国作为一个国家来讲，与别的国家也许不一样，它有多重身份，比如说是发展中国家，所以中国成功了，别的发展中国家也会成功，你行，我也行。

结合既往中国开展公共外交的教训，中国之后对发展中国家进行公共外交实践时应处理好以下十组关系：

（1）妥善处理好 identity（身份）—hope（希望）—fear（害怕）三者之间的关系。公共外交首先要明确自身定位，希望告诉对方“我是谁”。然而，具体操作起来，往往将自己希望的理想角色告诉对方，而没有估计对方的感受和担心。比如，中国希望成为一个负责任的大国，但由于一些发展中国家的综合实力与中国有较大差异，由此产生畏惧心理，这极不利于中国公共外交的开展。因此，设身处地地为别人着想，而非一厢情愿地开展工作，是公共外交制胜的关键。

（2）处理好理性（sense）与感性（sensibility）的关系。开展公共外交的主体往往从理性出发，一心想赢得对方的人心（heart and mind），忽视了对方的肠胃，即消化适应能力。用精英之道对付感性化的人，用自身的喜好对待不同的文化人群，只能导致对方的反感。因此，区分理性与感性、精英与大众的关系，才能产生对等效果。以理性对理性，以精英思维做对方精英工作；以感性对感性，以感性语言打动对方民众，是公共外交取得成效的规律。

（3）处理好信息（information）与沟通（communication）的关系。公共外交的关键是向外界提供全面的、准确的信息，不能有所隐瞒和篡改，否则无法取信于人。如果因条件限制不能完全公开，最起码要做到最低限度的透明。这是责任政府最起码的作为。除了透明度和维护对方知情权外，有效沟通更为重要。沟通的目的是让对方按照期望的效果理解信息的内涵，产生认识上的共鸣。

（4）处理好政府与社会的关系。开展公共外交，以政府出面，还是以市民社会出面，各有利弊。为此，要善于交替发挥政府与民间的力量。隐化政府角色，淡化宣传色彩。

（5）处理好供给与需求的关系。改变信息交流一味是供给驱动（supply driven）而非需求驱动（demand driven）的局面。中国对许多外国人而言是张白纸，有很大的描绘、解释余地；而世界各国人民对中国或多或少都有自己的“中国印象”。中国的公共外交，首先要正本清源，引导这些关于中国的既有看法，甚至与偏见做斗争。这就不能从信息供给而更多应从对方需求角度出发，决定信息沟通的内容和重点。为此，让国外人士自发组织获取关于中国的资讯，往往比中国政府组织更有效。

（6）处理好我和你的关系。不应以自我为中心，而应根据对方差异，开展有针对性的公共外交。对此，中国尤其应引起重视。

比如，不仅仅是发展中国家，包括一些发达国家对中国快速的经济增长普遍存在嫉妒心理。许多人以狭隘的零和博弈观（zero-sum game）看待中国的发展。中国应阐明中国崛起把蛋糕做大了，别人分到的蛋糕不是少了，而是多了。这就是估计对方利益和感受，而不只是自我发展。中国的公共外交应着重阐释我的成功也是你的成功；我的成功不仅有你的功劳，而且为你提供机遇。

（7）处理好对外政策宣示和国内生活实践的关系。类似于中国文化的“知行合一”概念，公共外交强调言行一致（words and deeds）。为此，不必追求完美的国际形象，否则给人不真实乃至欺骗的感觉。这一点往往为中国所忽视。比如，中国崛起的和平性，中国比较多地采取了政策宣示的办法，取得了一定成效。但是相比于对中国非和平性的未来担忧而言，仍然不够。如果能向外界展示中国从小学到大学的教科书、普通民众的日常行为理念都贯穿了强烈的和平情结，而非民族主义色彩，就更有说服力。

（8）处理好内政与外交的关系。一国国际形象，是其国内形象的直接延伸。结合中国早前对欧洲的公共外交，其经验在于不善待国民，便不能赢得对方好感。比如，在斡旋中东和谈问题上，派遣本国种族问题、社会公正问题解决不好的外交官去，效果往往不理想。内政搞好了，公共外交就有底气。所谓搞好内政，最主要的是达到甚至成为国际社会标准。

（9）处理好文化共通性（generality）与差异性（diversity）的关系。中国喜欢向外界展示自己发展快、变化大，但是，外国人会得出中国具有不确定性的结论。这与中国政府想要强化中国和平形象的目标相悖。关于中国的发展中国家身份，中国政府希望强调人均 GDP，而外国民众看到的是 GDP 总量。因为，从认识论上讲，人们只接受一个故事（only one story），而非同时接受两三个。指望人家像中国文化那样一分为二地看，是不现实的。但是，不同文化共通性告诉我们，如果能引导外国人从中国国情看，体会中国的难处，认识到中国的挑战，就会反过来相信中国的发展中国家身份。

（10）处理好价值普世性与差异性的关系。片面强调普世价值，而不充分承认对方价值差异性是不可取的。中国公共外交必须阐释清楚自身核心价值，倡导人类共同价值——超越文化差异性，以听得懂、听得进去的语言告诉他们“我是谁”，“我和你实质的共同性多于形式的差异性”，逐步过渡到“咱们”：咱们的“一带一路”，咱们共建人类命运共同体。

总而言之，只有与广大发展中国家一道形成一个休戚与共的命运共同体，异中求同，中国的公共外交才能顺利开展，真正做到民相亲且心相通。

结　语
超越公共外交

今日之中国，不仅是中国之中国，而且是亚洲之中国、世界之中国。未来之中国，必将以更加开放的姿态拥抱世界、以更有活力的文明成就贡献世界。

——习近平

“中国是一个佯装成国家的文明”，美国学者白鲁恂这句话预示着中国公共外交有别于民族国家的公共外交。这促使笔者探讨超越公共外交的中国公共外交之道。

概念是国际关系理论发展的焦点，它累积了时代的变化，折射了未来的发展。因此，考察概念本身的变化就成为认识国际关系理论发展、进而探讨时代发展的重要视角，是理解国际关系理论与实践的一把钥匙。从概念演绎的一般规律，完全可以提出研究国际关系理论的方法论。

国际关系研究必须首先发掘其基本维度。受康德哲学的启示，笔者认为，和其他领域一样，国际关系也存在明显的“二律背反”，对应三种矛盾律：状态律——无序与有序；力量律——分与合（平衡与失衡）；意志律——同化与异化（同质性与异质性）[1]，反映出不同的历史观与理念。何兆武先生指出：“构成康德历史哲学中心线索的是历史的两重性，即历史的合目的性与历史的合规律性；亦即人类的历史在两重意义上是有道理（理性）可以籀绎的：（一）它是根据一个合理的而又可以为人类理解的计划而展开的；（二）它同时又是朝着一个为理性所裁可的目标前进的。就其当然而论，人类历史就是合目的的；就其实然而论，人类历史就是合规律的。目的的王国与必然的王国最后被康德统一于普遍的理性。统治这个理性王国的原则是：正义和真理、自由和平等、不可剥夺的和不可转让的天赋人权。”[2]对照这种“三位一体”式的分析框架，公共外交理论显然缺乏广阔的视角和深厚的底蕴。

公共外交是西方国际关系理念的写照。国际关系理论的西方性，在最原始、最经典而流行最广的现实主义理论身上得到最鲜明的体现，集中在以下方面：

（1）思维起点：神性—人性—国家性。

现代西方国际关系起源于民族国家（nation-state）概念的诞

生，也就是先有“国”再有“际”。三十年战争（1618—1648）诞生的威斯特伐利亚体系，确立民族国家、主权、外交、国际法等基本概念，使得国际关系概念产生于欧洲，并传播至亚洲、非洲、美洲等地。

葡萄牙是西方第一个民族国家，最早实现王权与教权的分离——把恺撒的给恺撒，把上帝的给上帝，此后便迈入对外扩张的征程。可以说，国际关系是西方基督教内部关系，在“均势—打破均势—均势”间维持动态平衡，但其背景则是基督教的向外扩张。因此，尽管欧洲之外的地区也存在势力均衡现象，但并非近代欧洲的均势；产生于欧洲的均势论，也就不适用于其他地区。

文艺复兴、启蒙运动推动人性从神性中解放出来，三十年战争又将国家性予以释放，诞生现代国际关系理念。这就是现实主义国际关系理论的思维起点：人性本恶，故权力本恶；国内是三权分立、权力制衡，国际是民族国家林立，势力均衡。人性的张扬导致国家性张扬，西方基督教内部是血腥拼杀，对外则是野蛮扩张、掠夺、殖民。这就产生出现实主义国际关系理论的基本逻辑：以权力追求安全，以实力争取利益。

（2）思维方式：国内—国际二分法。

为了表明人性张扬导致的国家性张扬合法性，现实主义国际关系理论杜撰出一个先验论——无政府状态（anarchy），以便将国际政治与国内政治区别开来。无政府状态的本质是国际关系缺乏像国内那样的中央政府权威，并非真正的无政府（chaos）或无序（disorder）。望文生义的翻译常常导致对西方理论的误解。其实国际关系中仍然有法则，古典现实主义推崇实力均衡法则就是对自然界平衡法则的延伸；基督教的普世价值成为民族国家的基本共识。因此，现实主义国际关系理论描述的国际社会并非无法无天，现实主义各流派对国际法、国际道德、国际规范也是承认、尊重的，只是从根本上不相信它们能维护安全、保护利益而已——权力才是根本的。假定“无政府状态”是为了引进“自助体系”（self-help）概念，民族国家的结盟（alliance）、跟着强者走（bandwagon）、均势（balance of power）等逻辑就是在“天助自助之人”的信念下展开的。这种假说在柏拉图的“原初状态”、罗尔斯的“无知之幕”假说中一再得以体现，是非常基督教式的思维方式。

现实主义的挑战者——制度主义、建构主义等其他国际关系理论流派在修正“无政府状态”假定和“国内—国际”二分法，然而本质上并未动摇其逻辑，国际关系不完全是西方基督教世界内部关系的折射及西方无法主导世界的反映，但国际社会迄今仍未走出西方世界或西方化世界的影子。因此，现实主义仍然是最有说服力的，在中国也是信徒云集。

（3）思维过程：原罪论导致宿命论。

现实主义理论反对线性进化论思维，认为世界历史走不出某种循环，颇具宿命论色彩，更证实了基督教的原罪假定。

如前所述，人性本恶的原罪假定，导致国家权力本性与国际社会无政府状态的假定。人与人如狼、国与国如狮的霍布斯状态，使得战争成为国际关系的常态。尽管按照米尔斯海默的分类，现实主义国际关系理论有所谓人性现实主义、防御性现实主义、进攻性现实主义理论流派，其共同属性为宿命论，只是应对宿命论的方法不一。米氏的进攻性现实主义便公开宣称，中美冲突不可避免。

（4）思维结果：你是现实主义的，我是自由主义的。

现实主义国际关系理论是西方发明的，理论来源于西方，却是为别人发明的。米尔斯海默在《大国政治的悲剧》一书中对此做了很好的阐述。他写道："（美国人）认定美国是世界政治中的慈善力量，而把美国现实或潜在的敌人看成误入歧途或胸怀恶意的麻烦制造者。"[3]

欧洲的情形更进一步，笃信线性进化论，以后现代—现代—后现代眼光看世界，觉得其他国家尚生活在自己的历史中，还在玩现实主义那一套，而自己则要去规范它们。因此，在欧美学界产生了“中国只懂现实主义逻辑”这种鄙视性认识。一些中国学者也因此盼望中国尽快以康德、洛克而非霍布斯思维看待世界，似乎在力争上游。

自美国崛起为西方首强，国际关系的西方性就呈现出鲜明的美国性。美国的国际关系理论家以理论性替代理论，正如以普世性装扮普世价值一样，试图主导国际话语权。这一点，在米尔斯海默的进攻性现实主义理论中表现得尤为明显。米氏以美国基督教强烈的天定命运观——开始是开发西部，后来是让其他国家人民皈依美国基督教，直接奠定了进攻性现实主义的逻辑基础——最大权力才能获得最大安全，而最大权力不可企及。米氏说的是海洋的阻遏作用使全球霸权不可能——其实是国家非上帝，不可能获得最大权力——因而不可能获得最大安全，故此产生大国政治的悲剧。

梁鹤年先生在《西方文明的文化基因》一书中指出，“洋为中用”之前，先得搞清楚“洋为洋用”是怎么一回事。[4]基督信仰与希腊理性的结合，也是西方现实主义国际关系理论的文化基因。因此，要超越国际关系理论的西方性，必须首先明白国际关系何以为理论。

笔者曾提出“国际关系的理论性”命题，认为国际关系理论作为一门学科已经到了追本溯源、反思其主体性的时候了。从回答“国有际吗”“国际有关系吗”“国际关系有理论吗”这三个基本问题入手，笔者拙文《国际关系的理论性》反思了国际关系理论的自身维度问题（即国际关系的理论性），探讨了国际关系理论的先天不足与终极趋向。[5]

的确，国际关系的提法是值得推敲的，何谓国，何谓际？西方基督教语境下的 international relations 其实是 interstate relations。换言之，国际关系并未涉及国民关系层面——近年来公共外交大行其道就是为了弥补这一遗憾吧。Nation-state 在日文里翻译为“国民国家”，的确更贴切。此外，“际”是否为“inter”，而不是“intra-national”、“trans-national”或“super-national”呢？

中国并非民族国家，作为世俗文明的中国也不会产生西方那样的国际关系理论，这就不足为怪了。[6]所谓中国特色国际关系理论，只是模糊认识，本质上，在中国，国际关系的理论性，是需要重新思考的问题。不以 national-state 为基本单元探讨国际关系理论，这就有待后西方世界的真正来临。

美国汉学家安乐哲指出，中国哲学文化传统，同“无限游戏”共鸣，与一般国际关系理论有重要区别，就在于“国家间”(inter-national）关系与“国家内”(intra-national）关系的不同。我们使用“inter”（之间）是出于单子个体的、可比较的两个或多个实体连接到一块。现在“个人”电脑访问“互联网”(“之间”＋“网络”：inter-net)，网络是由各个单子个体节点连接在一起的网体。与此不同的是，“intra”（之内），也即“在里”“在内”，它是指诸多特殊事物互相之间不是外在绑结的，而是彼此相互的、内在的关系。“之内”（intra）的含义是：不存在外部的内部。它的指向很强调情势域境，也即我们讲的“一多不分观”——全球秩序始终是一切秩序都在变化的、充满活力的、不加虚构抽象的浑然一体。没有任何一个秩序享有特权，居于上位主宰。提出“国家内”（intra-national）的新词对应“国际”（inter-national)，理由是，与相互独立、单子个体化、具有居于上位主宰的各政体组织间的外部关系不同，“国家内”的意义是，一个内在关系的一体，是在一体性“政体组织的场域”，每个“政体组织”对全体都有自己独特的理解角度，而且每个政体组织彼此都无不处于相互内在关系中，这样一些政体组织构成我们共享、相互依存、相互影响、必不可少的社会政治认同。“国家内”呈现的，是对“焦点/场域”的“一多不分”关系性的理解。在这个理解上，“国家内”关系是无限的生态，而且是从该生态出发的对一切关系的具体说明。因此，每一个政体组织都具有整体性、全息性。

“国之交在于民相亲，民相亲在于心相通。”中国公共外交应弘扬中国传统文化的人本主义，结合新时代中国共产党人的“四个自信”，探讨如何克服公共外交悖论，主张超越主客体模式，超越自我—他者的二分法，一定程度上还超越国家，超越外交，关注整体、心灵，做到知行合一，和合共生，以命运共同体思维，探寻公共外交之道。为此，应确立新时代公共外交的“三认原则”：认识，认可，认同。新时代中国公共外交的三大使命是认识——讲好中国（中国共产党）故事、认可——国际合法性、认同——寻求价值观最大公约数，实现合理、合法、合目的性的“三位一体”，达到无我之境界。

汉文是当今世界上唯一活着的非字母文字，也是世界上最难懂的文字之一。汉语表达常常只可意会、不可言传，无法形成国际可通约表达，致使中国话语难被国际认识、认可、认同。并且汉语动词较多，给人产生命令式错觉，不懂汉语的人从说话者口气中会有不够尊重的感受；懂汉语的则往往只学到中华文化的皮毛，难以企及中华文化的真正底蕴。在信息化时代，中国用自己的通信模式（微信、百度），与世界沟通存在内外两套话语体系、各说各话的现象。

世人几乎都信神，中国也有很多人信神，但大部分中国人是无神论者或多神论者，共产党人是不信神的。中国作为一个世俗的文明，要在一个宗教的世界中实现伟大复兴。怎么办？习近平主席提出人类命运共同体，不管是什么宗教，有没有宗教，是不是信神，都是人类命运共同体，它超越“人类世”以人类为中心的西方学说。同时，世俗社会缺乏传教士精神，中华文化是取经文化而非送经文化，也影响中国公共外交效果。“乡土中国”传统，使得中国人与受海洋文明熏陶的人难以打成一片，更不用说深交了。

中国面对的整个世界几乎都被西方殖民过，迄今还存在宗主国崇拜现象。自工业革命以来，从英国开始，后来是比利时等欧洲各国，几乎所有的工业化国家都被美国收编，变成了美国的盟友。现在来了一个实现人类最大规模工业化且最独立，还不实行西方式民主的中国，怎么办？这就是为什么现在美国要打压中国。

从大历史角度看，中国公共外交“不容易”，中国从来不是全球性的大国，也不是全球化的主导力量，而世界乃西化世界。这使得中国在世界上常常是孤军奋战，与整个西化话语体系斗争。替中国说话的多是寄希望于中国摆脱西方中心的发展中国家，相比于对中国发展充满恐惧的国家，声音较弱。

希望与恐惧，成为世界对中国崛起两种截然相反的态度。新时代中国公共外交要超越国家利益层面，树立正确的义利观，扎实推进民心相通。“一带一路”建设倡导“五通”，尤其是民心相通，为此指明了方向；人类命运共同体理念，为中国公共外交铸魂，让中国站在了国际道义制高点。

那么，民心是如何不通的呢？英国学者安东尼·史密斯在《民族主义：理论，意识形态，历史》一书中指出："英国人与德国人、法国人没有共同的神话、象征和历史记忆，也没有共同的黄金时代能够用来激起这些国家民众的共鸣。"这才是英国脱欧的根源。

这说明，民心相通之道，不只是加强相互了解，更在于创造共同记忆、共同身份、共同未来。

——共同记忆：19 世纪中叶，英俄等欧洲列强首先对中国西部边疆实行蚕食政策，掀起了一股以地理考察为名的探险热。1877 年德国人李希霍芬提出"丝绸之路"概念，在以后半个世纪中演变成一场对中国历史遗迹和珍贵文物的浩劫，出现一系列所谓中华文明根在西方的"新发现"。背后折射的更深层问题是，欧洲人或者欧洲学界想要证明东方文明源自西方。因为唯独中华文明未被西方征服，这足以动摇进入环球航行时代以来的欧洲列强所标榜的"欧洲中心论"。

为此，丝绸之路的复兴预示着中华民族的伟大复兴，也就是告别"西方中心论"的过程。"一带一路"沿线大部分国家都是前欧洲殖民地，其博物馆、历史文化多靠宗主国以及现在的西方国家建设和书写。这使得这些国家即便是中国的邻居，其民众与西方更亲近！我们不是与西方打交道，而是与一个西化的世界打交道！

“一带一路”公共外交就是要唤醒这些民众，回到共同记忆。“己欲立而立人，己欲达而达人”。中国考古学者、艺术人士等要走进“一带一路”沿线国家，帮助他们唤醒丝绸之路历史记忆，塑造共同的回忆。中国敦煌莫高窟经验可帮助沿线国家保护、修复其历史文物。中国历史学家、语言学家应帮助沿线国家阐述其历史，告别西方殖民遗产和中心论情结，塑造共同的丝路历史记忆。

——共同身份：中华民族的伟大复兴，不是中华文明一枝独秀，而是各文明的共同复兴。对国家而言，就要走出近代，告别西方中心论，寄希望于塑造共同身份。“一带一路”公共外交的重要使命，就是通过“三体”——利益共同体、责任共同体、命运共同体，塑造沿线国家共同身份，从古代的“丝路”人到今天“一带一路”人，超越国家与民族隔阂，着眼于整体身份建构。

——共同未来：“可以毫不夸张地说，这条交通干线（丝绸之路）是穿越整个旧世界的最长的路。从文化—历史的观点看，这是联结地球上存在过的各民族和各大陆的最重要的纽带。……中国政府如能使丝绸之路重新复苏，并使用现代交通手段，必将对人类有所贡献，同时也为自己树起一座丰碑。”提出“丝绸之路”概念的德国人李希霍芬的学生、瑞典地理学家斯文·赫定在《丝绸之路》一书中如是说。[7]

的确，“一带一路”的名与实都是博古通今、引领未来的。共商、共建、共享原则正引领共同的文明复兴和未来发展。只有将各自的未来铆在一起，才能同心共建“一带一路”，共同迎接“一带一路”时代的美好明天。从大历史看“一带一路”，就是以丝路精神、人类命运共同体理念确立人类道义制高点。

总之，新时代呼唤公共外交转型：从我到我们，从国家层面到共同层面。大力推进“一带一路”倡导的民心相通，共同构建人类命运共同体，乃破解中国公共外交悖论之道。唯此，世界对中国，就不会在希望与恐惧之间徘徊。

注 释

导 言 公共外交：不可能的使命？

[1] 池田大作，汤因比．展望21世纪——汤因比与池田大作对话录．荀春生，等，译．北京：国际文化出版公司，1985：276-279.

[2] 基督教主张弥赛亚·约书亚就是指“基督·耶稣”。

[3] 全品生．文化动力论：主体文化意识形态化研究．昆明：云南大学出版社，2014：48.

[4] 何世明．世明文选：信仰与生活．北京：宗教文化出版社，2014：29-30.

[5] 同［4］.

[6]《山东大学百年学术集粹》编委会．山东大学百年学术集粹：哲学—社会学卷．济南：山东大学出版社，2001：364.

[7] 罗雨泽．“一带一路”基础设施投融资机制研究．北京：中国发展出版社，2015：220.

[8] 杨东晨．王朝兴亡：周兴亡史．西安：陕西人民出版社，2015：143.

[9] 梁鹤年．西方文明的文化基因．北京：三联书店，2014：19.

第一章 公共外交的悖论

[1] Christopher Ross. Public Diplomacy Comes of Age. The Washington Quarterly，Spring，2002：76.

[2] Dell Pendergrast. State and USIA：Blending Dysfunctional Family. Foreign Service Journal，March 2000.

[3] The Washington Quarterly，Spring，2002：75－127.

[4] Edward Kaufman. A Broading Strategy to Win Media Wars. The Washington Quarterly，Spring，2002：105.

[5] United States Advisory Commission on Public Diplomacy. Consolidation of USIA into the State Department：An Assessment after One Year. Washington，D. C.，October 2000.

[6] Antony J. Blinken. Winning the War of Ideas. The Washington Quarterly，Spring，2002：105.

[7] C. John Ikenberry. After Victory：Institution，Strategic Restraint and the Rebuilding of Order after Major Wars. Princeton：Princeton University Press，2001.

[8] Global Economic Prospect and Developing Countries 2002. www. Worldbank. org.

[9] Friedman Thomas. The Lexus and Olive Tree. New York：Anchor Books，2000：50.

[10] Zakaria Fareed. Why Do They Hate Us. Newsweek，October 15，2001：22－40.

[11] Lamis Andoni. Deeds Speak Louder than Words. The Washington Quarterly，Spring，2002：86.

[12] Colin Powell. Mc Connell Center for Political Leadership. University of Louisville，Ky.，November 19，2001.

[13] 同 [11] 88－89.

［14］同［1］77.

［15］Rob de Wijk. The Limits of Military Power. The Washington Quarterly，Winter，2002：90.

［16］同［4］115.

［17］同［6］111.

［18］同［6］113.

［19］同［6］120.

［20］同［6］121.

［21］John Mearsheimer. Hawks and Minds. National Interest，No. 69，Fall 2002.

［22］Senate panel speeds action on nominees to key state posts，24 September 2001. http：//usinfo. state. gov/topical/pol/terror/01092428. htm.

［23］Beers，legislators say public diplomacy vital in fight on terror，10 October 2001. http：//usinfo. state. gov/topical/pol/terror/01101014. htm.

［24］Joanna Neuman. Public Diplomacy Is Shaped in President's Ornate War Room. Los Angeles Times，22 December 2001.

［25］Karen De Young. US and Britain Step up War for Public Opinion. Washington Post，1 November 2001.

［26］Elizabeth，Becker，James Dao. Bush Will Keep the Wartime Operation Promoting America. New York Times，20 February 2002.

［27］U. S. Advisory Commission on Public Diplomacy. Building America's Public Diplomacy：2002 Report，p. 6.

［28］Maureen Dowd. Office of Strategic Mendacity. New York Times，20 February 2002.

[29] 手册全文可从以下网站获取：http：//usinfo. state. gov/products/pubs/terrornet.

[30] U. S. Department of State. Dictionary of International Relations Terms，1987：85.

[31] Graham Fuller. Hearing To Examine U. S. Understanding of Arab Social and Political Thought. Testimony before the Committee on Government Reform，Subcommittee on National Security，Veterans Affairs and International Relations. Washington，D. C.，October 8，2002. http：//www. state. gov/r/adcompd/rls/14230. htm.

[32] 斯宾格勒．西方的没落．北京：商务印书馆，1995：308.

[33] 卢咏．美国人眼中的中国政治形象．华盛顿观察周刊，2003（29）.

[34] Harold Dwight Lasswell. Propaganda and Promotional Activities. Mnneapolis：The University of Minnesota Press，1935：78.

[35] Beniger James. Theoretical Perspectives Toward an Old New Paradigms：The Half-Century Flirtation With Mass Society. Public Opinion Quarterly，1987（51）：33.

[36] Creel George. How We Advised America：The First Telling of the Amazing Story of the Committee on the Public Information That Carried the Gospel of Americanism to Every Corner of the Globe. New York：Harper & Brothers，1920：59.

[37] 同 [36] 63.

[38] 同 [34] 83.

[39] Chomsky Noam. Deterring Democracy. New York：Hill and Wang，1993：121.

[40] Congressional Record（1918）：Vol. 56. Reprinted Edition. Andrea：Overfield，1994：384－386.

[41] 有关文献可从以下网站获取：http：//www. yale. edu/lawweb/avalon/leagcov. htm.

［42］Immanuel Kant. Werke in sechs Banden. Rolf Toman ed. Cologne：Konemann，1995：29.

［43］Henry Turner. Woodrow Wilson and Public Opinion. Public Opinion Quarterly，Vol. 21，No. 4，Winter，1957－1958：505.

［44］康德．历史理性批判文集．何兆武，译．北京：商务印书馆，1996：译序．

第二章　公共外交的艺术性

［1］杨洁篪．努力开拓中国特色公共外交新局面．求是，2011－02－16.

［2］China is a civilization pretending to be a nation. ——Lucian Pye

第三章　公共外交的时代性

［1］陈国青．大数据给我们带来了哪些改变．光明日报，2019－07－13.

［2］Arquilla John，Ronfeldt David. Emergence of Noopolitik Toward an American Information Strategy. Santa Monica，CA：RAND，1999；Ham Peter van. The Rise of the Brand State. Foreign Affairs，March/April，2002；Leonard Mark. Public Diplomacy. London：Demos，2002.

［3］Murrow Edward R.，1963，speaking as director of USIA//Leonard. Public Diplomacy. London：Foreign Policy Center，2002：1.

［4］H. Frederick. Global Communication and International Relations. Belmont，CA：Wadsworth，1993：229.

［5］NSDD－77. http：//www. fas. org/irp/offdocs/nsdd/nsdd－077. htm.

［6］U. S. Department of State. Dictionary of International Relations Terms，1987：85.

［7］USIA. USIA Strategic Plan 1997－2002. Washington，1997.

［8］Dizard Wilson Jr.. Digital Diplomacy：U. S. Foreign Policy in the Information

Age. Westport，CT：Praeger，2001：44.

[9] Vickers Rhiannon. Public Diplomacy and the War on Terrorism. paper presented to the annual conference of the British International Studies Association，London School of Economics，17 December 2002：3.

[10] Department of State. US Advisory Commission on Public Diplomacy. Washington，1998.

[11] 夏妍娜，赵胜．中国制造 2025：产业互联网开启新工业革命．北京：机械工业出版社，2016.

[12] http：//money. 163. com/13/0408/12/8RUH8LGF00253B0H. html.

[13] 张良卫，颜波．全球供应链管理．北京：中国物资出版社，2008.

[14] 博鳌亚洲论坛．新兴经济体发展：2018 年度报告．北京：对外经济贸易大学出版社，2018 ：11.

[15] 陆娅楠．2017 年中国经济对世界经济增长贡献率 34%左右．人民日报，2018－04－13.

[16] 世界经济展望．https：//www. imf. org/～/media/Files/Publications/WEO/2018/October/Chinese/PDF/1018－sumc. ashx？la＝zh，2018－10.

[17] 习近平．在庆祝改革开放 40 周年大会上的讲话．新华网，2018－12－18.

[18] 姚枝仲．美国经济面临下行 世界增长动能减弱．光明日报，2019－01－11.

[19] 钱穆．中国文化史导论．北京：商务印书馆，1994：序言．

[20] 斯塔夫里阿诺斯．全球通史：1500 年以后的世界．吴象婴，梁赤民，译．上海：上海社会科学院出版社，1992：881，887.

[21] 弗格森．文明．曾贤明，唐颖华，译．北京：中信出版社，2012：中文版前言．

[22] 杜维明．文明间对话的最新路径与具体行动．开放时代，2007（1）．

［23］杜维明．否极泰来：新轴心时代的儒家资源．北京：北京大学出版社，2016：123.

［24］安乐哲．和而不同：中西哲学的会通．北京：北京大学出版社，2009：357.

第四章 公共外交的国家性

［1］Michael Barr. Who's Afraid of China：The Challenge of Chinese Soft Power. Zed Books Ltd.，2011.

［2］奈．软实力．北京：中信出版社，2013.

［3］米尔斯海默．大国政治的悲剧．王义桅，唐小松，译．上海：上海人民出版社，2003：22.

［4］Stephens Oren. Facts to a Candid World. Stanford University Press，1955：37.

［5］What is Public Policy. www. publicdiplomacy. org/1. htm.

［6］同［5］.

［7］U. S. Department of State. Dictionary of International Relations Terms，1987：85.

［8］同［5］.

［9］托克维尔．论美国的民主：上卷．北京：商务印书馆，1996：32.

［10］Seymour Martin Lipset. American Exceptionalism：A Double-Edged Sword. New York：W. W. Norton & Company，1996：18.

［11］"天定命运论"是美国一历史名词。广义指美国人民命中注定是建立样板社会的上帝的选民。狭义指19世纪40年代和50年代美国扩张主义者宣扬的美国领土不断扩张是天命注定的这样一种思想。后一含义最初指对得克萨斯的兼并，但不久又用于美国与英国对俄勒冈的争端，用于因墨西哥战争和美西战争而产生的领土兼并意图。该名词

首先由J. L. 奥沙利文1845年7月在纽约《民主评论》的一篇文章中提出。刘绪贻，李世洞．美国研究词典．北京：中国社会科学出版社，2002：850.

[12] 周庆安，胡显章．中国公共外交的模式变革．中国社会科学报，2009（2）．

[13] 张钟凯．乐施会公共外交模式分析．对外传播，2012（4）．

[14] 李德芳，李卫红．中国公共外交模式探析．聊城大学学报（社会科学版），2012（1）．

第五章　中国共产党与公共外交

[1] 刘国华，周娇．《西行漫记》——公共外交的典型案例．理论建设，2011（1）．

[2] 周恩来．周恩来外交文选．北京：中央文献出版社，1990：52.

[3] 栾建章，孙一楠．让世界了解中国共产党——“走进党的部门”系列活动案例分析．公共外交季刊，2012（秋季）．

[4] 译文：圣人常常是没有私心的，以百姓的心为自己的心。对于善良的人，我善待他；对于不善良的人，我也善待他，这样就可以得到善良了，从而使人人向善。对于守信的人，我信任他；对于不守信的人，我也信任他，这样就可以得到诚信了，从而使人人守信。有道的圣人在其位，收敛自己的欲意，使天下的心思归于浑朴。百姓们都专注于自己的耳目聪明，有道的人使他们都回到婴孩般纯朴的状态。

[5] 赵汀阳．坏世界研究：作为第一哲学的政治哲学．北京：中国人民大学出版社，2009.

[6] 习近平主持中共中央政治局第十二次集体学习并发表重要讲话．人民日报，2014-01-01.

第六章　中国公共外交哲学

[1] Ronfeldt David，Arquilla John. What if there is a revolution in diplomatic affairs? . United States Institute of Peace，25 February 1999. http：//www. usip. org/virtualdiplomacy/

publications/reports/ronarqISA99. html.

[2] Department of State. US Advisory Commission on Public Diplomacy. Washington，1998.

[3] KuhnThomas. The Structure of Scientific Revolutions. Chicago，Illinois：The University of Chicago Press，1970：202.

[4] Philipp S. Muller. Maybe We Call it Communicative Diplomacy? . paper presented to the annual conference of the British International Studies Association，London School of Economics，17 December，2002：14.

[5] Zacher Mark W.，Sutton Brent A.. Governing Global Networks：International Regimes for Transportation and Communication. Cambridge：Cambridge University Press，1995.

[6] Risse Thomas. "Let's argue"：Communicative Action in World Politics. International Organization，2000，54 (1)：1－39.

[7] Arquilla John，Ronfeldt David. Networks and Netwars：The Future of Terror，Crime and Militancy. Santa Monica，CA：RAND，2001：17.

[8] Arquilla John，Ronfeldt David. Emergence of Noopolitik Toward an American Information Strategy. Santa Monica，CA：RAND，2001：190.

[9] Ronfeldt David，Arquilla John. What if there is a revolution in diplomatic affairs? . Santa Monica，CA：RAND，2001.

[10] Rothkopf. Why the Realpolitik of the New Era is Cyberpolitic. International Organization，Autumn 1998.

[11] 米勒，波格丹诺．布莱克维尔政治学百科全书．北京：中国政法大学出版社，1992：594.

[12] 王义桅．超越国际关系：国际关系理论的文化解读．北京：世界知识出版

社，2007.

[13] 来自人类学的声音．光明日报，2007-02-15.

[14] 马克思，恩格斯．马克思恩格斯全集：第3卷．北京：人民出版社，1960：6.

[15] 王义桅．道统，中国崛起的新课题．环球时报，2012-11-14.

[16] 王义桅．海殇?：欧洲文明沉思录．上海：上海人民出版社，2013：引言．

第七章　中国公共外交的国内基础

[1] Rise of China Still Tops all Stories，May 5th，2011. http：//www.languagemonitor.com/.

第八章　中国公共外交的国际表达

[1] 章百家．改变自己 影响世界——20世纪中国外交基本线索刍议．中国社会科学，2002（1）．

[2] 王义桅．再造中国．上海：上海人民出版社，2017.

第九章　公共外交的超越

[1] 俞邃．评国家形象论．人民日报，2000-12-28.

[2] 庞中英．后非典时期反思中国外交．中国青年报，2003-06-16.

[3] 王莉丽．公共外交：多元理论与舆论战略研究．北京：中国社会科学出版社，2018：53-60.

[4] 金灿荣．争取国际话语权是个艰难的过程．世界知识，2014（18）．

[5] 王义桅．中国特色外交需破除几大悖论．人民论坛，2014（12）．

第十章　中国公共外交的实践

[1] Davis Norman. Europe：A History. Pimlico，1997：preface.

[2] Dominique Moisi. The Geopolitics of Emotion：How Cultures of Fear Humiliation and Hope are Reshaping the World. Bantam Dell Pub Group，2009.

[3] Jan Zielonka. Europe as a Global Actor：Empire by Example? . International Affairs,

2008，84（3）：471－484.

［4］D'Hooghe Ingrid. The Limits of China's Soft Power in Europe：Beijing's Public Diplomacy Puzzle. The Hague，Netherlands Institute of International Relations，Clingendael Diplomacy Paper 25，January 2010. http：//www. clingendael. nl/publications/…/20100100 _ cdsp _ paper _ dhooghe _ china. pdf.

［5］欧盟肯定宗教界对抗贫的贡献．德国之声，2010－07－21. http：//www. goethe-bytes. de/dw/article/05822809，00. html.

［6］访欧委会对外关系总司代理司长普洪达，2010－08－11.

［7］梁启超．中国史叙论//梁启超全集：第6卷．北京：北京出版社，1999：11－12.

［8］雅克．当中国统治世界．北京：中信出版社，2010：第一章．

［9］章百家．改变自己 影响世界——20世纪中国外交基本线索刍议．中国社会科学，2002（1）．

［10］Jan Melissen. Endorsement for the book Soft Power in China：Public Diplomacy Through Communication. Jian Wang（ed.）. Palgrave Macmillan，2011.

［11］王义桅．超越国际关系：国际关系理论的文化解读．北京：世界知识出版社，2007：第五章．

［12］WANG Yiwei. Seeking Chinese New Identity：the Myth of Chinese Nationalism. World Economy and Politics，No. 2，2006；Wang Yiwei. Beyond International Relations：A Chinese Cultural Understanding of International Relations Theories. World Affairs Press，2007：chapter 5.

结语 超越公共外交

［1］国际关系的“二律背反”与“三个维度”分析框架，是笔者2001年提出的，参

见王义桅，倪世雄．均势与国际秩序：后冷战时代的思索．世界经济与政治，2001（2）；有关国际政治概念“状态—力量—意志”演绎律论述，则是笔者2000年提出的，参见王义桅．国家安全的时代变迁与研究困境．国际观察，2000（2）．

[2] 康德．历史理性批判文集．何兆武，译．北京：商务印书馆，1996：译序．

[3] 米尔斯海默．大国政治的悲剧．王义桅，唐小松，译．上海：上海人民出版社，2002：19.

[4] 梁鹤年．西方文明的文化基因．北京：三联书店，2014：序．

[5] 王义桅．国际关系的理论性．世界经济与政治，2007（4）．

[6] 王义桅，韩雪晴．国际关系理论的中国梦．世界经济与政治，2013（8）．

[7] 斯文·赫定．丝绸之路．江红，李佩娟，译．乌鲁木齐：新疆人民出版社，2010：206，210.

参考文献

一、作者前期发表的研究成果，奠定了本书的基础

1. From Misperception to Misgiving：European Attitudc towards Belt and Road Initiative. Horizons，2018（1）.

2. Belt and Road：Facing Squarely and Responding to Misgivings from the West. Foreign Affairs Journal，Winter 2017.

3. Dealing with the Risks of the Belt and Road Initiative//Deepak B.（eds）. China's Global Rebalancing and the New Silk Road. Singapore：Springer，2018：207－225.

4. Why Do Latinos Misunderstand China? Ten Sources of Misunderstandings of Latin America towards China. Boletín Prospectiva Internacional del Centro de Estudios de Relaciones Internacionales（CERI），No. 6，Diciembre-enero de，2014－2015.

5. China and the EU in Global Governance：Seeking Harmony in Identities// Jan Wouters，Tanguy de Wilde，Pierre Defraigne eds. China，the EU and Global Governance. Edward Elgar Publishing Limited，2012.

6. Clash of Identities：The Real Challenge for Sino-US Relations in the Future. The hyperGlobal 100，July 2011.

7. Seven lessons for America. America Review (cover story), September, 2011. http://americanreviewmag. com/stories/Seven-lessons-for-America.

8. Die Bedeutung des Lebens verstehen. Kulturaustausch, July, 2011. in German.

9. Is Chinese-European Cultural G2 Possible? A Comparison of the Concepts of 'Harmonious World' and 'Global Governance'. Acque e Terre (Marco Polo Magazine), 2011 (1). in English/Italian. http://marcopolomagazine. wordpress. com/2011/02/17/is-chinese-european-cultural-g-2-possible-by-wang-yiwei/.

10. China-European Relations: From Harmony with Differences to Reaching the Same Goal by Different Means. Eyes on Europe, Fall, 2010.

11. Clash of Identities: Why China and the EU are Inharmonious in Global Governance. UNISCI Discussion Papers, No. 24 (October 2010). http://www. ucm. es/info/unisci/revistas/UNISCI%20DP _ 24 _ ENTERO. pdf.

12. The Identity Dilemmas of EU Normative Power: Observations from Chinese Traditional Culture//André Gerrits eds. Normative Power Europe in Global Politics. Clingendael European Papers, December, 2009: chapter 6. http://www. clingendael. nl/publications/2009/20091200 _ cesp _ paper _ gerrits. pdf.

13. Akhir Teori Hubungan Internasional Dan Kebangkitan Mazhab Cina, Refleksi Teori Hubungan Internasional: Dari Tradisional ke Kontemporer. Graha Ilmu City: Yogyakarta, January 2009. in Indonesian.

14. From Complement to Convergence: How U. S. -China Relations Cope with the Reversible Globalization? . Freeman Report at CSIS, October 2008, vol. 6, no. 10. http://www. csis. org/media/csis/pubs/fr08n10. pdf.

15. Between Copying and Constructing：China Is Seeking Its IR Theory//Arlene B. Tickner，Ole Wæver，eds. International Relations Scholarship Around the World. Routledge，2008：chapter 6.

16. Is The Belt and Road Initiative a Chinese Geo-political Strategy？. Asia Affairs，Vol. 50，No. 11，2019：18.

17. Chinese Dream in International Relations Theory//Zhang Yongjin（ed.）. The Chinese School(s) of IR and Its Critics. Routledge，2015.

18. The Myth of Chinese Nationalism and the Mission of Chinese Dream. International Relations and Diplomacy，Oct. 2013.

19. When Chinese Dream Meets European Dream. Clingendael Asia Forum，July 16，2013.

20. Relational Dimensions of a Chinese Model of Public Diplomacy？//R. S. Zaharna（ed.）. Relational，Network and Collaborative in Public Diplomacy. Routledge，2013.

21. The Domestic Constrains of the Rise of Chinese Public Diplomacy. The Hague Journal of Diplomacy，2012（7）：1－14.

22. Between Culture for Diplomacy and Diplomacy for Culture：Chinese View of Cultural Diplomacy. IP-Journal，DGAP-German Council on Foreign Relations，2012.

23. Public Diplomacy and the Rise of Chinese Soft Power. The Annals of American Academy of Political and Social Science，March 2008（616）：257－273.

24. 海殇?：欧洲文明启示录．上海：上海人民出版社，2013.

25. 超越国际关系：国际关系理论的文化解读．北京：世界知识出版社，2008.

26. “一带一路”：机遇与挑战．北京：人民出版社，2015.

27. 世界是通的：“一带一路”的逻辑．北京：商务印书馆，2016.

28. 王义桅讲一带一路故事．北京：人民出版社，2019.

29. 再造中国：领导型国家的文明担当．上海：上海人民出版社，2017.

30. 读懂人类命运共同体．长沙：湖南人民出版社，2020.

31. 回应：关于一带一路的十种声音．天津：天津人民出版社，2019.

32. 一带一路：联通世界．北京：外文出版社，2019.

33. 理解中共公共外交//于洪君．中国特色政党外交．北京：当代世界出版社，2019.

34. 国内外质疑一带一路的四维分析．现代国际关系（英文版），2019（2）.

35. 人类命运共同体的中共逻辑．当代世界，2018（3）.

36. 如何讲好一带一路故事？．公共外交季刊，2017（2）.

37. 一带一路的中国智慧．高校社会科学，2017（1）.

38. 论软实力悖论及其中国超越．文化软实力研究，2016（2）.

39. 一带一路的国际话语权探析．求索，2016（2）.

40. 一带一路的三五效应//金立群，林毅夫．"一带一路"引领中国．北京：中国文史出版社，2015.

41. 讲好中国故事要实现三超越．对外传播，2015（9）.

42. 国之交为何民不亲：中德相互认知悖论解析．德国研究，2015（4）.

43. 中国公共外交的自信与自觉．红旗文稿，2015（4）.

44. 丝绸之路公共外交的使命．公共外交季刊，2014（4）.

45. 孔子学院与公共外交的三步走．公共外交季刊，2014（3）.

46. 如何克服中国公共外交的悖论．东北亚论坛，2014（2）.

47. 周边公共外交的文明担当．公共外交季刊，2014（1）.

48. 化中国梦为世界梦//谭中，凌焕铭．四海一家、天涯比邻：海外华人与中国梦．北京：中央编译出版社，2014.

49. 中国梦的世界意义．战略界，2014（2）．

50. 中国梦也是社会主义梦．新疆师范大学学报，2014（2）．

51. 2013：公共外交元年．公共外交，2014（1）．

52. 论中欧文明 G2 之可能——基于“和谐世界”和“全球治理”理念的比较//徐明棋．欧洲危机与欧洲的走向．北京：时事出版社，2013.

53. 智库使公共外交更灵巧．公共外交季刊，2013（3）．

54. 中国崛起的文明担当．新华日报，2013－05－08.

55. 外交自信·外交自觉·外交自尊——中国外交新政刍议．中国与世界观察，2013（2）．

56. 中国梦：破解后崛起时代的道统性难题．学术前沿，2013（2）．

57. 中国公共外交的三声境界．公共外交季刊，2013（1）．

58. 中国外交如何争取国际话语权．学术前沿，2012（10）．

59. 中国对欧公共外交：目标、进展与挑战．现代国际关系，2011（8）．

60. 中国公共外交的三重考验．公共外交季刊，2011（3）．

61. 中国需要什么样的公共外交．公共外交季刊，2011（2）．

62. 公共外交的目标及其实现．公共外交季刊，2011（1）．

63. 中国对欧公共外交的使命．公共外交季刊，2010（4）．

64. 公共外交：美国之可学与中国之可为．公共外交季刊，2010（3）．

65. 中国公共外交的三重使命．公共外交通讯，2010（创刊号）．

66. 公共外交：信息时代的国家战略工具．国际问题研究，2005（1）．

67. 在理想与现实之间：理解韩国外交．国际论坛，2005（5）．

68. “三个代表”与中国的公共外交．复旦学报，2004（增刊）．

69. 从“进攻”到“防御”：美国公共外交战略的角色变迁．美国研究，2003（3）．

70. 公共外交对国际关系理论的冲击：一种分析框架．欧洲研究，2003（4）．

71. 试析美国公共外交及其局限．现代国际关系，2003（5）．

72. 美国公共外交研究的兴起及其对美国对外政策的反思．世界经济与政治，2003（4）．

二、进一步研究参考文献

1. Christopher Ross. Public Diplomacy Comes of Age. The Washington Quarterly，Spring，2002.

2. Dell Pendergrast. State and USIA：Blending Dysfunctional Family. Foreign Service Journal，March 2000.

3. Edward Kaufman. A Broading Strategy to Win Media Wars. The Washington Quarterly，Spring，2002.

4. United States Advisory Commission on Public Diplomacy. Consolidation of USIA into the State Department：An Assessment after One Year. Washington，D. C.，October 2000.

5. Antony J. Blinken. Winning the War of Ideas. The Washington Quarterly，Spring，2002.

6. Zakaria Fareed. Why Do They Hate Us. Newsweek，October 15，2001.

7. Lamis Andoni. Deeds Speak Louder than Words. The Washington Quarterly，Spring，2002.

8. U. S. Advisory Commission on Public Diplomacy. Building America's Public Diplomacy：2002 Report.

9. U. S. Department of State. Dictionary of International Relations Terms，1987.

10. Harold Dwight Lasswell. Propaganda and Promotional Activities. Minneapolis：The University of Minnesota Press，1935.

11. Beniger James. Theoretical Perspectives Toward an Old New Paradigms：The Half-Century Flirtation With Mass Society. Public Opinion Quarterly，Vol. 51，1987.

12. Creel George. How We Advised America：The First Telling of the Amazing Story of the Committee on the Public Information That Carried the Gospel of Americanism to Every Corner of the Globe. New York：Harper & Brothers，1920.

13. Arquilla John，Ronfeldt David. Emergence of Noopolitik Toward an American Information Strategy. Santa Monica，CA：RAND，1999.

14. Leonard. Public Diplomacy. London：Foreign Policy Center，2002.

15. H. Frederick. Global Communication and International Relations. Belmont，CA：Wadsworth，1993.

16. Vickers Rhiannon. Public Diplomacy and the War on Terrorism. paper presented to the annual conference of the British International Studies Association，London School of Economics，17 December 2002.

17. Department of State. US Advisory Commission on Public Diplomacy. Washington，1998.

18. Michael Barr. Who Afraid of China：The Challenge of Chinese Soft Power. Zed Books Ltd.，2011.

19. Jan Melissen. Endorsement for the book Soft Power in China：Public Diplomacy Through Communication. Jian Wang（ed）. Palgrave Macmillan，2011.

20. Kejin Zhao. The motivation behind China's public diplomacy. The Chinese Journal

of International Politics，2015，8（2）：167－196.

21. Kejin Zhao. Public Diplomacy，Rising Power，and China's Strategy in East Asia// Jan Melissen，Yul Sohn（ed.）. Understanding Public Diplomacy in East Asia：Middle Powers in a Troubled Region. Springer，2016：51－77.

22. Kejin Zhao. China's rise and its discursive power strategy. Chinese Political Science Review，2016，1（3）：539－564.

23. Jian Wang，ed. Soft power in China：Public diplomacy through communication. Springer，2011.

24. Ingrid d'Hooghe. The rise of China's public diplomacy. The Hague，Netherlands：Netherlands Institute of International Relations Clingendael，2007.

25. Tam，Lisa，Jarim Kim，Jeong-Nam Kim. The origins of distant voicing：Examining relational dimensions in public diplomacy and their effects on megaphoning. Public Relations Review，2018 ，44（3）：407－418.

26. White，Candace，Danijela Radic. Comparative public diplomacy：Message strategies of countries in transition. Public Relations Review ，2014，40（3）：459－465.

27. Sevin，Efe. Pathways of connection：An analytical approach to the impacts of public diplomacy. Public Relations Review，2015，41（4）：562－568.

28. Ociepka，Beata. Public diplomacy as political communication：Lessons from case studies. European Journal of Communication ，2018，33（3）：290－303.

29. Kerr，Pauline，Geoffrey Wiseman. Diplomacy in a globalizing world. Oxford university press，2017.

30. Jan Servaes. Soft power and public diplomacy：The new frontier for public relations

and international communication between the US and China，2012：643－651.

31. Nicholas J. Cull. Public Diplomacy：Foundations for Global Engagement in the Digital Age. Polity Press，2019.

32. Jan Melissen. The New Public Diplomacy：Soft Power in International Relations. Palgrave，2007.

33. Jan Melissen. Digital Diplomacy in the Digital World. Clingendael Report，July 2015.

34. Winter，Tim. One belt，one road，one heritage：Cultural diplomacy and the Silk Road. The Diplomat ，2016（29）：1－5.

35. Payne，J. Gregory. Reflections on public diplomacy：People-to-people communication. American Behavioral Scientist，2009，53（4）：579－606.

36. Szczudlik-Tatar，Justyna. China's New Silk road diplomacy. Policy Paper，2013，34（82）.

37. 奈．软实力．北京：中信出版社，2013.

38. 斯宾格勒．西方的没落．北京：商务印书馆，1995.

39. 梁鹤年．西方文明的文化基因．北京：三联书店，2014.

40. 章百家．改变自己 影响世界——20世纪中国外交基本线索刍议．中国社会科学，2002（1）.

41. 赵启正．公共外交与跨文化交流．北京：中国人民大学出版社，2011.

42. 韩方明．公共外交概论．北京：北京大学出版社，2012.

43. 赵可金．公共外交的理论与实践．上海：上海辞书出版社，2007.

44. 赵可金．软战时代的中美公共外交．北京：时事出版社，2011.

45. 姚遥．新时代中国公共外交与民间外交：理论与实践．北京：世界知识出版社，2019.

46. 王莉丽．公共外交：多元理论与舆论战略研究．北京：中国社会科学出版社，2018.

47. 钟新，令倩．从塑“强国”形象到讲“好国”故事：“一带一路”国际传播的重点转向．新闻与写作，2019 (7)：5－11.

48. 邢丽菊，张骥，等．中外人文交流与新型国际关系构建．北京：世界知识出版社．2019.

49. 李自国．“一带一路”愿景下民心相通的交融点．新疆师范大学学报：哲学社会科学版，2016，37 (3)：67－74.

50. 张胜军．民心相通：新时代中国特色大国外交的理论特质和重要原则．当代世界，2019 (5)：14.

51. 丁辉，周宇翔．“一带一路”民心相通建设成果评估及政策建议．当代世界，2019 (4)：13.

52. 习近平．习近平谈“一带一路”．北京：中央文献出版社，2018.

53. 习近平．论坚持推动构建人类命运共同体．北京：中央文献出版社，2018.

54. 人民日报评论部．习近平用典．北京：人民日报出版社，2015.

55. 中共中央对外联络部当代世界研究中心，中国人民大学重阳金融研究院．“一带一路”民心相通报告．北京：人民出版社，2018.

56. 中央全面深化改革领导小组．关于加强和改进中外人文交流工作的若干意见，2017.

附　录

灵感来自五千年文明，激情来自万里河山*

2016 年 3 月 21 日，布拉格，《习近平谈治国理政》研讨会在捷克众议院正紧锣密鼓地进行着。台下的王义桅有些兴奋，同时又倍感荣幸。会议上，他做了题为《“一带一路”让“16＋1”合作插上腾飞的翅膀》的报告。

2016 年 2 月 12 日（大年初五），慕尼黑，第 52 届慕尼黑安全会议，王义桅作为中国唯一学者正式代表参加辩论，向 20 位各国政要赠送《一带一路：中国崛起给世界带来什么?》。

2015 年 12 月 17 日，乌镇，第二届世界互联网大会“数字丝路”的分论坛，王义桅主持并作题为《中欧网上丝绸之路合作》的发言。

这是中国人民大学国际关系学院王义桅教授的日常工作写

---

* 原载《光明日报》2016 年 6 月 2 日，原标题为：《王义桅：“我能为国家做什么”》。

照。从2001年参加工作至今，他的足迹已遍布美国、英国、法国、德国、埃及、土耳其等地，参加了500多场国内外学术会议，与学界同仁不断交流、切磋，取长补短。

“我是幸运的，生活在好时代，赶上了好时代。时代和国家给了我这么多的机会开阔视野，扩展自己的研究领域。”对于时代赋予的各种机遇，王义桅倍感珍惜，不敢浪费一分一秒，唯恐自己的学问赶不上时代的要求。

从研究美国到研究欧洲，再到“一带一路”、公共外交、北约、国际关系理论研究等，王义桅的研究领域始终以中国为“圆心”，中外关系为“半径”，勾画出不同大小的圆圈。他坦言，在国际关系研究的道路上，还有许多学问没有被吃透，中国外交遇到的各种现实问题还需更加明晰的学理分析，重任在肩，自己丝毫不能松懈。

在勤奋努力中改变命运

英国著名哲学家罗素曾经说过：“对爱情的渴望，对知识的追求，对人类苦难不可遏制的同情心，这三种简单而又强烈的情感支配了我的一生。”

儿时的王义桅对知识的渴求，如同那个年代对食物的需求。1971 年 7 月 23 日（身份证误登记为 7 月 1 日，无论是真实生日还是身份证生日都与党的生日一样，他笑称自己是党的儿子），王义桅出生于江西瑞昌县（现为瑞昌市）的一个小山村。父亲由于地主身份，被送去山上劳改长达 8 年，全家老少就靠着母亲这位农村民办教师每个月十几块钱的微薄工资维持生计。

喂猪、放牛、砍柴、挑水，是孩提时代王义桅的课余“作业”。日子虽然过得艰辛，但由于父母都是教师，读书的机会比山里的其他孩子要多一些，时常用米饭换伙伴们的红薯吃。在父母耳濡目染的影响下，王义桅坚信“万般皆下品，唯有读书高”，希望通过读书改变自己的命运，改变周围人的命运。

初一时，父亲被平反，落实政策，全家转到县城里。在物质匮乏的年代，看电视、看新闻成为王义桅日常生活唯一的娱乐活动。“只要有时间，我一定会坚持看晚上七点的《新闻联播》。”慢慢地，王义桅发现自己对节目中后半部分播报的国际新闻尤其感兴趣。

不过，高中文理分科时，王义桅却意外地选择了理科。20 世纪 60 年代以来，人口、粮食、环境问题日益严重。王义桅希望通过学习理科，探索自然的奥秘，获悉生命的原理，找到解决上述问题的方法。“我当时觉得，文字是感情的流露，文科不是学来的，所以就选了理科，因为无知即恐惧。”

十年寒窗苦读，终于等来一纸通知书。在经历了一次高考失利后，王义桅终被华东化工学院即现在的华东理工大学环境科学与工程系录取。当时的华东化工学院正在搞综合试点工作，即在理工科院校推广文科教育，打通文理界限。这种教学方式深深吸引了王义桅，本就对文科有兴趣的他在大学里如鱼得水。图书馆、教室、宿舍三点一线的枯燥生活，在他看来，却十分享受。

20 世纪 90 年代苏东剧变，国际形势诡谲多变、错综复杂。探究其中缘由，思索未来之路，让一直对国际问题充满兴趣的王义桅做了一个大胆的决定——考取复旦大学国际政治系的研究生。在准备考研期间，他翻阅了政治系的所有书籍，甚至借阅复旦大学政治系学生的笔记。不过，由于“政治学原理”一门未能通过，无奈落榜。大学毕业后，他被分配到天津联合化学有限公司动力部工作。

在天津工作的两年时光中，王义桅白天上班，做好自己的本职工作，晚上在室友熟睡后便偷偷看书，准备继续考研。

因为与天津的公司签订了八年合同，考研是不被允许的，所以他笑言自己的考研经历像是打了一场“地道战”。

为了有足够充分的准备，每个周末，王义桅都要挤一个多小时的公交车去南开大学找朋友借书以及政治学系学生的笔记。回到宿舍后，又立即把这些书和笔记锁在抽屉里，以免被同事发现。靠着自己的勤奋努力，王义桅在这场“考研战”中获得胜利，被复旦大学国际政治系录取，在那里相继度过了硕士和博士岁月。

从山村到城市，从理工科到文科，王义桅的人生轨迹也在不断发生变化。

在“摸爬滚打”中俯视西方

“中国最重三纲，而西人首明平等；中国亲亲，而西人尚贤；中国以孝治天下，而西人以公治天下……”这是100多年前严复在其名篇《论世变之亟》中提到的中西文明之比较。

自鸦片战争西方用坚船利炮打开了古老中国的大门后，中国人一直以仰视的目光看待西方文明。随着改革开放后中国经济的蓬勃发展，中国在国际上的地位日益提升，中国人又当如何认识西方呢？王义桅用亲身经历给出了自己的答案。

2000年，在博士最后一个学年，王义桅有幸被选为“复旦大学—耶鲁大学福克斯国际学者项目”交换学生赴耶鲁学习。这是他第一次出国，有兴奋也有思考。“在美国的一年时光，不仅提高了我的英语水平，而且大大地长了见识。”王义桅发现美国与其想象中的美国有较大区别，于是写作《被神话的美国》一书，并留在复旦大学美国研究中心任职。

机会总是青睐那些有准备的人。在复旦大学工作期间，王义桅写了大量文章，在学术界十分活跃。2007年，一个来自北京的电话让其在职业生涯期间有了不一样的经历。外交部宋哲大使当时要出使布鲁塞尔，经推荐，王义桅被选中借调到中国驻欧盟使团。2008—2011年三年的外交官经历，让王义桅至今回忆起来都充满激动。

“我特别感谢这一段经历，它让我重新认识了西方。在我眼里，它不再是书本中的西方，而是摸爬滚打中逐渐清晰的西方。”“摸爬滚打”四个字，是对那段日子的最好注脚。在布鲁塞尔的三年时光里，王义桅参加了400多场国际研讨会，在西藏问题、人权问题等方面，不断与欧洲人辩论。

正如他当时在给导师倪世雄的邮件中所写的那样：“我是在布鲁塞尔攀‘通天塔’，需克服的不只是语言文化障碍，更是观念障碍。”

中国与西方之间的认知是有隔阂的。近代以来中国人对西方文化总是仰视和崇尚，而西方对中国总是存有误解，原因何在？欧债危机所昭示的欧洲颓势，只是历史的偶然？……一系列问题不断在王义桅的脑海中盘旋。

在不断辩论、探索和思考的基础上，他写了《海殇?：欧洲文明启示录》一书，回国后将自己的所见所闻所思所想呈现给大众。书中提出“改造我们的欧洲文明观”这一时代命题，认为中国崛起必须超越“中学为体、西学为用”的惯性思维，通过复兴中华原生文明，创新人类文明而确立世界领导型国家的道统。新加坡国立大学东亚研究所所长郑永年评价该书“是对我们自己的道路自信、理论自信与制度自信的最深刻阐述”。

王义桅笑言，这是为自己的国家辩护，为时代辩护。从英国最早几百万人开展工业革命，到欧陆国家开展工业革命，再到现在的印度、中国几十亿人开展工业化和现代化，这不是一个数量级的。如果我们停留在原来的研究范式、核心概念、理论，是远远不够的，要以批判的、不迷信的眼光来重新审视。

这种辩护的背后不单单是一颗爱国的赤子心，更是身为学者的一种使命、责任和担当。

“驻外工作的日子里，中国外交遇到的问题，我也是有责任的。我唯恐自己不够努力，学问不够好，每天都有一种强烈的使命感在鞭策自己不断学习、不断进步。”

“灵感来自五千年文明，激情来自万里河山”。王义桅喜欢历史，凡事肇始于五千年，常被称为“五千岁”先生。更难能可贵的是，他心里不只是装着中华文明复兴和中国梦，更着眼于人类文明共同复兴和世界各国梦，这是他在国内外如此受欢迎的原因吧。

在钻研学问中服务国家

“不做自娱自乐的、关在家里的学问”是王义桅对自己的要求。“我能为国家做些什么”是他在采访中多次提及的一句话。

2013 年，习近平主席提出建设“丝绸之路经济带”和“21 世纪海上丝绸之路”的战略构想。然而，外界对“一带一路”的错误理解不绝于耳，从学理角度思考和论述这一伟大战略变得十分必要。在参加诸多关于“一带一路”的调研活动后，王义桅写作了《“一带一路”：机遇与挑战》一书。

该书是国内首部从国际关系角度解读“一带一路”倡议的著作，全面阐述了“一带一路”倡议面临的全方位开放、周边外交等机遇以及地缘、安全、经济、法律等风险，并对如何推进“一带一路”建设指明了思路与方向，出版后受到国内外社会的广泛关注。2015 年被列为中宣部理论局、中组部干部教育局向党员干部推荐第十一批学习书目；阿拉伯文、英文版先后在开罗书展、伦敦书展全球首发，韩文、繁体版也已出版，德文、土耳其文、俄文、日文、柬埔寨文、波斯文等文版的翻译工作也陆续推出；该书荣获中国图书评论学会“2015 中国好书”。

不仅如此，王义桅还在中国人民大学开设了“一带一路”专题研究的课程，让更多学生了解这一伟大倡议。王义桅直言，“一带一路”研究拓宽了自己的研究领域。“一带一路”涉及各种学问，包括宗教、历史、地理、贸易、政治、军事等等，需要超越近代西方传来的科学乃分科之学的局限，呼唤理论创新与观念变革。“这个倡议开启了一个伟大的时代。”

王义桅关于“一带一路”的研究也在不断深化，第二本专著《世界是通的——“一带一路”的逻辑》即将由商务印书馆出版，思考更超越“一带一路”本身，而是聚焦于“一带一路”所开启的时代、所肩负的使命，实现对“西方中心论”历史观、“世界是平的”全球化逻辑的超越。

他的第二个绰号是中国的“‘一带一路’先生”——当然，他每次都笑答“不敢当！习近平主席才是‘一带一路’先生啊”。“一带一路”研究是王义桅智者身份的一个缩影。智库时代的到来，将自己所研究的领域与国家所需结合起来，早已成为王义桅学术研究的目标。除了日常的教学和科研工作外，他还在中国人民大学重阳金融研究院、国家发展与战略研究院、察哈尔学会、中联部当代世界研究中心等多家知名智库担任特约研究员。

就智库本身，王义桅也有相关研究，并发表多篇文章，如《智库使公共外交更灵巧》《中国梦蓝图呼唤中国智库大发展》《欧洲对外关系委员会：首家泛欧洲性智库的崛起之路》《中国民间智库的使命》等。他曾多次参加中欧智库圆桌会议等智库论坛，与智库学者深入交流、探讨，积极为国家献计献策。

“身为学者，我们有义务、有责任做好学问，服务国家、服务社会，讲好自己的故事，传递好中国声音。”王义桅的信念很坚定。今天的中国，已经成为全球化与全球体系的参与者、贡献者、改革者，中国的改革富有时代担当、全球使命，中国学者要主动承担起这份重任。

后　记

2018 年 10 月 20 日至 21 日，在转机至巴西讲“一带一路”途中，我曾写下这样一首小诗：

父与子

揪心的
不是一根根
新生的白发
而是
一晚晚
不能陪伴儿子
进入梦乡

爸爸
等您回来
红叶又掉光了！

每年

儿子都这么说

等我回来

儿子又长高了！

刚入关

又出关

陪家人的时间

都关在

小小的舷窗里

对儿子

我是父亲

对祖国

我是儿子

忠孝

果真难两全？

献完父母献子孙

还有爱人皱纹添

为伊消得人憔悴

“一带一路”满天飞
送走夕阳
迎来日出
就为了
取得人类命运共同体真经！

键盘的敲打声，流逝的是牺牲陪伴家人的分分秒秒。

敲打的每一个字，都沉浸了我对公共外交的热爱，对民心相通的热爱，以及对家人的愧疚。

新时代，“一带一路”、人类命运共同体成为中国奉献的全球化、全球治理方案与智慧。致力于公共外交研究 20 年的我，迎来了事业的黄金期——“一带一路”著作被译成 20 多种文字在全球发行，赴 70 多个国家和国际组织（包括联合国纽约总部、联合国教科文组织总部）讲“一带一路”、人类命运共同体……

实践走到了理论的前头。如果没有中国人民大学出版社曹沁颖女士矢志不渝的敦促和激励，本书便不可能现在面世；如果没有中国人民大学国际关系学院外交学系的“公共外交研究”课，尤其课上培养的优秀学生刘雪君，帮助整理笔者二十年来的公共外交成果，形成本书的雏形，本书不可能及时出版，给新中国七十华诞献礼。感谢宋佳同学阅读书稿后制作的思维导图，方便了读者阅读。

感谢中宣部、外交部、中联部、中国人民外交学会、中国公共外交协会等部委、机构给我出国从事公共外交实践锻炼机会，尤其是国务院新闻办前主任赵启正、外交部前外长李肇星、外文局前局长周明伟为代表的前辈对笔者多年的提携，并为中国公共外交树立品牌；感谢中国人民对外友好协会会长李小林女士、中国公共外交协会会长吴海龙大使、中国前驻爱尔兰/卡塔尔大使岳晓勇先生的提携，给我学习和锻炼机会，吴海龙会长和岳晓勇大使欣然为本书作序；感谢察哈尔学会尤其是韩方明会长，为我学习、研究和从事公共外交工作提供支持、指导，为本书作序；感谢我的老同学、老战友唐小松多年志同道合、矢志不渝地合作推进中国公共外交研究。

特别感谢外文局前副局长黄友义先生树立楷模，长期鼓励——“做起公共外交，永远激情四溢；宣传中国，一发不可收拾。如果中国有100个王义桅，还怕世界不理解中国!”去年春节又来信：

> 王老师，真的为你骄傲。你是真正的“‘一带一路’先生”，尤其是你总能巧妙地把“一带一路”和所到的国家发展规划相结合，让当地人听得亲切、真实，产生无限联想。
>
> 相信听你讲“一带一路”的故事都有一个共同感觉：一种极大的精神享受!

谢谢你发给我，我特别喜欢看你的演讲稿，痛快、利索、感染力强！

谨以此书：

献给我复旦大学博士生导师——倪世雄教授。本书写作过程中，时常浮现他慈父般的笑脸，对美公共外交的亲切身影。

做公共外交，与做人、做事、做学问，道理是一样的：只有伟大的心灵，才能成就伟大的事业，真正实现心灵相通，超越外交本身。

本书为决策咨询及预研委托项目，项目名称“新时代一带一路思想研究”，项目编号 2018030268。

王义桅

2020 年元旦

人工智能

国家人工智能战略行动抓手

腾讯研究院　中国信息通信研究院互联网法律研究中心　著
腾讯 AI Lab　腾讯开放平台

政府与企业人工智能推荐读本。

人工智能入门，这一本就够。

2017 年中国出版协会“精品阅读年度好书”，中国社会科学网 2017 年度好书，江苏省全民阅读领导小组 2018 年推荐好书。

5G 时代

什么是 5G，它将如何改变世界

项立刚　著

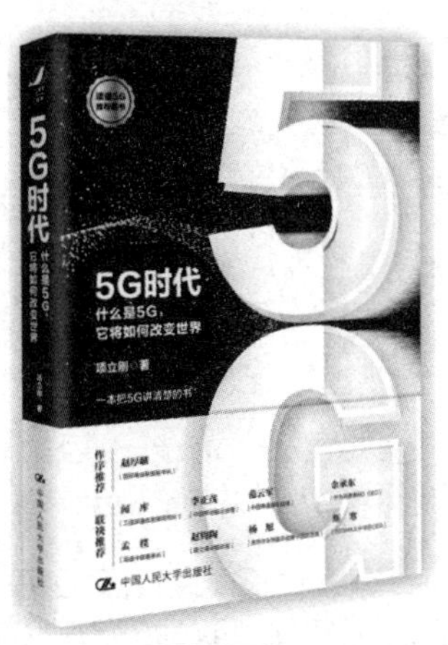

一本把 5G 讲清楚的书。

看懂科技新趋势，发现未来新机遇。

国际电信联盟秘书长赵厚麟作序推荐，工信部、中国移动、中国联通、华为、高通中国、爱立信、英特尔、GSMA 等机构的领导专家联袂推荐。

图书在版编目（CIP）数据

国之交如何民相亲：新时代中国公共外交之道/王义桅著．—北京：中国人民大学出版社，2020.2

ISBN 978-7-300-27646-5

Ⅰ.①国… Ⅱ.①王… Ⅲ.①外交-研究-中国-现代 Ⅳ.①D82

中国版本图书馆CIP数据核字（2019）第247324号

国之交如何民相亲

新时代中国公共外交之道

王义桅　著

Guo Zhi Jiao Ruhe Min Xiangqin

出版发行	中国人民大学出版社		
社　　址	北京中关村大街31号	**邮政编码**	100080
电　　话	010－62511242（总编室）		010－62511770（质管部）
	010－82501766（邮购部）		010－62514148（门市部）
	010－62515195（发行公司）		010－62515275（盗版举报）
网　　址	http://www.crup.com.cn		
经　　销	新华书店		
印　　刷	德富泰（唐山）印务有限公司		
规　　格	148 mm×210 mm　32开本	**版　　次**	2020年2月第1版
印　　张	11 插页2	**印　　次**	2023年3月第2次印刷
字　　数	195 000	**定　　价**	99.90元